[redacted]

ESTHER J.J. VERHOEF-VERHALLEN

HONDEN ENCYCLOPEDIE

REBO PRODUCTIONS

HONDEN ENCYCLOPEDIE

2de druk
Omslagontwerp: Ton Wienbelt, Den Haag
Redactie en productie: TextCase, Groningen
Zetwerk en lay-out: Signia, Winschoten
B 0006 Rebo

ISBN 90 366 1068 0

Inhoud

Woord vooraf

We willen in dit boek graag een overzichtelijke en logische indeling maken en daarom hebben we ervoor gekozen de hondenrassen in te delen naar de groepsindeling volgens de F.C.I. (Federation Cynologique Internationale). Deze overkoepelende federatie geeft in een groot deel van Europa de toon aan. Sommige landen (Amerika, Groot-Brittannië) werken met een eigen indeling, terwijl andere landen, ofschoon ze zijn aangesloten bij de F.C.I., hier en daar uitzonderingen hebben gemaakt. Gezien het internationale karakter van dit boek is het niet geheel onmogelijk dat u uw hondenras in de eerste instantie niet op zijn vertrouwde plaats vindt. Voor extra informatie over de groep waarin uw hond thuishoort, kunt u altijd contact opnemen met de vereniging die de belangen van uw ras behartigt.

Omdat er al vele rashondenboeken en -encyclopedieën zijn waarin de geschiedenis en (oorspronkelijke) taken van de hondenrassen uitgebreid worden vermeld, waren we van mening dat we geen werkelijke bijdrage aan dit bestand zou kunnen leveren als we deze trend zouden doorzetten. In de praktijk blijkt dat mensen die op zoek zijn naar een rashond de rasverenigingen en fokkers voornamelijk vragen stellen van praktische aard. Deze encyclopedie legt zich dan ook vooral toe op een praktijkgerichte omschrijving van de rassen. Wanneer u uit de tekst kunt opmaken of het ras op het gebied van verzorging, beweging, opvoeding en huisvesting bij uw wensen past, is de opzet van deze encyclopedie geslaagd. Het boek is in eerste instantie gemaakt om deze grote groep mensen verder op weg te helpen. Wilt u meer weten over de geschiedenis van de rassen of bent u gebaat bij de volledige beschrijving van het uiterlijk van de rassen (de standaard), dan verwijzen we u naar specifiekere literatuur op dit gebied of naar de betreffende rasvereniging.

Esther J.J. Verhoef-Verhallen

Inleiding

Een rashond is nooit zomaar een hond

Bijna iedereen die op zoek is naar een rashond zal in eerste instantie afgaan op het uiterlijk van een ras. Op zich is dat niet verkeerd, als u daarbij maar niet uit het oog verliest dat er met dat uiterlijk ook onlosmakelijk een bepaald karakter verbonden is. Veel rassen zijn eeuwen geleden al ontstaan. Ze werden voor de meest uiteenlopende doeleinden gebruikt, maar voornamelijk om ons werk te vergemakkelijken of zelfs volledig uit handen te nemen. In die tijd deed het uiterlijk van de hond er dan ook weinig toe, al bleek al snel dat honden met een bepaalde vachtstructuur, kleur of bouw in de praktijk beter voldeden dan andere honden. Dat er op den duur redelijk uniforme honden ontstonden die tezamen eenzelfde taak in eenzelfde gebied uitvoerden, berust dan ook niet op toeval. Alhoewel men in die tijd nog niet echt over zuivere rashonden kon spreken, kwamen de uiterlijke en innerlijke eigenschappen van de honden in grote lijnen wel overeen met de rashonden die we nu kennen.
In onze moderne tijd, en zeker in onze westerse wereld, voeren veel van deze rassen hun oorspronkelijke taak niet meer uit. Op een aantal uitzonderingen na hebben de meeste rashonden zich wonderwel weten aan te passen aan hun huidige 'taak' als huishond.

De vachtverzorging is een belangrijk onderdeel van het houden van een hond.

Desondanks zit de originele werkaanleg nog bij veel rassen diep in de genen geworteld. Eeuwenlange selecties laten zich namelijk niet zomaar in enkele decennia wegdrukken. Bij de moeilijke beslissing een rashond uit te zoeken die bij ons past, moet u hier dan ook terdege rekening mee houden. Het lijkt een cliché, maar het is een vaststaand feit: het uiterlijk van een hond went na verloop van tijd, maar voor het karakter van de hond ligt dat wat moeilijker. Het karakter moet u een heel hondenleven lang aanstaan. Een goede en weloverwogen keuze is dan ook van het grootste belang. De aanschaf en verzorging van een rashond moeten een waardevolle en leuke ervaring worden, zowel voor de hond als voor het gezin waar hij deel van uitmaakt.

De aankoop van een rashond

Niet over één nacht ijs

Als u weet dat de hond van uw keuze in de meeste gevallen meer dan tien jaar deel zal uitmaken van uw gezin, elke dag om u heen zal vertoeven en een belangrijk stempel zal drukken op uw dagelijkse bezigheden, ga dan wat de aanschaf betreft niet over één nacht ijs. Binnen elk ras vindt u kaf tussen het koren, want er zijn goede en slechte fokkers. Bedenk eerst met welk doel u een hond aanschaft. Wilt u ermee gaan werken of gaan fokken? Of wilt u de hond misschien meenemen naar tentoonstellingen? Of wilt u niets van dit alles en wilt u de hond gewoon als gezinshond? Zo is een hond met een klein schoonheidsfoutje in kleur

of vacht veel goedkoper in aanschaf, maar het halen van hoge prijzen op tentoonstellingen of het fokken van toekomstige kampioenen kunt u meestal vergeten. Een dergelijke hond kan een perfecte gezinshond zijn. Wanneer u een hond zoekt waarmee u op jacht kunt gaan, kunt u beter contact opnemen met een fokker die met bejaagde lijnen fokt. De kans dat u een geschikte jachthond koopt, is zo groter dan wanneer u een pup koopt die alleen schoonheidskampioenen op zijn stamboom heeft staan. Andersom geldt dit natuurlijk ook.
Neem indien mogelijk eerst contact op met de vereniging die de belangen van het ras van uw keuze behartigt. Ga ook eens kijken bij en praten met verschillende fokkers en liefhebbers. Sluit u zich aan bij een rasvereniging, dan krijgt u in de meeste gevallen een paar keer per jaar het verenigingsblad toegestuurd, waaruit u waardevolle informatie kunt halen. Wat u ook doet, doe het weloverwogen en koop nooit een hond bij hondenvermeerderaars, handelaren, in winkels of op markten. Hier zult u nauwelijks te weten komen hoe het is gesteld met de gezondheid, het uiterlijk en het karakter van de ouders en voorouders, en al helemaal niet hoe de jonge hondjes de zo cruciale inprentingsfase hebben doorgebracht. Een puppy mag dan op een dergelijk adres veel goedkoper zijn, uw 'winst' kan binnen een paar maanden teniet worden gedaan (of zelfs in verlies worden omgezet) door de rekeningen van de dierenarts als blijkt dat uw puppy een ziekte onder de leden heeft.
Is uw keuze gevallen op een ras dat weinig voorkomt, dan is het mogelijk dat u wat langer moet zoeken voor u de juiste fokker hebt gevonden. Een overkoepelend landelijk kynologisch orgaan of een kynologenvereniging kan u wellicht helpen bij uw speurtocht. In sommige gevallen zal het zeldzame ras geïmporteerd moeten worden. Overtuig u ervan dat alle papieren in orde zijn en ga ook bij dit soort gelegenheden te rade bij een kynologenvereniging of iemand die ervaring heeft met het importeren van honden uit het betreffende land. Een zeldzaam hondenras hoeft overigens niet altijd duurder te zijn dan een gangbaar ras; in sommige gevallen zijn deze honden zelfs goedkoper. Doordat het betreffende ras niet erg bekend is bij het grote publiek, kan het voor de fokker moeilijker zijn goede tehuizen voor de pups te vinden.

Reu of teef

Reuen en teven hebben beide zo hun voor- en nadelen. Reuen zijn in de regel wat gelijkmatiger van karakter dan teven. Dit is terug te voeren op de hormoonschommelingen waar teven mee te maken krijgen voor, tijdens en na de loopsheid. Teven worden gemiddeld twee keer per jaar loops, waarbij ze ontvankelijk zijn voor reuen en vlekken op uw tapijt zullen achterlaten. Met speciale 'loopsheidbroekjes' kunt u deze vlekken voor zijn, maar uw dierenarts kan uw hond ook een hormoonspuit geven, waardoor de hond niet loops wordt. Een andere mogelijkheid is het laten verwijderen van de baarmoeder van uw teef, wat als bijkomend voordeel heeft dat de teef vaak wat gelijkmatiger van karakter wordt.
Reuen zijn doorgaans wat onafhankelijker en harder. Dit komt vooral tot uiting bij de wat dominantere rassen zoals de Rottweiler. Bij rassen die wat zacht van karakter zijn, is het verschil met een teefje minder groot, maar er zijn talrijke uitzonderingen op deze regel.
De keuze tussen reu of teef is persoonlijk. Bent u geïnteresseerd in een wat dominanter ras, maar hebt u weinig of geen ervaring met het opvoeden van hon-

den, dan is een teefje vaak een betere keuze. U kunt het beste de fokker van het nest om advies vragen. Hij of zij gaat dagelijks met de jonge hondjes om en kent de karakters als geen ander. Een goede fokker is in staat na met u gesproken te hebben uit het nest een hondje selecteren dat qua karakter het beste bij uw wensen en mogelijkheden past. Ook al worden in deze encyclopedie de karakters van de verschillende rassen duidelijk beschreven, bedenk dat het slechts dwarsdoorsneden zijn van de gemiddelde vertegenwoordigers van het ras. Binnen bepaalde lijnen (families) van een en hetzelfde ras kunnen de karakters op diverse punten afwijken. Bovendien is natuurlijk elke hond uniek, zelfs honden uit één nest.

Oudere hond of pup

Veruit de meeste mensen zullen een puppy verkiezen boven een oudere hond. Dat is ook niet zo verwonderlijk gezien het feit dat het karakter van een puppy nog redelijk goed te sturen is. Daarbij komt ook dat de meeste mensen het op prijs stellen een hond van jongs af aan te zien opgroeien. Dat neemt niet weg dat in sommige gevallen ook een oudere hond een goede keuze kan zijn. Een oudere hond is in de regel qua karakter al gevormd en is al uitgegroeid. In veel gevallen hebben ze de elementaire basisopvoeding al genoten en zijn ze zindelijk. Ze hebben hun puberstreken al achter de rug en passen zich doorgaans goed aan aan de nieuwe omstandigheden. De band die u met een oudere hond op kunt bouwen, is even sterk als de band die u met een pup opbouwt. Veel rasverenigingen hebben een aparte afdeling die bemiddelt in volwassen of halfvolwassen honden die om welke reden dan ook herplaatst moeten worden. Dan hebben we het bijvoorbeeld over honden die herplaatst moeten worden omdat hun baasjes gaan emigreren, maar ook een scheiding binnen een gezin leidt soms tot herplaatsing van de hond. Deze afdeling van een rasvereniging zal u eerlijk voorlichten over de voorgeschiedenis van de hond. Gaan uw gedachten niet direct uit naar een pup, neem dan eens, vrijblijvend, contact op met de rasvereniging van het ras waar uw voorkeur naar uitgaat.

Opvoeding

Socialisatie

Diverse wetenschappelijke onderzoeken hebben uitgewezen dat alle indrukken die een pup ongeveer voor zijn twaalfde tot veertiende levensweek opdoet, bindend zijn voor de rest van zijn leven. Deze periode noemen we de inprentingsen socialisatiefase. Leert hij in de socialisatiefase dat onbekende mensen, kinderen, katten en druk stadsverkeer hem geen kwaad doen, dan zal hij voor de rest van zijn leven bekend zijn met deze indrukken en hier stabiel op reageren. Omgekeerd geldt dit natuurlijk even sterk: een pup die tot zijn veertiende levensweek in een kennel heeft gewoond en alleen zijn moeder, nestgenoten en de verzorger heeft gezien, zal zich in zijn latere leven moeilijk of helemaal niet meer kunnen aanpassen aan onze samenleving. Ook de manier waarop de pup al deze indrukken opdoet, is van doorslaggevende betekenis. Maakt hij in deze belangrijke periode kennis met een kat die hem aanvalt, dan is de kans aanwezig dat het jonge hondje voor de rest van zijn leven gestoord gedrag ten opzichte van katten vertoont.
Het is inmiddels ongetwijfeld duidelijk dat u het beste een puppy kunt kopen bij een fokker van wie u kunt aannemen dat deze voldoende tijd en energie in de socialisatie van zijn puppy's heeft gesto-

ken. Als een puppy 7 tot 12 weken oud is, mag u hem mee naar huis nemen. De fokker heeft dan zijn best gedaan, het is nu aan u het karwei zo goed mogelijk af te maken.

Consequentie

Voor alle honden, ongeacht het ras, geldt dat ze consequent moeten worden opgevoed. Consequentie houdt onder andere in dat de hond, wanneer u een commando geeft, pas braaf is als hij dit commando heeft opgevolgd. Dit lijkt erg voor de hand liggend, maar in het dagelijkse leven blijkt het om de een of andere reden toch heel moeilijk om consequent te blijven. Wanneer u wilt dat uw hond gaat liggen, mag u pas tevreden zijn wanneer hij ook daadwerkelijk ligt. Vaak zien we dat mensen al genoegen nemen met het feit dat de hond na lang aandringen uiteindelijk gaat zitten. Dit is *niet* consequent. Als mensen even weg gaan, wordt er vaak tegen de hond gezegd: "Blijf in je mand, hoor!" U kunt dan natuurlijk niet controleren of de hond ook echt op zijn plaats blijft als u weggaat, dus kunt u het maar beter ook niet zeggen. Hebt u besloten dat de hond niet op de bank mag, dan mag u dit ook *nooit* toelaten, zelfs niet als uw hond bijvoorbeeld ziek is. Leg in zo'n geval een oud matrasje op de grond. Hetzelfde geldt als u niet wilt dat uw hond enthousiast tegen iemand opspringt. Laat dit dan ook *nooit* toe, ook niet als u het op een gegeven moment wel gezellig vindt en u toch oude kleren draagt. De hond kan al deze nuanceverschillen niet interpreteren en wordt er onzeker en ongelukkig van.
Dat het moeilijk is consequent te blijven, staat buiten kijf, zeker als de hond opgroeit in een groot gezin waarin iedereen zijn eigen ideeën heeft over de manier waarop de hond moet worden opgevoed. Het is erg verwarrend voor een hond wanneer hij niet weet waar hij aan toe is. Sommige hondenrassen zijn hier zo gevoelig voor dat ze gestoord gedrag gaan vertonen in de vorm van agressie of juist onderworpenheid. Hanteer dus in huis geen flexibele regels. Voordat de pup zijn intrede doet, moeten alle gezinsleden weten aan welke regels de hond zich voortaan heeft te houden en het is van het grootste belang dat deze regels strikt worden nageleefd.

Straffen

Straf een hond alleen op heterdaad, niet als het leed al is geschied. Stel dat uw hond tijdens uw afwezigheid de boel overhoop heeft gehaald. U ontdekt dit wanneer u thuis komt en u geeft de hond straf, hetzij verbaal, hetzij fysiek. Voor u is het duidelijk dat de hond fout is geweest, en gezien zijn gezichtsuitdrukking denkt u dat de hond dat ook weet. Niets is echter minder waar! De meeste honden zijn allang vergeten wat ze verkeerd hebben gedaan; ze voelen alleen de stemming van de baas aan en reageren daarop door zich te onderwerpen of te vluchten. Het enige dat u hiermee bereikt, is dat de hond het straffen gaat associëren met het feit dat u thuiskomt en het resultaat is dat de hond elke dag angstig afwacht wat er gaat komen als u de kamer binnenkomt. Afhankelijk van het ras kan een hond hiervan agressief of erg angstig en onderdanig worden; hij verliest het vertrouwen in de in zijn ogen grillige en onvoorspelbare roedelleider. Hebt u een hond die steeds als u eventjes niet oplet of weg bent wat verkeerds doet, dan is het het beste de hond op die momenten in een (huiskamer-) kennel te zetten. In zo'n kennel kan hij niets verkeerd doen en is hij dus altijd braaf als u thuiskomt. De meeste honden groeien na verloop van tijd over deze puberstreken heen, maar er zijn ook honden die slopen omdat ze te weinig beweging en/of aandacht krijgen. Soms ook doen ze het uit pure verveling. Het is dus van groot belang dat u in de opvoedingsfase uw hond straft wanneer u hem op heterdaad betrapt, dus wanneer hij iets verkeerds doet. U roept bijvoorbeeld uw hond en na lang dralen komt hij uiteindelijk naar u toe. De hond heeft het commando opgevolgd en behoort nu een beloning te krijgen. Helaas, het komt nog maar al te vaak voor dat de hond in plaats van beloond, gestraft wordt omdat hij te lang is weggebleven. Het gevolg hiervan is dat de hond het opvolgen van uw commando associeert met straf en het de volgende keer wel uit zijn hoofd laat (snel) naar u toe te komen. De strekking van dit boek reikt niet zover dat de volledige opvoeding behandeld kan worden en we raden u dan ook aan geschikte literatuur over dit onderwerp aan te schaffen.

Hebt u nog niet veel ervaring met het opvoeden van honden, dan kunt u het beste met uw puppy een puppycursus volgen. Op deze manier kan de opvoeding van uw pup goed begeleid worden. Maar houd er altijd rekening mee dat de ene hond de andere niet is en dat er voor de verschillende rassen aanzienlijk verschillen in aanpak bestaan. Verzeker u ervan dat de aanwezige instructeurs de eigenschappen van het door u aangeschafte ras kennen.

Omgang met honden, andere huisdieren en kinderen

Of de hond goed omgaat met honden, andere huisdieren of kinderen, is voor een deel afhankelijk van de aanleg van de hond (het ras) en voor een deel van de inprenting en socialisatie. Wanneer een meutehond, die dus uitermate sociaal van aard behoort te zijn, slecht ingeprent wordt, is de kans aanwezig dat de hond gestoord gedrag gaat vertonen ten op-

Socialisatie is heel belangrijk. Deze Dobermanns laten het pluimvee met rust omdat ze goed gesocialiseerd en opgevoed zijn.

zichte van andere honden, huisdieren en kinderen.
De karakterbeschrijvingen in dit boek zijn gegeneraliseerd; er wordt vanuit gegaan dat de betreffende hond een goede socialisatie heeft genoten en netjes wordt opgevoed. Toch is hier een waarschuwing op zijn plaats. Hoe lief en geduldig bepaalde honden ook met kinderen om kunnen gaan, voor elke hond geldt dat hij nooit zonder toezicht alleen gelaten mag worden met kinderen. Daarnaast is het ook belangrijk dat kinderen weten dat ze de hond met rust moeten laten als hij in zijn mand ligt en wanneer hij aan het eten is. Het spreekt voor zich dat de hond in zijn waarde gelaten moet te worden; plagen mag u nooit tolereren! Leer uw kinderen ook nooit zelf op de hond af te stappen, maar leer hun de hond bij zich te roepen – dit werkt rangorde bevestigend.

Verzorging

Oren, nagels en tanden

Elke hondenvacht moet op haar eigen specifieke manier verzorgd worden. Hoe dit moet, staat beschreven bij de betreffende hondenrassen. Voor het schoonmaken van oren geldt dat u nooit met wattenstaafjes mag gaan proppen. Hiermee wordt het vuil alleen maar verder in de oren geduwd – met alle gevolgen van dien. Gebruik een goed merk oorcleaner, druppel het middel in de gehoorgang en masseer het oor. Neem daarna met een tissue het vuil oppervlakkig uit het oor weg.
Sommige honden hebben een bovenmatige haargroei in de gehoorgang. Dit haar moet verwijderd worden omdat het ontstekingen kan veroorzaken. Haal er niet al te grote plukken ineens uit, maar ga ook niet haartje voor haartje te werk, want ook dat is pijnlijk voor de hond. Probeer een middenweg te vinden. Soms groeit er te veel haar tussen de voetzolen. In dit geval mag u alleen het haar dat tussen de voetzolen uit groeit, wegknippen. Een gebogen schaar is hiervoor het geschiktste hulpmiddel. Wanneer u deze schaar met de bolle kant naar de voetzool toe houdt, kunt u niet in de voetzooltjes knippen.
Houd de nagels van uw hond kort. Wanneer de hond regelmatig op een ruwe en harde ondergrond loopt, slijten ze in de regel vanzelf, maar sommige honden hebben erg snel groeiende nagels en in dit geval moet u de nagels bijvijlen of afknippen. Wanneer u de hond goed wilt verzorgen, zult u uw hond al jong moeten wennen aan dit ritueel. Een volwassen, sterkere hond die niet gewend is aan dit karweitje kan gaan protesteren, waardoor het voor u erg moeilijk wordt de hond goed te verzorgen. Vindt u het toch wat eng dit soort karweitjes zelf te doen, dan kunt u uw hond naar een trimsalon brengen. Hier kunnen ze u ook uitleggen wat de beste methode is, zodat u het zelf kunt leren.
Bij de algehele verzorging hoort natuurlijk ook de verzorging van het gebit. Wanneer uw hond voldoende harde brokjes te eten krijgt en regelmatig op een kauwbot

Het teveel aan haar tussen de voetzolen moet regelmatig worden weggeknipt.

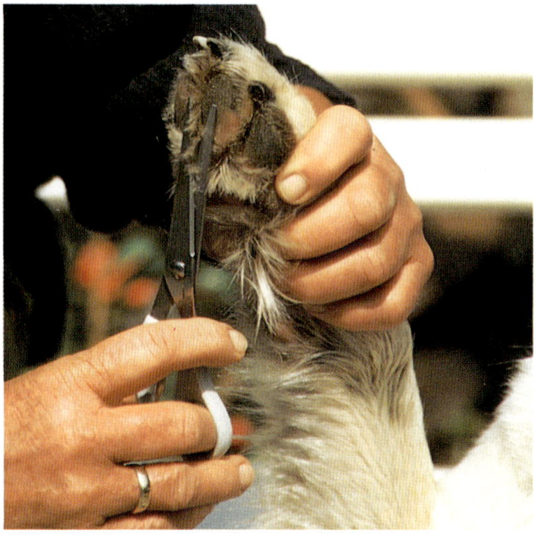

van goede kwaliteit kan kauwen, zal het gebit weinig onderhoud vragen. Honden die daarentegen veel zacht voer eten en zelden of nooit de kans krijgen hun gebit te gebruiken, zullen sneller tandsteen ontwikkelen – met alle ellende van dien. Controleer regelmatig of er aanslag op het gebit van uw hond zit, want voorkomen is altijd beter dan genezen.

De vacht

Sommige vachten, met name de langharige, hebben een intensieve verzorging nodig. Voor een borstel- en kambeurt moet u dan al snel een uur of langer uittrekken. Leer uw honden aan voor dit ritueel op een tafel met een stroef oppervlak te gaan staan of liggen. Op deze manier kunt er gemakkelijker bij en voorkomt u rugklachten. Borstel honden met een langharige vacht minimaal één keer per week, maar ook voor honden met een kortharige vacht is dat geen overbodige luxe. Tijdens zo'n borstelbeurt kunt u dingen opmerken die u anders waarschijnlijk nooit had gezien, zoals kleine wondjes, teken of ander ongedierte. Voor het wassen van de vacht moet u een goed merk hondenshampoo gebruiken dat de vetlaag van de huid niet aantast. Laat een natte hond nooit buiten of in een tochtige, koude ruimte achter! Wacht tot de hond helemaal droog is voor u weer met hem naar buiten gaat.

Bij een aantal hondenrassen is het nodig dat de vacht regelmatig getrimd wordt. Soms is dit een eenvoudig karweitje dat u van de fokker kunt leren, maar vaker ligt het wat ingewikkelder en zult u het trimmen aan een deskundige trimsalon moeten overlaten. Van de meeste rassen weet men daar wel hoe de vacht verzorgd moet worden, maar hebt u een minder bekend ras, dan kunt u het beste een trimschema meenemen of op zoek gaan naar een gespecialiseerde trimsalon. Een bezoekje aan een trimsalon is echt geen overbodige luxe, zeker niet als u mee wilt doen aan tentoonstellingen. Een trimschema kunt u in de meeste gevallen gewoon aanvragen bij de rasvereniging of de fokker van uw hond.

Beweging

Een ras dat bij u past

Op zonnige dagen of op een mooie herfstdag begint het bij veel mensen te kriebelen. Wat zou het toch heerlijk zijn, denken ze, als we nu een hond hadden waarmee we in het bos of op het strand konden rennen en spelen. Het is helaas een feit dat het uitlaten van de hond nogal eens wordt geromantiseerd. Als de hond er dan eenmaal is en iedereen gewend is aan het dier, blijkt dat steeds weer dezelfde personen de hond uit 'moeten' laten. Wanneer het stormt, regent of vriest, is vaak de animo de hond uit te laten tot nul gereduceerd.
Een jaar bestaat uit 365 dagen en elke dag weer moet de hond minimaal vier keer per dag uitgelaten worden, weer of geen weer! Sommige rassen hebben erg veel beweging nodig en dan is vier keer per dag een ommetje beslist niet voldoende; dan moet u bijvoorbeeld ook met de hond gaan fietsen. Het is dan ook erg belangrijk dat u een hond kiest die qua bewegingsbehoefte past bij u en uw gezin. Bent u zelf sportief en fietst, wandelt of jogt u graag, dan kan een sportieve hond een perfecte combinatie zijn. Bent u daarentegen wat minder uithuizig, dan is een klein of een wat rustiger ras waarschijnlijk een betere keuze.

Hondensporten

De laatste tijd zijn sporten als fly-ball en behendigheid sterk in opkomst. Sommige rassen, met name die uit de herdershondengroep, doet u een groot plezier met deze vorm van lichaamsbeweging. Maar natuurlijk kunnen ook andere, hiervoor minder ontwikkelde hondenrassen aan een training meedoen. Het belangrijkste is dat zowel u als de hond er plezier aan beleeft. Op een leuke manier bezig zijn met uw hond hoeft niet altijd op competitie uit te draaien, al kunnen wedstrijden op een ware verslaving uitdraaien als blijkt dat u en de hond een goed team vormen.
Een andere, bekendere vorm van hondensport is de africhting. Voor deze vorm van sport geldt dat niet elk hondenras er zomaar aan kan deelnemen. Slechts een select groepje hondenrassen komt voor zo'n opleiding in aanmerking. De competitiedrang is hier veel groter en het geheel is wat minder vrijblijvend. Vaak wordt er verlangd dat uw hond al enkele diploma's heeft op het gebied van gehoorzaamheid voor hij wordt toegelaten. Dat is op zich niet zo vreemd als u bedenkt dat een belangrijk deel van de africhting bestaat uit het tot staan brengen en het bijten van de pakwerker. Het spreekt voor zich dat u uw hond in dergelijke situaties perfect onder controle moet hebben. De hond moet moedig en scherp van karakter zijn, maar ook stabiel en goedaardig. Daarnaast worden er ook veel inzet, geduld en toewijding van de eigenaar verlangd. Bij een goede begeleiding zal uw hond even betrouwbaar of zelfs nog betrouwbaarder zijn dan voor de cursus. Het fabeltje dat deze honden 'vals' zouden zijn, is volkomen uit de lucht gegrepen. Het africhten is een zeer gedisciplineerde sport waarin geen ruimte is voor eigen initiatief van de hond, en dat geldt zowel op het veld en daarbuiten. Voor velen is deze vorm van hondensport meer een levensvervulling dan een bezigheid.
Dit kan ook van het jagen gezegd worden. Gaat u met uw hond op jacht, dan moet het contact tussen hond en baas erg goed zijn; de hond behoort steeds onder appel te staan. Het is het dan ook niet vreemd dat niet alle hondenrassen voor de jacht in aanmerking komen. Binnen de jacht zijn er talrijke verschillende takken, met voor elke tak weer een of meerdere ras-

sen die hier het geschiktst voor zijn. Niet alle onderdelen van de jacht houden in dat er wild wordt opgejaagd of neergeschoten. Soms maken de jagers gebruik van een lap stof met een bepaalde geur, dummy's of wat dan ook om het wild na te bootsen. Voor zowel de bazen als de honden is het een zeer (in)spannende sport die vele facetten heeft.

De hondenrenbaan was tot voor kort zo'n beetje de enige legale mogelijkheid voor windhonden om zich werkelijk uit te kunnen leven. Maar nog niet zo lang geleden werd ook het *coursing* geïntroduceerd, en gezien de belangstelling voor deze sport zal ze geen eendagsvlieg zijn. Beide sporten zijn eigenlijk alleen maar geschikt –en vaak ook alleen maar toegankelijk– voor honden uit de windhondengroep.

In een gematigd klimaat is het vaak moeilijk sledehonden hun geliefde werk uit te laten voeren. Veel eigenaars trekken daarom regelmatig met hun honden naar hogere en koudere oorden waar men sneeuw kan verwachten. Hier kunnen de honden, al dan niet in competitieverband, hun oorspronkelijke werk uitvoeren. Ook al ligt er dan bij ons niet zo vaak sneeuw, er zal toch getraind moeten worden. De oefenkar is dan een goede, zij het tijdelijke oplossing.

Het meedoen aan tentoonstellingen is een vak apart. Een eerste vereiste is natuurlijk dat uw hond een uitstekend exemplaar van zijn ras moet zijn, en ten tweede moet zijn vacht er onberispelijk uitzien. Maar daarmee bent u er nog niet. Niet elke hond, hoe mooi hij ook is, staat graag op deze manier in het middelpunt van de belangstelling, en niet ieder baasje weet zijn hond zo naar voor te brengen dat zijn positieve punten het beste uitkomen. Bij elke kynologenvereniging worden ringtrainingen gehouden en hier leert u het showen van uw hond goed voor te bereiden.

Deze opsomming van wat de hondensport zoal te bieden heeft, is verre van volledig. Sporten met uw hond kan een heel leuke en aangename manier zijn om met uw hond bezig te zijn. U leert de hond beter te begrijpen, en dat geldt natuurlijk ook omgekeerd, en het zal de onderlinge band zeker versterken. Het belangrijkste is echter dat u en uw hond samen van het sporten genieten. Merkt u dat uw hond niet zo geschikt is voor een bepaalde sport, dan doet dat zeker geen afbreuk aan zijn andere, positieve eigenschappen.

Aangepaste beweging

Veel snelgroeiende hondenrassen hebben in hun eerste levensjaar wat aangepaste beweging nodig. Bij deze rassen is het onverstandig in de groeifase (te) veel met de hond te wandelen en spelen, omdat op deze manier de kwetsbare gewrichten, botten en pezen te zwaar zouden worden belast, wat zich op latere leeftijd zeker zal wreken. Heupdysplasie, knie- en rugafwijkingen en andere problemen zijn voor een deel erfelijk, maar een verkeerde voeding en een te zware belasting van het gestel –met name in de kritieke groeifase– spelen op dit gebied ook een grote rol. Word nu ook niet meteen te voorzichtig. Dergelijke rassen zijn er ook niet bij gebaat wanneer u ze in een glazen kooitje zet. Maak met de hond een paar keer per dag een korte wandeling. Rechte bewegingen in een voor de hond aangepast tempo zijn een goede manier om het spierstelsel van de hond op te bouwen. Ook het lopen naast de fiets is voor veel rassen een goede lichaamsbeweging. Is de hond eenmaal volgroeid, dan kunt u langzamerhand de afstanden wat uitbouwen. Er is niks mis met het inlassen van een winterpauze, maar begin dan in de lente niet ineens weer met lange afstanden. Ook nu moet de hond de kans krijgen zijn conditie op te bouwen.

1. Schapenhoeders en veedrijvers

Schapenhoeders en herdershonden

Australian Shepherd

LAND VAN HERKOMST
Verenigde Staten.

AANLEG
Herdershond.

GROOTTE
Reuen hebben een schouderhoogte tussen de 50 en 57 cm, bij teven ligt deze tussen de 45 en 52 cm.

VACHT
De vacht bestaat uit halflang, steil of licht gegolfd haar met een dichte ondervacht. De Australian Shepherd komt voor in de kleuren bleu merle, redmerle (leverkleur), effen zwart of bruin, eventueel met tankleurige aftekeningen en wit.

VERZORGING
De Australian Shepherd heeft relatief weinig vachtverzorging nodig. In de ruiperiode verhaart de ondervacht en is een herderharkje heel erg nuttig voor het verwijderen van de losse haren.

AARD
Intelligent, slim en leergierig, evenwichtig, waaks en alert, actief, gehard, veel uithoudingsvermogen, zeer trouw en gehecht aan het gezin.

OPVOEDING
De opvoeding van de Australian Shepherd is niet erg moeilijk omdat de hond snel en graag leert. Als hij veroordeeld wordt tot driemaal daags een ommetje, kan de Australian Shepherd uitermate vervelend worden in huis. Buiten een redelijke hoeveelheid beweging heeft dit ras ook behoefte aan 'taken'. In dit opzicht is het verstandig met de hond iets aan behendigheid of fly-ball te gaan doen, maar ook gehoorzaamheidswedstrijden, waar de Australian Shepherd hoge ogen kan gooien, zijn geschikt.

Langharige Schotse Herder

SOCIALE AANLEG
Op voorwaarde dat hij goed gesocialiseerd is, geeft de Australian Shepherd geen problemen in de omgang met soortgenoten en andere huisdieren. Ook met kinderen kunnen ze in de regel goed opschieten, maar ten opzichte van vreemden kan dit ras zich wat terughoudend op stellen.

BEWEGING
Deze hond heeft veel beweging, maar vooral ook bezigheden nodig om zich gelukkig te kunnen voelen. Hij is wellicht het beste op zijn plaats bij mensen die sportief zijn ingesteld en het kunnen opbrengen elke dag iets met de hond te gaan doen.

Australian Shepherd

Australian Shepherd, kopstudie

Bearded Collie

LAND VAN HERKOMST
Schotland.

AANLEG
Herdershond en gezinshond.

GROOTTE
Reuen hebben een schouderhoogte tussen de 53 en 56 cm; bij teven ligt deze tussen de 51 en 53 cm.

VACHT
De ondervacht is dicht en wollig en de bovenvacht is recht, hard, lang en ruig. Toegestane kleuren zijn zwart, blauw, leikleurig, roodachtig bruin, alle tinten grijs met of zonder witte aftekeningen op de voorsnuit, borst, poten en voeten of hals. De witte aftekeningen mogen niet verder dan de schouder lopen.

Bearded Collie

VERZORGING
De Bearded Collie heeft veel vachtverzorging nodig. U moet de vacht elke week een paar keer borstelen en kammen om te voorkomen dat er klitten ontstaan. Haal het teveel aan beharing tussen de voetzolen weg en houd de gehoorgang schoon. De vacht van de Bearded Collie moet op de rug in een scheiding vallen.

AARD
Opgewekt en vrolijk, schrander en leergierig, lief en zachtaardig, sociaal, gezellig, zeer aanhankelijk, actief. Een Bearded Collie behoort deel uit te maken van het gezin en is niet geschikt voor een kennel.

OPVOEDING
De Bearded Collie is een intelligente hond die snel leert. Een harde opvoeding heeft op deze hond geen effect. U kunt hem het beste met zachte hand spelenderwijs opvoeden. Geef hem veel vrolijke commando's en loftuitingen, en leg vooral niet te veel druk op de hond, want dat verpest zijn open en vrolijke karakter.

SOCIALE AANLEG
Deze honden kunnen goed opschieten met kinderen, huisdieren en andere honden. Ook vreemden worden in de regel uitbundig begroet.

BEWEGING
Qua beweging past de Bearded Collie zich aan aan de situatie, maar u kunt hem geen groter plezier doen dan door regelmatig met hem de wijde natuur in te trekken. Bearded Collies hebben (zoals de meeste honden in deze rasgroep) absoluut geen neiging om weg te lopen, integendeel, ze blijven dicht bij u in de buurt. Dit ras kan goede prestaties leveren op gehoorzaamheids- of behendigheidswedstrijden.

BIJZONDERHEDEN
Vanwege zijn zachte karakter is de Bearded Collie ook geschikt voor mensen die wat minder ervaring hebben met het opvoeden van honden, en door zijn grote aanpassingsvermogen voelt hij zich zowel op het platteland als in de stad thuis. Houd rekening met het feit dat de vacht van deze hond veel verzorging verlangt, waar u niet te licht over mag denken.

Bearded Collie

Bearded Collie

Ongecoupeerde Beauceron

Beauceron

LAND VAN HERKOMST
Frankrijk.

AANLEG
Herdershond en gezinshond.

GROOTTE
De schouderhoogte van de reuen ligt tussen de 65 en 70 cm, die van de teven tussen de 63 en 68 cm. Het gewicht varieert van 30 tot 50 kilo.

VACHT
De korte, harde en vlak liggende vacht heeft een dichte en zachte ondervacht. Er zijn twee erkende kleurslagen: zwart met brandaftekening en het zogenaamde arlequin (zwartgrijs gevlekt met brand). Deze laatste kleur komt relatief erg weinig voor.

VERZORGING
De vacht van de Beauceron heeft niet veel verzorging nodig. Zo nu en dan borstelen, met name in de ruiperiode, is voldoende.

AARD
De hond is schrander, oplettend, actief, intelligent en soms eigenwijs en gehecht aan zijn baas en diens gezin; hij heeft een groot uithoudingsvermogen en is zeer waaks.

OPVOEDING
Een consequente en liefdevolle opvoeding en veel beweging en contact met zijn baasje zijn onontbeerlijk voor een evenwichtige ontwikkeling van een jonge Beauceron. Wordt hem dat onthouden, dan kan neurotisch of agressief gedrag het gevolg zijn. Laat hem als pup op een positieve manier kennismaken met allerlei mensen, dieren, dingen en situaties.

SOCIALE AANLEG
Een goed gesocialiseerde en opgevoede Beauceron gaat onder normale omstandigheden goed om met kinderen, en ook andere honden en huisdieren zullen dan geen problemen geven.

BEWEGING
Dit ras neemt geen genoegen met driemaal daags een blokje om. Maak regelmatig lange wandelingen, waarbij de hond zo nu en dan de kans krijgt onaangelijnd te rennen en te spelen. Wanneer u en de hond er plezier aan beleven, kunt u de hond een fly-ball- of behendigheidscursus laten volgen, al zal de Beauceron in competitieverband voorbijgestreefd worden door andere, hiervoor geschiktere rassen.

Laekense Herder, kopstudie

Belgische Herder

Laekense Herders

• *Laekense Herder*

LAND VAN HERKOMST
België.

AANLEG
Van oudsher veedrijver, nu waak- en gezinshond.

GROOTTE
Reuen hebben een schouderhoogte van ongeveer 62 cm en teven meten ongeveer 58 cm. Afwijkingen van 2 cm naar beneden en 4 cm naar boven zijn toegestaan.

VACHT
De vacht is ruwharig, vaalros met wat donker gevlamde beharing op snuit en staart.

VERZORGING
Deze ruwharige hond moet ongeveer twee keer per jaar getrimd worden, afhankelijk van de kwaliteit van de vacht, waarbij het dode en overtollige haar met de hand uit de vacht geplukt wordt. Laat u nooit verleiden uw Laekense Herder te scheren, want dit verpest de vacht voor vele jaren. Naast de plukbeurten moet u de vacht zo nu en dan kammen met een grove kam. Laekense Herders kunnen prima in een buitenkennel gehouden worden, mits ze daarnaast voldoende aandacht en beweging krijgen.

AARD
Oplettend, hard en moedig, werkwillig, goede waakhond, groot uithoudingsvermogen, levendig, intelligent, dominant, gehecht aan eigen mensen.

OPVOEDING
De Laekense Herder is voor de juiste baas niet moeilijk op te voeden. Dit ras vraagt om een evenwichtige baas die stevig in zijn schoenen staat. De honden zijn in de regel erg intelligent en willen graag iets leren. Houd de training afwisselend.

SOCIALE AANLEG
Deze herdershonden gaan in het algemeen goed om met kinderen. Ten opzichte van andere honden kunnen ze soms wat dominant zijn, en als ze eenmaal goed gesocialiseerd zijn met katten en andere huisdieren, zal ook deze omgang geen problemen opleveren.

BEWEGING
Dit ras heeft redelijk veel behoefte aan beweging. Laekense Herders zijn uitstekende waak- en verdedigingshonden. Maar ook wanneer u een dergelijke richting niet ambieert voor uw hond, zult u er toch regelmatig met hem op uit moeten trekken, om zijn energie in banen te leiden.

• *Mechelse Herder*

LAND VAN HERKOMST
België.

Mechelse Herder

Aanleg
Van oudsher veedrijver, nu waak- en verdedigingshond en gezinshond.

Grootte
De schouderhoogte van de reuen bedraagt ongeveer 62 cm. Teven zijn met hun ongeveer 58 cm wat kleiner. Afwijkingen van 2 cm naar beneden en 4 cm naar boven zijn toegestaan.

Vacht
De vacht is kortharig, vaalrossig van kleur met zwarte haarpunten en een zwart masker.

Verzorging
De Mechelse Herder heeft weinig vachtverzorging nodig. Zo nu en dan borstelen, met name in de ruiperiode, volstaat. U kunt een Mechelaar prima in een buitenkennel houden, mits hij daarnaast voldoende beweging en aandacht krijgt.

Aard
Oplettend, moedig, hard, goede waakhond, intelligent, werkwillig, groot uithoudingsvermogen, gehecht aan eigen mensen, dominant, temperamentvol.

Opvoeding
De hond leert relatief snel. Zijn soms wat dominante aard vraagt om een baas die stevig in zijn schoenen staat.

Sociale aanleg
Mechelaars gaan over het algemeen goed om met kinderen. Wanneer de hond goed gesocialiseerd is, zal ook de omgang met andere huisdieren geen problemen opleveren. Sommige zijn wat dominant tegen soortgenoten.

Beweging
De honden van dit ras zijn uitermate geschikt voor de africhting, zeker ook op wedstrijdniveau. Maar ook wanneer u geen ambities in deze richting hebt, zult u er toch regelmatig met de hond op uit moeten trekken, anders kan hij zijn energie niet kwijt. De meeste Mechelaars zijn dol op balspelletjes, zwemmen, apporteren, lopen naast de fiets en spelen.

• *Tervuerense herder en Groenendaeler*

Land van herkomst
België.

Aanleg
Van oudsher veedrijver, nu gezinshond.

Grootte
Reuen hebben een schouderhoogte van ongeveer 62 cm, bij teven bedraagt deze ongeveer 58 cm. Afwijkingen van 2 cm naar beneden of 4 cm naar boven zijn toegestaan.

Mechelse Herder, kopstudie

Groenendaeler

VACHT
De vacht is langharig met een dichte ondervacht. Groenendaelers zijn zwart met eventueel wat wit op borst en tenen. Tervuerense Herders komen voor in rood, bruingrijs gemêleerd en alle schakeringen van bruin tot grijs, met een zwart masker.

Groenendaeler

VERZORGING
Deze herdershonden mag u niet te veel borstelen en kammen, want dat zou de ondervacht kunnen beschadigen. In de ruiperioden is een kam met grove tanden zeer geschikt voor het fatsoeneren van de hond.

AARD
Energiek, attent, intelligent, werkwillig, zeer beweeglijk, waaks. Tervuerense Herders en Groenendaelers vertoeven graag dicht bij hun baas, ook in huis.

OPVOEDING
De Tervuerense Herder en de Groenendaeler moeten als puppy in hun zelfvertrouwen gesterkt worden. Neem ze mee naar onbekende plaatsen en laat ze onder begeleiding kennismaken met allerlei mensen en dieren. Zorg ervoor dat deze ontmoetingen positief verlopen. Deze honden leren vrij snel en reageren goed op de stem van hun baas. Slaan en schreeuwen is absoluut niet nodig en kan zelfs een averechtse uitwerking hebben. Een zachte, maar besliste hand doet wonderen. Deze rassen zijn geschikt voor verschillende takken van de hondensport, waaronder behendigheid en flyball.

SOCIALE AANLEG
De honden kunnen het prima vinden met soortgenoten, katten en andere huisdieren als ze al op jonge leeftijd goede ervaringen hebben opgedaan met deze dieren. Wanneer de kinderen de hond in zijn waarde laten, zal ook de omgang met hen geen enkel probleem opleveren. Tegenover vreemden zijn de Tervuerense Herder en de Groenendaeler in de regel wat terughoudend (foto Tervuerense Herder: zie blz. 25).

BEWEGING
Wanneer beide honden buitenshuis voldoende beweging krijgen, zijn ze in huis erg rustig. De meeste exemplaren zijn dol op apporteren en balspelletjes.

Bergamasco

LAND VAN HERKOMST
Italië.

AANLEG
Herdershond en waakhond, gezinshond.

GROOTTE
De reuen wegen 32 tot 38 kilo bij een schouderhoogte van 60 cm. De teven wegen 26 tot 32 kilo bij een schouderhoogte van 56 cm. De schouderhoogte mag bij zowel de teef als de reu 2 cm naar boven of naar beneden afwijken.

Volwassen Bergamasco-teef

VACHT
De Bergamasco bezit een dikke ondervacht, terwijl het dekhaar een neiging tot vervilten heeft. Het haar bovenop de kop en schouders vervilt echter niet. De vacht is effen grijs of gevlekt, effen zwart of isabel met fawnkleurige aftekeningen. Witte aftekeningen zijn toege-

Tervuerense Herder

Jonge Bergamasco-reu

staan, echter alleen als ze niet meer dan 20% van het totale oppervlak beslaan.

VERZORGING
Gedurende zijn eerste levensjaar kunt u de Bergamasco gewoon kammen. Daarna zal de vacht de eerste tekenen van vervilten gaan vertonen. Om te voorkomen dat de vacht te grote viltstukken ontwikkelt, moet u deze grote stukken met de hand in strengen van ongeveer 3 cm doorsnee 'scheuren'. Het haar op de kop moet altijd gekamd worden. Zo nu en dan een wasbeurt kan geen kwaad, maar was de hond altijd in de zomer, aangezien het langer dan een dag kan duren voor de vacht droog is.

AARD
Intelligent en werklustig, zelfstandig, evenwichtig en rustig, moedig en waaks, vriendelijk en zeer gehecht aan zijn eigen gezin.

OPVOEDING
Bergamasco's zijn niet echt moeilijk op te voeden; socialiseer ze als jonge hond goed en blijf altijd consequent en duidelijk tegen de hond.

SOCIALE AANLEG
Als u uw Bergamasco goed socialiseert, zal de omgang met andere huisdieren geen problemen geven. Dit ras gaat over het algemeen goed om met kinderen. Het heeft zelfs de neiging uw kinderen te beschermen tegen pesterijen van andere kinderen. De Bergamasco is een uitstekende waakhond, wat betekent dat eventuele inbrekers een zeer onprettige verrassing te wachten staat wanneer ze uw huis met een bezoek 'vereren'. Bergamasco's zijn een beetje gereserveerd ten opzichte van onbekenden.

BEWEGING
Dit ras heeft relatief veel beweging nodig. U kunt de hond deze beweging bieden door veel met hem te gaan wandelen. Op een goed omheind terrein zal de Bergamasco in zijn eigen bewegingsbehoefte voorzien. De Bergamasco wordt tot op de dag van vandaag nog steeds gebruikt voor zijn werk bij de kudde. Hij is dan ook een echte werkhond, die absoluut niet op een flat thuishoort.

Berghond van de Maremmen en de Abruzzen

LAND VAN HERKOMST
Italië.

AANLEG
Gezinshond en bewaker van kudden.

GROOTTE
Reuen hebben een schouderhoogte van tussen de 63 en 73 cm; voor teven geldt een hoogte van 60 tot 68 cm.

VACHT
De vacht is tamelijk lang en stug, met een dichte ondervacht. De kleur is wit, maar aftekenin-

Berghond van de Maremmen en de Abruzzen

gen in ivoor, bleek geel of sinaasappeltint zijn toegestaan.

VERZORGING
Dit ras heeft regelmatig een zeer grondige borstel- en kambeurt nodig om de dode en losse haren te verwijderen. Vooral in de ruiperiode heeft de vacht extra aandacht en verzorging nodig.

AARD
Deze hond is vriendelijk en trouw, sober, hard voor zichzelf, moedig, intelligent, waardig, evenwichtig en een zeer goede waakhond zonder een blaffer te zijn. Ze worden wel gekenschetst als aanhankelijk, maar niet afhankelijk.

OPVOEDING
De Berghond van de Maremmen en de Abruzzen is geen hond die slaafs uw commando's opvolgt, en al helemaal niet wanneer hij er het nut niet van inziet. Hij moet op basis van wederzijds respect opgevoed worden, met de stem en zachte, maar consequente hand.

SOCIALE AANLEG
Berghonden van de Maremmen en de Abruzzen gaan goed om met soortgenoten en andere huisdieren, en ook met kinderen zijn ze over het algemeen geduldig en toegeeflijk. Tegenover vreemden stellen ze zich vaak wat gereserveerd op, al neemt dit echt geen extreme vormen aan. Iemand die niets te zoeken heeft op uw terrein krijgt van deze hond niet de kans het te betreden.

BEWEGING
Dit ras heeft de ruimte nodig, zowel geestelijk als lichamelijk. Veroordeel de hond niet tot driemaal daags een ommetje. De Berghond heeft behoefte aan lange en afwisselende wandelingen en moet zich zo nu en dan eens flink kunnen uitleven. Wanneer hij voldoende vrijheid en beweging krijgt, zal hij in huis rustig zijn.

Berghond van de Maremmen en de Abruzzen

Border Collie

LAND VAN HERKOMST
Engeland.

AANLEG
Herdershond en veedrijver.

GROOTTE
De schouderhoogte van de reuen is 53 tot 55 cm. Teven zijn iets kleiner.

VACHT
Halflang, glanzend met dik onderhaar. Alle kleuren zijn toegestaan, maar wit mag nooit overheersen. Een zwart-witte vacht komt het meest voor.

Border Collie

VERZORGING
De vacht van de Border Collie heeft relatief weinig verzorging nodig. Een wekelijkse borstelbeurt houdt de vacht voldoende in goede conditie.

AARD
Zeer werkwillig, intelligent, slim, snelle leerling, attent, beweeglijk, waaks, zeer gehecht aan zijn baas en diens gezin, hard voor zichzelf en moedig.

OPVOEDING
De Border Collie staat wereldwijd bekend om zijn enorme intelligentie en 'will-to-please'. Ze pikken erg snel nieuwe commando's op en verreweg de meeste Border Collies hebben een natuurlijke aanleg voor het drijven van vee.

Border Collie, kopstudie

SOCIALE AANLEG
Als een Border Collie voldoende beweging krijgt en voldoende bezigheden heeft, gaat hij in het algemeen goed om met soortgenoten, andere huisdieren en kinderen. Bij gebrek aan werk zal een Border Collie zichzelf een taak toebedelen en bijvoorbeeld uw kinderen bijeen gaan 'drijven'.

BEWEGING
Een Border Collie die niets te doen heeft, wordt een buitengewoon lastige en soms zelfs agressieve hond. Met voldoende lichaamsbeweging bent u er nog niet met dit ras. De hond moet en wil werken en zijn lichaam en geest moeten 'gevoed' worden met een of meerdere taken. Het is dan ook niet toevallig dat we de Border Collies op wedstrijdniveau steeds in de hoogste regionen tegenkomen als het gaat om behendigheid, obedience, fly-ball, het drijven van schapen enzovoort. Het zijn perfectionisten met een constante 'will to please'. Kortom, dit ras leeft ervoor om voor u te werken, elke dag opnieuw.

BIJZONDERHEDEN
• Dit ras kan uitstekend in een kennel gehouden worden, maar dan moet de hond wel zijn dagelijkse bezigheden houden en veelvuldig contact hebben met zijn baas.
• Voor mensen die wat willen bereiken in de hondensport is de Border Collie een geschenk uit de hemel, maar ook agrariërs die deze honden hun oorspronkelijke werk kunnen laten doen, zullen niet teleurgesteld worden. Als huishond waar zo nu en dan iets mee gedaan wordt, is de Border Collie ongeschikt.

Briard

LAND VAN HERKOMST
Frankijk.

AANLEG
Herders- en waakhond, gezelschapshond.

GROOTTE
De schouderhoogte is bij de teven 56 tot 64 cm en bij de reuen 62 tot 68 cm.

VACHT
De vacht is golvend, lang en droog met een lichte ondervacht. Alle uniforme kleuren zijn toegestaan met uitzondering van wit en kastanje. De meest voorkomende kleuren zijn zwart en fauve.

Ongecoupeerde Briards

VERZORGING
De Briard moet eens per week grondig gekamd en geborsteld worden. De gehoorgang moet vrijgehouden worden en dat betekent dat u het teveel aan haar daar moet weghalen. Het teveel aan haar dat tussen de voetzolen uitgroeit, kunt u weg knippen.

AARD
Intelligent en werkwillig, gehard, moedig, waaks, trouw, tikje dominant en absoluut ongeschikt voor het leven in een kennel. De Briard heeft geen gevoel voor humor, dus kunt u hem maar beter niet plagen.

OPVOEDING
De opvoeding moet consequent, met veel geduld en liefde, maar ook met strakke hand gebeuren. Een harde, onrechtvaardige opvoeding heeft hetzelfde effect als helemaal geen opvoeding of een slechte. De hond kan er teruggetrokken of zelfs agressief van worden. In huis tussen de gezinsleden voelen deze honden zich het beste op hun plaats.

SOCIALE AANLEG
Bij de juiste baas ontplooit de Briard zich als een fijne gezinshond die goed kan samenleven met andere huisdieren. Soms stellen ze zich wat dominant op ten opzichte van andere honden. Vreemden worden argwanend gadegeslagen.

BEWEGING
Dit hondenras heeft redelijk wat beweging nodig. U kunt met uw Briard de vrije natuur in trekken, maar zwemmen en lopen naast de fiets zijn ook prima manieren van lichaamsbeweging. De Briards lenen zich uitstekend voor africhting.

BIJZONDERHEDEN
In landen buiten Frankrijk is de Briard een niet-alledaagse verschijning die uw gezin en zijn erf zal bewaken, maar hij is beslist geen hond voor iedereen.

Cao da Serra de Aires

LAND VAN HERKOMST
Portugal.

AANLEG
All-round herdershond, waak- en gezinshond.

GROOTTE
Reuen hebben een schouderhoogte van tussen de 45 en 55 cm, terwijl teven een hoogte van 42 tot 52 cm hebben.

VACHT
De vacht is lang en glad of enigszins golvend zonder ondervacht en moet als geitenhaar aanvoelen. De meest voorkomende kleur is zwart, maar grijs, geel en bruin komen ook voor, liefst met tankleurige aftekeningen. Enige witte haren in de vacht zijn toegestaan, maar witte vlekken niet, met uitzondering van een witte borstvlek.

Cao da Serra de Aires

VERZORGING
Kijk de vacht regelmatig na op klitten en dergelijke, maar borstel de vacht niet te veel, omdat dit de structuur van de vacht absoluut geen goed doet. Knip het teveel aan haar tussen de voetzolen weg. Men zegt dat dit hondenras zo weinig mogelijk gewassen moet worden.

AARD
Opgewekt, levendig, intelligent, werkwillig, zeer trouw en gehecht aan eigen mensen, sober, waaks, leergierig, maar ook eigenwijs en dominant.

OPVOEDING
De Cao da Serra de Aires heeft een zeer consequente en evenwichtige opvoeding nodig. Dit ras leert relatief snel en gemakkelijk, maar kan ook een portie eigenwijsheid en dominantie tentoonspreiden. De hond heeft dan ook een baas nodig die stevig in zijn schoenen staat.

SOCIALE AANLEG
Deze herdershonden gaan goed om met andere honden, en ook met andere huisdieren kunnen ze goed samenleven, mits ze voldoende gesocialiseerd zijn. Tegenover kinderen stellen ze zich meestal geduldig op, al kunnen met name reuen wat meer op hun strepen staan. De Cao da Serra de Aires kan wat terughoudend zijn ten opzichte van vreemden en werpt zich op als goede waakhond.

BEWEGING
De Cao da Serra de Aires heeft een enorm uithoudingsvermogen. Wanneer hij buiten voldoende beweging krijgt, zal hij binnenshuis erg rustig zijn. Op het gebied van behendigheid presteren deze honden goed.

Cao da Serra de Aires

Duitse Herder

LAND VAN HERKOMST
Duitsland.

AANLEG
Gebruikshond voor verschillende doeleinden, en gezinshond.

GROOTTE
De schouderhoogte varieert bij reuen van 60 tot 65 cm en bij teven van 55 tot 60 cm.

Duitse Herder, kopstudie

Duitse Herder

VACHT

De Duitse Herder komt in drie vachtvariëteiten voor: stokhaar, langstokhaar of langhaar. Deze laatste variëteit is tamelijk ongewenst. De vacht kan zwart, ijzergrauw, askleurig of eenkleurig zijn, met regelmatige bruine, gele tot lichtgrauwe aftekeningen. Een zwart dek komt heel veel voor.

VERZORGING

De vacht van deze hond heeft relatief weinig verzorging nodig. Met name in de ruiperiode kan het zogenaamde herderharkje goed van pas komen om de dode en losse haren te verwijderen.

AARD

Zeer intelligent en leergierig, gehoorzaam, sociaal, vriendelijk, temperamentvol, attent, waaks en beschermend, moedig, zelfbewust, aanhankelijk, onvoorwaardelijk trouw aan zijn baas en diens gezin.

OPVOEDING

De Duitste Herder is in de hele wereld de meest gebruikte blindengeleidehond, lawinehond, speurhond, waak- en verdedigingshond en politiehond. Voor gehoorzaamheidsproeven slagen de meeste met lof. Het is dus eigenlijk onnodig te vertellen dat dit ras veel mogelijkheden biedt. De hond wil graag van u leren, is intelligent en leert relatief snel. Werk veel met uw stem. Het overgrote deel van de Duitse Herders aanbidt zijn baas en heeft veel behoefte aan contact. Wanneer u dus weinig tijd hebt, doet u er verstandig aan geen Duitse Herder aan te schaffen. In zijn land van oorsprong wordt de Duitse Herder nog steeds ingezet als herdershond bij de kudde.

SOCIALE AANLEG

Duitse Herders kunnen, mits ze goed gesocialiseerd zijn, prima overweg met soortgenoten, andere dieren en kinderen, maar ongewenste bezoekers worden tot staan gebracht. Van nature zijn deze herdershonden erfvast, wat betekent dat ze geen neiging vertonen tot weglopen.

BEWEGING

Mensen die de Duitse Herder als huishond houden, gaan nogal eens voorbij aan het feit dat deze honden erg graag willen werken voor hun baas. Het doet de hond geen goed als u hem louter en alleen voor de gezelligheid in huis houdt en hem geen enkele bezigheid biedt. Sluit u daarom aan bij een kynologenvereniging of een kringgroep Duitse Herders (wereldwijd zijn er duizenden geregistreerde kringgroepen) en ga iets met de hond doen in de vorm van behendigheid, gehoorzaamheid, africhting, speuren of wat dan ook, zodat hij lichamelijk en geestelijk gezond blijft. Voor alle grote honden, en dus ook voor de Duitse Herder, geldt dat een jonge hond tijdens de opgroeifase al zijn ener-

Duitse Herder

gie en bouwstoffen nodig heeft voor de ontwikkeling van botten, pezen en spieren. Onherstelbare schade kan veroorzaakt worden doordat de hond in deze periode te zwaar belast wordt, en dat geldt ook voor te veel of kwalitatief slecht voedsel. Duitse Herders kunnen zeer goed in een buitenkennel gehouden worden, mits ze voldoende beweging en aandacht krijgen.

BIJZONDERHEDEN
De Duitse Herders vormen op dit moment het enige ras waarvan er een overkoepelend orgaan bestaat dat de belangen van het ras wereldwijd behartigt: de W.U.S.V. te Duitsland. Dit overkoepelende orgaan heeft meer dan een half miljoen leden, verspreid over 60 landen.

Hollandse Herder

LAND VAN HERKOMST
Nederland.

AANLEG
Herdershond en gezinshond.

GROOTTE
Reuen hebben een schouderhoogte die tussen de 57 en 62 cm ligt; bij teven varieert de hoogte van 55 tot 60 cm.

VACHT
De Hollandse Herder kan drie soorten vachten hebben: kortharig (zilver- of goudgestroomd), ruwharig (blauwgrijs, peper-en-zoutkleur, zilver- of goudgestroomd) en langharig (zilver- of goudgestroomd). Voor alle variëteiten geldt dat men op tentoonstellingen liever niet te veel wit aan borst en voeten ziet.

VERZORGING
De kort- en langharige vacht moet regelmatig geborsteld en gekamd worden, zodat het dode en losse haar verwijderd kan worden.
De ruwharige vacht mag u daarentegen nooit borstelen. Kammen mag wel, maar ook dit moet met mate gebeuren, anders heeft de vacht ervan te lijden. Gebruik altijd een grove kam. Ongeveer twee keer per jaar moet de hond geplukt worden bij een trimsalon. En als 'finishing touch' wordt de vacht hier en daar ook nog wat bijgeknipt. Pluk indien nodig het teveel aan haar uit de gehoorgang.

Kortharige Hollandse Herders

Langharige Hollandse Herder

Ruwharige Hollandse Herder

AARD
Aanhankelijk, leergierig, intelligent en gehoorzaam, sober, zeer trouw aan de baas en diens gezin, onomkoopbaar, actief en beweeglijk, waaks.

OPVOEDING
Hollandse Herders zijn echte all-round honden. Ze kunnen en willen graag wat van u leren en hebben nieuwe commando's vrij snel door. In bepaalde takken van de hondensport, zoals behendigheid, fly-ball en gehoorzaamheidswedstrijden, kunnen ze echte uitblinkers worden. De kortharige soort wordt het meest gebruikt in de africhting.

SOCIALE AANLEG
Hollandse Herders kunnen het prima vinden met soortgenoten en andere huisdieren, en als de kinderen de hond met rust kunnen laten, zijn de honden ook voor hen goede speelkameraadjes. Ongewenste visite wordt tot staan gebracht, terwijl bekenden van de familie uitbundig begroet worden.

Ruwharige Hollandse Herders

BEWEGING
Het zal uw hond goed doen als u regelmatig met hem gaat fietsen, of laat hem lekker rennen in de bossen of op het veld. Omdat Hollandse Herders graag aan het werk zijn, is het niet onverstandig uw herder minimaal twee keer per week een aantal oefeningen te laten doen, want dan blijft hij zowel lichamelijk als geestelijk in goede conditie.

Komondor

LAND VAN HERKOMST
Hongarije.

AANLEG
Bewaker van de kudde.

GROOTTE
De schouderhoogte voor reuen is minimaal 65 cm, terwijl voor teven een hoogte van minimaal 60 cm geldt. Het liefst ziet men dat deze afmetingen rijkelijk overschreden worden. Er is geen maximumafmeting.

VACHT
De vacht is het belangrijkste raskenmerk van deze hond. Deze bestaat uit vervilte koorden die zich in de loop van de jaren vormen en langer worden. Het duurt soms wel drie tot vier jaar tot de uiteindelijke vacht van de Komondor gevormd is. De vacht is altijd wit van kleur.

VERZORGING
Komondors worden in de regel niet gekamd of geborsteld omdat het de bedoeling is dat er lange vervilte koorden ontstaan. De koorden onstaan doordat de zachte ondervacht niet uitvalt, maar vervilt met de hardere, langere dekharen. Om het ontwikkelen van deze koorden te bevorderen, zal de verzorger zo nu en dan de vervilte stukken met de hand moeten 'scheuren'. De wasbeurt van de Komondor laat u bij voorkeur in de zomer plaatsvinden, aangezien het dagen kan duren voor de vacht volledig droog is.

AARD
Zelfstandig en dominant, zeer waaks en moedig, onomkoopbaar, hard voor zichzelf, sociaal, zeer trouw aan de baas en zijn gezin, sober, evenwichtig en rustig. Van nature blaffen deze honden weinig. De Komondor heeft de bijzondere eigenschap te kunnen doorzien of mensen iets kwaads in de zin hebben.

OPVOEDING
De Komondor is een hond die nog vrij dicht bij de natuur staat en vaak naar eigen inzicht

Komondor

instinctief handelt. De opvoeding moet dan ook consequent zijn, maar moet wel gebaseerd zijn op wederzijds respect. De Komondor heeft een ongecompliceerd karakter en wanneer hij uw huisregels eenmaal begrijpt, zal hij ze niet overtreden. Ondanks zijn eerlijke karakter vraagt dit ras wel om een baas die stevig in zijn schoenen staat. Omdat de Komondor alleen een bevel opvolgt wanneer hij er zelf het nut van inziet, is hij niet erg geschikt voor gehoorzaamheidscursussen en andere aanverwante sporten.

SOCIALE AANLEG
De Komondor zal zonder problemen met elk ander huisdier omgaan, op voorwaarde dat deze dieren bij zijn gezin horen. Dit geldt ook voor de kinderen van het gezin, die ze beschermen tegen plagerijen van andere kinderen. Vreemden worden van nature gewantrouwd en ongewenste bezoekers krijgen geen kans uw erf te betreden. Regelmatige bezoekers die geen kwaad in de zin hebben, worden als 'eigen' beschouwd en ook als zodanig behandeld.

BEWEGING
Zowel in een woonwijk als op het platteland kunt u dit ras houden, al zal de hond op het platteland toch wat beter tot zijn recht komen. Wanneer de Komondor buiten wordt gehouden, zal hij van nature de grenzen van zijn territorium gaan inspecteren, waarbij hij in zijn eigen bewegingsbehoefte voorziet. Daarnaast kan de Komondor uiterst lui zijn en urenlang achtereen slapen en luieren. Guur en koud weer deren dit ras niet; de honden worden goed beschermd door hun ondoordringbare vacht.

Kuvasz

LAND VAN HERKOMST
Hongarije.

AANLEG
Gezinshond en bewaker van kudde en erf.

GROOTTE
De schouderhoogte van reuen ligt tussen de 71 en 75 cm en die van de teven tussen de 66 en 70 cm. Reuen wegen 40 tot 52 kilo, teven zijn wat lichter.

VACHT
De vacht is op de kop en de voorkant van de poten kort; op de rest van het lichaam is het haar langer. De structuur van de vacht is grof en golvend, het onderhaar is zacht. De vacht is altijd effen wit.

Kuvasz

VERZORGING
De Kuvasz heeft een zeer dikke vacht die hem tegen alle weersomstandigheden beschermt. Wanneer deze vacht uitvalt, verliest de hond

een grote hoeveelheid haar. Het is daarom raadzaam de Kuvasz zeer regelmatig grondig te borstelen, met name in de ruiperioden.

AARD
Goede waakhond, intelligent, blaft alleen wanneer het nodig is, zeer onafhankelijk, moedig, dominant, eerlijk, evenwichtig, hard voor zichzelf, trouw aan zijn gezin. De Kuvasz is aanhankelijk, maar niet afhankelijk.

OPVOEDING
Deze hond heeft een evenwichtige en consequente opvoeding nodig. De Kuvasz is geen hond voor beginners; de eventueel toekomstige eigenaar moet stevig in zijn schoenen staan. Dit betekent echter niet dat u deze hond met harde hand moet opvoeden. In een harmonieuze omgeving die hem ook ruimte laat voor eigen initiatief, leert deze hond het beste.

SOCIALE AANLEG
De Kuvasz kan vrij dominant zijn ten opzichte van soortgenoten, maar als u hem al jong socialiseert met andere huisdieren, zal de omgang met deze dieren normaal gesproken geen problemen geven. Zijn hoge pijndrempel en stabiele karakter maken van hem een tolerante hond ten opzichte van kinderen, maar vanwege zijn zelfstandige initiatieven en zijn grootte doet u er beter aan de hond niet aan de zorg van een kind toe te vertrouwen. Het is belangrijk te weten dat de Kuvasz mensen en dieren die tot zijn gezin behoren beschermt, wat inhoudt dat hij uw kinderen ook beschermt wanneer het spelen met vriendjes wat ruw wordt.

BEWEGING
Omdat de Kuvasz meerdere malen per dag de grenzen van zijn territorium inspecteert, houdt hij zichzelf in goede conditie. Bent u wat kleiner behuisd, dan zult u er wat vaker met de hond op uit moeten trekken omdat de Kuvasz zowel lichamelijk als geestelijk ruimte nodig heeft.

Mudi

LAND VAN HERKOMST
Hongarije.

AANLEG
Jachthond (voornamelijk op groot wild), herdershond, waakhond en gezinshond.

Kuvasz, kopstudie

Grootte
De Mudi heeft een schouderhoogte tussen de 35 en 47 cm.

Vacht
De haren van de vacht zijn 3 tot 7 cm lang. De vacht is dicht en krullend of golvend, met kruinen en kuiven. De lengte van de haren kan op verschillende lichaamsdelen variëren. Mudi's komen voor in zwart of wit of in een combinatie van deze kleuren.

Verzorging
De Mudi is eenvoudig te verzorgen. Een regelmatige kambeurt is voldoende om de vacht in goede conditie te houden.

Mudi, kopstudie

Aard
Oplettend en levendig, waaks en moedig, blaft graag, leergierig en intelligent, tikje onafhankelijk en sober. De Mudi heeft een sterke drang het gezin waartoe hij behoort te beschermen. Binnen dit gezin heeft hij weer de neiging zich aan één persoon in het bijzonder te hechten.

Opvoeding
Als u rekening houdt met hun enigszins onafhankelijke aard, zijn Mudi's over het algemeen niet moeilijk op te voeden.

Sociale aanleg
Mudi's gaan in de regel goed om met soortgenoten, andere huisdieren en kinderen. Het zijn goede waakhonden die het gezin willen beschermen, maar tegenover vreemden zijn ze niet overdreven argwanend. Wanneer de nood aan de man is, staat de Mudi zijn mannetje.

Beweging
Dit ras past zich qua beweging aan. Ze zijn geschikt voor diverse takken van de hondensport, bijvoorbeeld behendigheid en fly-ball.

Mudi

Old English Sheepdog of Bobtail

Land van herkomst
Engeland.

Aanleg
Herdershond en gezinshond.

Grootte
Teven hebben een schouderhoogte van minimaal 56 cm, terwijl voor reuen een minimumhoogte geldt van 60 cm.

Vacht
De vacht is weelderig, ruig, hard en lang, met een waterdichte ondervacht. De toegestane kleuren zijn blauw, grauw of grijs. De kop, nek, voorhand en onderbuik zijn wit, met of zonder aftekening. Witte vlekken in het blauwe vlak op de rug zijn niet toegestaan.

VERZORGING

De vacht van de Bobtail heeft erg veel verzorging nodig: minimaal één keer in de week moet u de vacht grondig borstelen, en vergeet dan vooral niet die plaatsen waar zich gemakkelijk klitten kunnen vormen. In de ruiperiode is het heel goed mogelijk dat u tijdens het borstelen een hele of halve vuilniszak vol haar van de hond afhaalt. Houd de gehoorgang schoon en verwijder vuil en haar. De nagels moeten kort gehouden worden, dus knip ze regelmatig. Ook het teveel aan haar tussen de voetzolen moet weggehaald worden. Aangezien de hond overbouwd hoort te zijn (achterhand hoger dan de schouder), wordt dit voor tentoonstellingen geaccentueerd. Soms wordt er een geschoren Bobtail gesignaleerd, wat, hoe afkerig liefhebbers er ook van zijn, nog altijd beter is dan een hond met een slecht verzorgde en klittende vacht. U kunt zich natuurlijk wel afvragen wat voor zin het heeft een langharige hond aan te schaffen om hem vervolgens kaalgeschoren door het leven te laten gaan.

Bobtail

AARD

Intelligent, groot aanpassingsvermogen, lief, sociaal, niet bijzonder waaks, onstuimig, ongecompliceerd karakter, wil graag bij het gezin zijn.

OPVOEDING

Deze hond moet met zachte, maar consequente hand opgevoed worden. Hij zal het u graag naar de zin willen maken en zelden dominant gedrag vertonen, een eigenschap die hem ook geschikt maakt voor mensen die wat minder ervaren zijn in het opvoeden van honden. Omdat de vachtverzorging een zeer belangrijk onderdeel is van de verzorging, is het van belang de hond zo jong mogelijk te laten wennen aan een borstelbeurt. Zo voorkomt u dat het borstelen later, wanneer de hond groter en sterker is, ontaardt in een worstelpartij.

SOCIALE AANLEG

De Bobtail gaat bijzonder goed om met andere huisdieren, honden en kinderen. Ook bezoekers zullen door hem vriendelijk bejegend worden.

BEWEGING

Deze hond heeft redelijk wat lichaamsbeweging nodig, maar wanneer u eens een dag geen kans ziet een lang eind met de hond te gaan lopen, zal hij hier beslist niet vervelend over doen. De meeste Bobtails zijn dol op balspelletjes en slaan dan ook geen slecht figuur in de verschillende takken van hondensport.

Bobtail in showtoilet

Picardische Herder

Picardische Herder

Land van herkomst
Frankrijk.

Aanleg
Waak- en herdershond, gezinshond.

Grootte
Reuen hebben een schouderhoogte die tussen de 60 en 65 cm ligt; bij teven ligt deze tussen de 55 en 60 cm.

Vacht
De vacht bestaat uit ruw en hard, halflang haar. De kleuren zijn grijs, zwartgrijs, blauwgrijs, roodgrijs en licht of donderder fauve. Een kleine witte borstvlek of wat wit op de tenen is niet gewenst, maar mag wel.

Verzorging
U moet deze Picardische Herder regelmatig goed borstelen en kammen. De vacht mag onder geen beding getrimd worden.

Aard
Energiek, intelligent, waaks, trouw, lief voor kinderen en soms wat eigenzinnig. Normaal gesproken gedragen de honden zich ten opzichte van vreemden erg afstandelijk. Ze blaffen graag en veel, wat een nadeel kan zijn en waar u terdege rekening mee moet houden als u in een dichtbevolkte omgeving woont.

Picardische Herders

Picardische Herder, kopstudie

Opvoeding
De Picardische Herder moet op jonge leeftijd goed gesocialiseerd worden, zodat hij evenwichtig kan opgroeien. Naar het schijnt is de opvoeding van deze karaktervolle hond geen eenvoudige opgave. Het ras kan eigenzinnig zijn en is soms onderhevig aan 'buien'. Schaft u zo'n hond aan, dan moet u deze buien accepteren; probeer vooral niet zijn weerstand te breken, want hiermee doet u het karakter van de hond geweld aan. Deze herder is zeer gevoelig voor stemmingen en daarom is het van belang dat u enigszins doortastend te werk gaat. Vrolijk gegeven commando's en veel afwisseling geven in de regel de beste resultaten.

Sociale aanleg
De omgang met andere huisdieren levert over het algemeen geen problemen op, en dit geldt ook voor kinderen. De Picardische Herder wil boven alles veel aandacht van zijn baas, die hij liever niet deelt met andere honden.

Beweging
De honden die tot dit ras behoren, hebben veel beweging nodig. Lopen naast de fiets, zwemmen en wandelen zijn prima manieren om hun energie in goede banen te leiden. Wanneer u en de hond er plezier aan beleven, kunt u overwegen een cursus behendigheid, fly-ball of gehoorzaamheid met uw hond te gaan volgen. Picardische Herders leveren geen continue prestaties en zijn daardoor niet zo geschikt voor de meer op competitie gerichte sporten.

Polski Owczarek Nizinny

Polski Owczarek Nizinny

Land van herkomst
Polen.

Aanleg
Herdershond en gezinshond.

Grootte
Reuen wegen ongeveer 20 kilo, terwijl teven een gewicht van rond de 18 kilo hebben. De schouderhoogte voor de reuen ligt tussen de 45 en 50 cm, bij de teven geldt een hoogte van 42 tot 47 cm.

Vacht
Dit ras heeft een lange, ruige beharing met een dikke, zachte ondervacht. Alle kleuren zijn toegestaan, maar wit met grijs of zwart en effen grijs komen het meeste voor.

Verzorging
Eén maal per week moet u de vacht goed borstelen en kammen, zodat er geen klitten kunnen ontstaan.

Aard
Levendig, vrolijk, waaks, een goed geheugen, gehoorzaam en intelligent, aanhankelijk, een tikje wantrouwend ten opzichte van vreemden.

OPVOEDING
Dit ras is niet moeilijk op te voeden. De honden leren snel en doen graag iets voor hun baasjes.

SOCIALE AANLEG
Polski Owczarek Nizinny's gaan prima om met kinderen, honden en andere huisdieren. Bezoek zal luidkeels worden aangekondigd.

BEWEGING
Deze hond is van oorsprong een werkhond. Vroeger hoedde en bewaakte hij het vee op de uitgestrekte vlakten in Polen. De Polski Owczarek Nizinny is nog steeds een herdershond in hart en nieren, en dit betekent dat hij geen stadshond is die voldoende heeft aan driemaal daags een ommetje. Zijn geest moet gevoed worden met allerlei indrukken en het liefst zou hij ook iets te doen hebben. Ga met hem naar een kynologenvereniging waar aan behendigheid of fly-ball wordt gedaan, sporten waar de Nizinny zeker warm voor loopt.

Polski Owczarek Nizinny

Dertien jaar oude Puli

Puli

Puli

LAND VAN HERKOMST
Hongarije.

AANLEG
Herdershond en gezinshond.

GROOTTE
De gewenste schouderhoogte bij de reuen ligt tussen de 40 en 44 cm; bij teven is dit 37 tot 41 cm. Het gewicht ligt tussen de 10 en 15 kilo.

VACHT
De vacht van de Puli is zijn handelsmerk. De hond is rijkelijk bedekt met lange koorden vervilt haar. De Puli komt het meeste voor in zwart, daarnaast ook in wit, vaalwit en 'maszkos fako' (zwart met abricot).

VERZORGING
De Puli heeft zijn volledige vacht, die zo typerend is voor het ras, pas na ongeveer drie jaar. De zachte ondervacht valt niet uit, maar vervilt met de hardere, langere dekharen. Als dat nodig is, moeten de vervilte stukken vacht met de hand 'gescheurd' worden, zodat er koorden kunnen ontstaan. Het voordeel van deze vacht is dat de Puli zelden haar verliest, een nadeel daarentegen is dat er vuil en takjes in kunnen blijven hangen. U kunt de Puli het beste in de zomer een wasbeurt geven, omdat het namelijk een aantal dagen duurt voordat zijn vacht weer droog is.

AARD
Intelligent en leergierig, karaktervol, levendig, goede waakhond, trouw aan het gezin. Dit ras past zich aan de omstandigheden aan, maar blijft een tikje onafhankelijk. Een Puli ontgaat maar weinig.

Opvoeding
Dit ras moet zeer consequent worden opgevoed, met name in het eerste levensjaar. Puli's houden niet van saaie oefeningen, ze houden van een beetje uitdaging. Houd de oefeningen daarom afwisselend en laat de hond de oefeningen afwisselen met wat spelen. Puli's leren over het algemeen redelijk vlot.

Sociale aanleg
Puli's gaan in de regel goed om met soortgenoten en andere huisdieren, en normaal gesproken kunnen ze het prima vinden met kinderen. De Puli heeft de neiging om zich in het gezin aan één persoon in het bijzonder te hechten.

Beweging
Een Puli is in zijn element als hij lekker kan ravotten en spelen, en vanwege zijn typische vacht is dat schitterend om te zien. Wanneer u het leuk vindt, kunt u met uw Puli naar een behendigheids- of fly-ball-cursus gaan. In deze takken van de hondensport zal dit ras absoluut geen slecht figuur slaan.

Pumi

Pumi

Pumi

Land van herkomst
Hongarije.

Aanleg
Herdershond en gezelschapshond.

Grootte
De schouderhoogte van de Pumi ligt tussen de 35 en 44 cm.

Vacht
De vacht bestaat uit halflange haren die in bosjes bij elkaar staan. Op sommige plaatsen zijn de haren wat korter en ruwer, op andere plaatsen weer wat langer en verwarder. Deze vacht geeft de hond een wat onverzorgd uiterlijk. Leisteenkleurige en grijze tinten komen het meest voor; zwart en wit komen ook voor, maar gevlekt is niet toegestaan.

Verzorging
De Pumi heeft relatief weinig vachtverzorging nodig. Borstel de vacht ongeveer één keer in de week goed door en haal het teveel aan haar uit de gehoorgang weg. Voor tentoonstellingen wordt de Pumi getoiletteerd.

Aard
Oplettend, waaks, blaft graag, dapper, energiek en temperamentvol, intelligent en leergierig, sober.

Opvoeding
Pumi's zijn niet moeilijk op te voeden. Dit ras is intelligent genoeg om snel te begrijpen wat u bedoelt. Wanneer u in een drukbevolkte wijk woont, is het verstandig de hond te leren dat hij na een paar keer blaffen stil moet zijn.

SOCIALE AANLEG
De Pumi kan wat eenkennig zijn en zich wantrouwend opstellen ten opzichte van vreemde mensen. Er zijn rassen die beter geschikt zijn voor een gezin met kinderen, maar een welopgevoede Pumi zal met kinderen geen problemen geven, op voorwaarde dat ze de hond niet plagen.

BEWEGING
Een Pumi is als het ware gemaakt voor het buitenleven. Dit ras komt het beste tot zijn recht op een boerderij. Hier zal de hond uit zichzelf allerlei uiteenlopende taken op zich nemen, zoals het bewaken van het erf en het bijeenhouden van het vee. Dit wil echter niet zeggen dat u in een woonwijk geen Pumi kunt houden, maar in dat geval moet u wel vervangende 'arbeid' voor hem vinden. Pumi's kunnen prima prestaties neerzetten in sporten als fly-ball en behendigheid.

BIJZONDERHEDEN
Pumi's zijn zeldzaam in onze contreien, waar vanwege de hoge bevolkingsdichtheid nog maar weinig plaats is voor een ondernemende, deels zelfstandig werkende vrijbuiter als de Pumi.

Pyreneese Herdershond

Pyreneese Herdershond

LAND VAN HERKOMST
Frankrijk.

AANLEG
All-round herdershond en gezinshond.

GROOTTE
De schouderhoogte ligt voor de reuen tussen de 40 en 50 cm en voor de teven tussen de 38 en 48 cm.

Pyreneese Herdershond

VACHT
De vacht bestaat uit rijkelijk lang of halflang haar dat vlak of licht gegolfd is. De kleur kan ros zijn, met of zonder zwarte haren in de vacht, grijsgevlekt (blue merle) of zwart met witte aftekeningen.

VERZORGING
De vacht van de Pyreneese Herdershond heeft weinig verzorging nodig. Het uiterlijk hoort oorspronkelijk en rustiek te zijn, en de vacht is van een dusdanige structuur dat een kwartiertje borstelen en kammen per week voldoende is. Vergeet niet regelmatig het teveel aan haar uit de gehoorgang weg te plukken, en was zo nu en dan de korte baard uit (of houd hem op een andere manier schoon).

AARD
Intelligent, werkwillig, alert en snel, waaks, levendig, goed reukvermogen, lief voor kinderen, maar niet tot in het extreme. De Pyreneese Herdershond houdt van het buitenleven.

OPVOEDING
Dit ras heeft een consequente, strikte en eerlijke opvoeding nodig die zeker niet hard hoeft te zijn. Hij werkt graag en kan en wil van alles leren. Een Pyreneese Herdershond die veroordeeld wordt tot zijn mand binnenshuis en driemaal daags een blokje om, wordt buitengewoon lastig. De honden blijken uitermate geschikt te zijn om opgeleid te worden tot reddingshond, maar ook in sporten als fly-ball en behendigheid blinken ze uit.

SOCIALE AANLEG
Pyreneese Herdershonden gaan goed om met het gezin, inclusief de kinderen. Ook wat de omgang met andere huisdieren betreft worden er geen problemen verwacht, mits de honden al

Pyreneese Herder

op jonge leeftijd goede ervaringen hebben opgedaan met deze dieren. Ten opzichte van vreemden nemen ze een afwachtende houding aan.

BEWEGING
Het is aan te bevelen om minimaal één uur per dag met de hond bezig te zijn, dus ga ermee sporten, wandelen of spelen.

Saarloos Wolfhond

LAND VAN HERKOMST
Nederland.

AANLEG
Gezinshond.

GROOTTE
De schouderhoogte van de reuen ligt tussen de 65 en 75 cm, die van de teven ligt wat lager: 60 tot 70 cm.

VACHT
De vacht is stokharig en voorkomende kleuren zijn wolfsgrauw, bosbruin, crème of wit. Wolfsgrauw en bosbruin zien we het meest.

Saarloos Wolfhond, kopstudie (wolfsgrauw)

VERZORGING
De vacht van de Saarloos is gemakkelijk te verzorgen. Voor het kammen kunt u het beste een zogenaamd herdersharkje gebruiken. Kam de hond regelmatig en houd de gehoorgang goed schoon.

AARD
Intelligent, voorzichtig, attent, goede neus, lief

Saarloos Wolfhond

en aanhankelijk. De Saarloos Wolfhond is geduldig met kinderen. Ze blaffen weinig en worden maar één keer per jaar loops.

OPVOEDING
Een vroege socialisatie (voor de tiende week) is nodig om de hond evenwichtig te laten op groeien. Laat hem op een positieve manier kennismaken met allerlei situaties, mensen en dieren. De Saarloos leert gemakkelijk commando's, maar toch kunt u van dit ras geen absolute gehoorzaamheid verwachten.

SOCIALE AANLEG
De Saarloos Wolfhond is een uiterst sociale hond en hij zal normaal gesproken in de omgang met andere honden en kinderen dan ook geen problemen geven. Wanneer u het dier zo jong mogelijk went aan andere dieren en situaties, zal de Wolfhond zich voorbeeldig gedragen. Ten opzichte van vreemde personen, maar ook in onbekende sitiaties kunnen ze wat terughoudend zijn.

BEWEGING
De Saarloos Wolfhond heeft een gemiddelde behoefte aan beweging. Wanneer u eens een dag niet zo veel tijd hebt om met de hond een lange wandeling te maken, zal de Saarloos zich moeiteloos aanpassen.

BIJZONDERHEDEN
Saarloos Wolfhonden zijn gezonde honden. Voor een hond met een dergelijke afmeting kan hij erg oud worden – dertien of veertien jaar is geen uitzondering. Buiten Nederland komt men dit ras niet veel tegen. De Saarloos Wolfhond, een ras dat nog niet zo heel lang bestaat, werd gefokt uit Duitse herders en wolven. De Tsjechische Wolfhond is een afzonderlijk ras, dat op dezelfde manier ontstond als de Saarloos. Beide honden zijn qua karakter redelijk vergelijkbaar, al wordt er van de Tsjechische gezegd dat hij wat harder en zelfstandiger is.

Saarloos Wolfhond, kopstudie (bosbruin)

Schapendoes

LAND VAN HERKOMST
Nederland.

AANLEG
Herdershond en gezinshond.

GROOTTE
De schouderhoogte ligt voor reuen tussen de 43 en 50 cm en voor teven tussen de 40 en 47 cm. Het gewicht is ongeveer 15 kilo.

VACHT
Een Schapendoes heeft een dubbele vacht: de bovenvacht is lang, droog en golvend, de ondervacht is dicht en zacht. Alle kleuren zijn toegestaan, maar de voorkeur gaat uit naar blauwgrijs tot zwart.

Schapendoes

Verzorging
Schapendoezen behoren er niet 'netjes' uit te zien, maar het is wel noodzakelijk de vacht regelmatig goed te kammen en te borstelen om de vorming van klitten tegen te gaan. Maak als dat nodig is de gehoorgang schoon, maar gebruik daarvoor nooit wattenstaafjes. Gewoonlijk hangt het haar van de Schapendoes voor zijn ogen en wordt het niet met een elastiekje weggebonden. Kijk daarom regelmatig de ogen na op vuiltjes en losse haren.

Aard
Vrolijk, slim, leergierig, alert, moedig en waaks, erg trouw aan het gezin, zeer levendig en speels, actief en aanhankelijk.

Opvoeding
In elk sportief gezin waarin hij evenwichtig kan worden opgevoed, voelt de Schapendoes zich thuis. Hij is graag buiten bezig en een gehoorzaamheidscursus, eventueel aangevuld met een cursus behendigheid, zal de Schapendoes zeer waarderen.

Sociale aanleg
De Schapendoes gaat van nature goed om met soortgenoten, andere huisdieren en ook met kinderen. Schapendoezen laten zich horen als ze onraad bespeuren.

Beweging
Net als tal van andere honden heeft ook de Schapendoes veel beweging nodig om zijn energie kwijt te raken. Aanbevolen wordt om de hond minstens een uur per dag onaangelijnd te laten rennen en spelen. Wanneer de Schapendoes voldoende beweging krijgt, is hij binnenshuis zeer rustig. De meeste Schapendoezen spelen, zwemmen en apporteren graag.

Schapendoes

Schipperke

Schipperke

LAND VAN HERKOMST
België.

AANLEG
Ongediertebestrijder en gezinshond.

GROOTTE
De schouderhoogte is 25 tot 30 cm. In België en Frankrijk worden de Schipperkes in twee gewichtsklassen ingedeeld, te weten in de groep van 5 tot 8 kilo en in de groep van 3 tot 5 kilo. In andere landen wordt een gewicht tussen de 5 en 8 kilo aangehouden.

VACHT
Harde vacht met dichte ondervacht. Rond de hals (manen) en bij de achterpoten (broek) is de vacht langer. De kleur van de vacht is in de regel zwart; in sommige landen zijn ook andere kleuren (waaronder blond) toegestaan.

VERZORGING
Het Schipperke heeft weinig verzorging nodig. Zo nu en dan borstelen is voldoende om de vacht in optimale conditie te houden.

AARD
Attent, zelfbewust, slim, opgewekt en beweeglijk, moedig, hard voor zichzelf, vasthoudend, onvermoeibaar, waakzaam en trouw aan het gezin.

OPVOEDING
Schipperkes zijn waakzaam en blaffen als ze onraad ruiken. Wanneer u in een drukbevolkte woonwijk woont, is het raadzaam uw hondje te leren dat hij na een paar keer blaffen stil moet zijn. Over het algemeen zijn Schipperkes gemakkelijk op te voeden; ze zijn intelligent en leergierig.

SOCIALE AANLEG
Dit ras zal zijn terrein, of dit nu een flat of een erf is, bewaken tegen zowel twee- als viervoetige indringers. Is er vreemd bezoek, dan neemt het Schipperke een wat afwachtende houding aan. De kat des huizes wordt zonder meer geaccepteerd. Met kinderen kunnen Schipperkes over het algemeen goed opschieten.

BEWEGING
Het Schipperke is een brok puur dynamiet. Om zich gelukkig te voelen, heeft hij het nodig veel te kunnen spelen en rennen. Naast de normale dagelijkse wandelingen kunt u hem in de tuin of in een park onaangelijnd laten rennen.

Kortharige Schotse Herder, blue merle

Schotse Herdershond, kortharig

LAND VAN HERKOMST
Noord-Engeland en Schotland.

AANLEG
Herdershond en gezinshond.

GROOTTE
De schouderhoogte ligt bij de reuen tussen de 56 en 61 cm, terwijl die van de teven tussen de 51 en 56 cm ligt.

VACHT
De vacht is zeer dicht en kortharig. Schotse Herdershonden komen voor in drie kleuren: sablekleurig met wit, blue merle en driekleurig. (Driekleurig is overwegend zwart met wit en tankleurige aftekeningen.)

VERZORGING
De hond moet zeer regelmatig geborsteld en gekamd worden. Met name in de ruiperioden verliezen ze relatief veel haar.

AARD
Vrolijk, zeer intelligent en werkwillig, slim, sociaal, beschermend, energiek, attent, lief, waaks, gevoelig, aanhankelijk en zeer gehecht aan het eigen gezin. Zoals de meeste andere honden in deze rasgroep heeft ook de Schotse Herdershond geen neiging tot zwerven. Hij blijft liever dicht bij u in de buurt.

OPVOEDING
Deze Schotse Herdershond is een redelijk snelle leerling die graag voor u wil werken. U boekt de beste resultaten als u veel gebruik maakt van de intonatie van uw stem. Schreeuw nooit tegen de hond en straf hem niet met harde hand.

Kortharige Schotse Herdershond, sable en driekleurig

SOCIALE AANLEG
Deze honden gaan erg goed om met soortgenoten, andere huisdieren en kinderen. Gewenst bezoek wordt vrolijk begroet.

BEWEGING
Een volwassen exemplaar van dit ras heeft redelijk veel beweging nodig, al zal hij zich aanpassen wanneer u eens een dag geen tijd hebt om met hem een langere wandeling te maken. De meeste Schotse Herdershonden houden van apporteren en balspelletjes en presteren goed op het gebied van gehoorzaamheid, behendigheid en fly-ball. De jonge hond moet in de opgroeifase wat ontzien worden, zodat hij al zijn energie kan steken in de opbouw van sterke botten, gewrichten en spieren.

Langharige Schotse Herdershond

Schotse Herdershond, langharig

LAND VAN HERKOMST
Noord-Engeland en Schotland.

AANLEG
Herdershond en gezinshond.

GROOTTE
De schouderhoogte van de reuen ligt tussen de 56 en 61 cm, die van de teven tussen de 51 en 56 cm.

VACHT
De langharige vacht is zeer dicht; een duidelijke 'kraag' is gewenst. Dit ras komt voor in een sable-tint met wit of in blue merle, maar ook driekleurig behoort tot de mogelijkheden. (Driekleurig is overwegend zwart met wit en tankleurige aftekeningen.)

Langharige Schotse Herder

VERZORGING
De Schotse Herder moet ongeveer één keer per week erg grondig geborsteld worden. Met name op dichter behaarde gedeelten moet u echt tot op de huid toe borstelen, zodat er geen klitten kunnen ontstaan. In de ruiperiode moet u de hond dagelijks borstelen en kammen.

AARD
Vrolijk, zeer intelligent en werkwillig, sociaal, slim, beschermend, energiek, attent, lief, waaks, gevoelig, aanhankelijk en zeer gehecht aan het eigen gezin.

OPVOEDING
De Schotse Herder leert relatief snel. U boekt de beste resultaten als u veel gebruik maakt van de intonatie van uw stem.

SOCIALE AANLEG
Honden van dit ras gaan in de regel erg goed om met andere huisdieren, soortgenoten en kinderen. Gewenst bezoek wordt vrolijk begroet.

BEWEGING
De Schotse Herder past zich goed aan allerlei omstandigheden aan, maar u doet de hond zeker te kort als hij genoegen moet nemen met driemaal daags een blokje om. Laat hem regelmatig onaangelijnd rennen en spelen. De meeste zijn dol op balspelletjes en apporteren. Ook in sporten als behendigheid, fly-ball en gehoorzaamheid staat hij zijn mannetje. De jonge hond moet in de opgroeifase wat ontzien worden, zodat hij al zijn energie kan steken in de opbouw van sterke botten, gewrichten en spieren.

Langharige Schotse Herder

Shetland Sheepdog of Sheltie

LAND VAN HERKOMST
Schotland.

AANLEG
Schapenhoeder en gezinshond.

GROOTTE
Reuen hebben een schouderhoogte van 37 cm en teven een van 35,5 cm. Afwijkingen van 2,5 cm naar boven of beneden zijn toegestaan.

VACHT
De hond heeft een dubbele vacht: de bovenlaag bestaat uit lang, recht en hard haar, terwijl de ondervacht zacht, kort en dicht is. Shelties komen voor in de zogenaamde sable-tint (van licht zandkleurig tot mahoniekleurig, al dan niet met zwarte haarpunten), maar driekleurig (zwart, met tankleurige aftekingen en wat wit), blue merle (blauwe ondergrond met zwarte vlekjes) en zwart-wit zijn ook mogelijk. Het is het mooist als deze kleuren gepaard gaan met witte voeten en een witte borst, kraag, bles en staartpunt.

VERZORGING
De verzorging van de Sheltie stelt niet veel eisen, maar een regelmatige borstel- en kambeurt is toch wel noodzakelijk, met name in de ruiperioden. Klitten vormen zich met name achter de oren, bij de broek en in de oksels. Vergeet deze plaatsen niet tijdens het borstelen.

Sheltie, bleu merle

AARD
Uiterst intelligent, slim, trouw aan zijn baas en diens gezin, aanhankelijk, gehoorzaam, vrolijk, groot uithoudingsvermogen en redelijk gehard.

Shelties

Opvoeding
Deze hond is niet moeilijk op te voeden. De Sheltie leert graag en vindt het heerlijk om bezig te zijn, daarom is het aan te bevelen de hond naast een gehoorzaamheidscursus ook een behendigheidscursus te laten volgen. U zult merken dat u uw hond hier een groot plezier mee doet.

Sociale aanleg
Shelties zijn uiterst sociale honden die in de regel erg goed omgaan met soortgenoten en katten, maar ook met (klein)vee. Als kinderen de hond in zijn waarde laten, veroorzaken Shelties zelden problemen. Ten opzichte van vreemde mensen nemen de honden vaak een afwachtende houding aan.

Beweging
Eigenlijk past een Sheltie zich aan alle omstandigheden aan, maar u doet het intelligente en werklustige karakter geweld aan als u hier 'niets' mee doet. De Sheltie leert graag, vindt werken prettig en is graag buiten. Ze doen het bijzonder goed in de verschillende takken van de hondensport.

Bijzonderheden
Het komt wel eens voor dat Shelties te groot uitgroeien; houd hier rekening mee als u met uw Sheltie naar tentoonstellingen wilt.

Tatrahond

Land van herkomst
Polen.

Tatra

Aanleg
Waak- en herdershond, gezinshond.

Grootte
Bij teven ligt de schouderhoogte tussen de 60 en 65 cm; bij reuen is dit 65 tot 70 cm.

Vacht
Op de kop en de voorkant van de poten is het haar kort. Het haar op de rest van het lichaam is langer, harder en dikker. Zowel golvend als steil haar is toegestaan. De kleur is altijd wit zonder aftekeningen.

Verzorging
Buiten de ruiperioden heeft de vacht, die van nature niet klit, een minimum aan vachtverzorging nodig. Wanneer de ruiperiode aanbreekt, moet u de vacht dagelijks grondig borstelen en kammen om de dode en losse haren te verwijderen.

Aard
Rustig, evenwichtig, sociaal, moedig, gehoorzaam, intelligent, trouw, waaks, aanhankelijk maar niet afhankelijk.

Opvoeding
De Tatrahond vraagt om een baas die van nature overwicht uitstraalt. De opvoeding moet consequent en in alle rust en harmonie plaatsvinden. Een Tatrahond met harde hand opvoeden heeft een averechts effect. Dit ras is vrij zelfstandig in die zin dat een commando pas opgevolgd wordt wanneer de hond er zelf het nut van inziet.

Sociale aanleg
Tatrahonden gaan meestal goed om met andere huisdieren, honden en kinderen. Houd er rekening mee dat ze het voor uw kinderen zullen opnemen wanneer het spelen met vriendjes wat ruw wordt. Dit ras stelt zich wat afwachtend op ten opzichte van vreemden.

Beweging
In de buitenlucht, dat is de plaats waar de Tatrahond graag vertoeft en hij hoort dan ook niet thuis op een etagewoning – zelfs een rijtjeshuis met een kleine tuin is nog niet echt geschikt. Zijn dichte vacht beschermt de Tatrahond tegen allerlei weersinvloeden. Regelmatig een lange wandeling vindt de hond heerlijk, maar u verblijdt hem niet met een balspelletje of iets dergelijks. Tatrahonden kunnen uitstekend in een buitenkennel gehouden worden, maar dan moet u er wel voor zorgen dat uw hond de nodige dagelijkse beweging en aandacht krijgt.

Tatra, kopstudie

Welsh Corgi Cardigans

Welsh Corgi Cardigan

LAND VAN HERKOMST
Wales.

AANLEG
Herdershond en gezinshond.

GROOTTE
De ideale schouderhoogte is 30,5 cm. Cardigan-reuen mogen tussen de 15 en 18 kilo wegen, teven zijn wat minder zwaar.

VACHT
De vacht bestaat uit matig korte haren en is weerbestendig. Alle kleuren zijn toegestaan, mits het wit niet meer dan dertig procent beslaat. De Cardigan komt veel voor in gestroomd, zwart met wit, beige en blue merle.

VERZORGING
De Cardigan is met een minimum aan vachtverzorging tevreden. Zo nu en dan haalt u met een goede borstel de dode haren uit de vacht.

AARD
Intelligent en leergierig, waaks, gehard en moedig, gehecht aan zijn baas en diens gezin, vrij rustig van karakter. De Cardigan heeft een bijzonder gevoel voor humor.

OPVOEDING
In de regel is dit ras probleemloos op te voeden. De Cardigan wil graag iets leren en is snel van begrip; daarnaast blinkt hij uit in diverse takken van hondensport. In de opgroeifase moet dit ras wat ontzien worden, maak dus geen lange inspannende wandelingen voordat de hond volwassen is en laat hem in die periode geen trappen lopen.

SOCIALE AANLEG
De Cardigan kan soms wat overmoedig zijn ten opzichte van andere honden. U doet er goed aan ze al vroeg met katten en andere dieren te socialiseren, zodat deze combinaties in de toekomst geen problemen geven. Over het algemeen gaan Cardigans goed met kinderen om.

BEWEGING
Dit ras vertoeft graag buiten. Neem de hond regelmatig mee op langere, afwisselende wandelingen. Met een Welsh Corgi Cardigan kunt u meedoen aan verschillende takken van hondensport, bijvoorbeeld fly-ball en behendigheid. Er zijn zelfs Cardigans bekend die als lawinehond worden ingezet.

Welsh Corgi Cardigan, gestroomd

Welsh Corgi Pembroke

LAND VAN HERKOMST
Wales.

AANLEG
Herdershond en gezinshond.

GROOTTE
De schouderhoogte is 25 tot 30,5 cm. Reuen wegen tussen de 9 en 11 kilo, teefjes tussen de 8 en 10 kilo.

VACHT
De vacht is stokharig en waterbestendig. De Pembroke kan een vacht hebben in de kleuren rood, beige (sable) en 'black and tan', al dan niet met witte aftekeningen op borst, hals en poten. Wat wit op de kop en snuit is toegestaan.

Welsh Corgi Pembroke, met ongecoupeerde staart

VERZORGING
De vacht van de Pembroke heeft relatief weinig verzorging nodig. Zo nu en dan haalt u met een goede borstel het dode en losse haar uit de vacht.

AARD
Vol energie, gehecht aan zijn baas en diens gezin, waaks, gehard, zeer zelfverzekerd, intelligent en leergierig, soms overmoedig.

OPVOEDING
Het is niet moeilijk een Pembroke op te voeden omdat het ras intelligent is en relatief snel leert.

SOCIALE AANLEG
Pembrokes gaan goed om met kinderen, mits ze de hond niet plagen, want daar kan de Pembroke de humor absoluut niet van inzien. Dit ras is waakzaam, maar niet overdreven argwanend ten opzichte van vreemden. Soms kunnen ze wat dominant zijn ten opzichte van soortgenoten.

BEWEGING
Geef een Pembroke de kans zijn energie kwijt te raken. Driemaal per dag een straatje om is voor deze honden beslist niet voldoende. Pembrokes zijn erfvast en blijven in de regel binnen de grenzen van uw tuin, ook als deze niet omheind is. Bij deze honden is het aan te bevelen vervangend 'werk' voor ze te vinden; in dit opzicht zijn behendigheid en fly-ball erg geschikte sporten.

Welsh Corgi Pembroke, kopstudie

Zuid-Russische Owcharka, kopstudie

Zuid-Russische Owcharka

LAND VAN HERKOMST
Voormalige Sovjetunie (Oekraïne).

AANLEG
Herdershond en waakhond.

GROOTTE
Reuen hebben een schouderhoogte van minimaal 65 cm, terwijl bij teven een minimale hoogte van 62 cm geldt.

VACHT
De Zuid-Russische Owcharka heeft een weerbestendige vacht. Deze is lang, ruw en borstelig en heeft een dichte ondervacht. De kleur is wit of grijs/crème (in verschillende tinten) of wit met grijze platen.

VERZORGING
De Zuid-Russische Owcharka heeft relatief weinig verzorging nodig. Een wekelijkse borstelbeurt houdt de vacht in goede conditie.

AARD
Dit karaktervolle, dominante ras is sober, waakzaam, onomkoopbaar, eerlijk, trouw, hard voor zichzelf, zeer moedig en intelligent. De Zuid-Russische Owcharka kan razendsnel reageren, zeker in verhouding tot zijn grootte, en handelt in de regel zelfstandig en naar eigen inzicht.

OPVOEDING
De opvoeding moet gebaseerd zijn op wederzijds respect en u moet uw hond altijd eerlijk en consequent behandelen. Dat deze hond geen hond is voor beginners blijkt uit het feit dat zijn dominantie zeker de kop op zal opsteken als hij het gevoel krijgt dat de eigenaar niet voldoende leidinggevende capaciteiten bezit. De honden van dit ras zullen alleen een commando uitvoeren wanneer ze er zelf het nut van inzien. Ze lopen dan ook niet erg warm voor balspelletjes en dergelijke.

SOCIALE AANLEG
Deze hond kan prima overweg met kinderen, maar pas op met plagen, daar kan hij de humor absoluut niet van inzien. Is de hond opgegroeid te midden van andere honden en huisdieren of vee, dan zal hij ze accepteren en ze beschermen tegen mensen die kwaad in de zin hebben. Over het algemeen vormen ze niet zo'n goede combinatie met katten, er vloeit namelijk wat windhondenbloed door hun aderen. De Zuid-Russische Owcharka neemt bij vreemde bezoekers een afwachtende houding aan en geeft ongewenst bezoek geen kans uw terrein te betreden. Bezoekers die regelmatig komen, en die hij dus kent, zullen door de hond als 'eigen' beschouwd worden.

Zuid-Russische Owcharka

BEWEGING
Op een goed omheind terrein kan de Zuid-Russische Owcharka in zijn eigen bewegingsbehoefte voorzien. Ze hebben de neiging regelmatig de grenzen van hun territorium te inspecteren en houden zichzelf hierbij in een goede conditie. U kunt de hond beter niet in een druk-

bevolkte wijk of op een flat houden. Dit ras is graag buiten en weer en wind deren de hond absoluut niet.

BIJZONDERHEDEN
Zuid-Russische Owcharka's zijn uitermate geschikt voor mensen met voldoende woonruimte die misschien wat afgelegen wonen. Het is een goede waakhond, zonder al te nadrukkelijk aanwezig te zijn. Dit ras is erg gebonden aan een territorium en kan in de regel maar erg moeilijk wennen aan een nieuwe baas en een nieuwe omgeving.

Veedrijvers

Australian Cattle Dog

LAND VAN HERKOMST
Australië.

AANLEG
Veedrijver en gezinshond.

GROOTTE
De schouderhoogte voor reuen bedraagt 46 tot 51 cm, terwijl voor teven een hoogte geldt van 43 tot 48 cm.

VACHT
De bovenvacht is weerbestendig, kort en matig grof; de ondervacht is kort en dik. Er zijn twee kleurslagen toegestaan. De eerste is blauw en daaronder verstaat men zowel blauw als blauwgespikkeld met of zonder zwarte, blauwe of tankleurige aftekeningen. De andere kleurslag is roodgespikkeld. Hieronder verstaat men roodgespikkeld met of zonder donkerrode aftekeningen op de kop.

VERZORGING
De vacht van de Australian Cattle Dog heeft niet veel verzorging nodig. Als u zo nu en dan de hond borstelt en kamt om het dode haar uit de vacht te verwijderen, is dat voldoende.

AARD
De Australian Cattle Dog is zeer intelligent en werkwillig, evenwichtig, blaft weinig, trouw aan zijn baas, moedig, gehard, waaks, optimistisch en actief.

OPVOEDING
De Australian Cattle Dog is een zeer intelligente hond die graag wat leert en ook graag werkt. De opvoeding is daarom vrij eenvoudig. U doet de Australian Cattle Dog te kort als u niet met hem gaat werken. Behendigheid is een uitermate geschikte sport, maar het mag wat de hond betreft ook fly-ball of een andere sport zijn. Zolang u hem intensief bezig laat zijn, zal hij u zeker niet teleurstellen. Een Australian Cattle Dog die zich verveelt, wordt ronduit lastig. Hij gaat zichzelf dan allerlei taken toebedelen die u waarschijnlijk wat minder op prijs zult stellen.

SOCIALE AANLEG
Dit ras gedraagt zich voorbeeldig ten opzichte van soortgenoten, andere huisdieren en kinderen. Een voorwaarde voor dit voorbeeldige gedrag is wel dat ze al op jonge leeftijd goed gesocialiseerd zijn.

BEWEGING
Het ras waartoe de Australian Cattle Dog behoort, heeft veel beweging, maar vooral ook veel bezigheden nodig om hem lichamelijk en geestelijk in topconditie te houden. Wilt u een gezinshond waar u niet al te veel mee hoeft te doen, dan is deze hond niet geschikt voor u.

Australian Cattle Dog

Bouvier des Flandres (Bouvier)

LAND VAN HERKOMST
België.

AANLEG
Van oudsher veedrijver, nu waak-, verdedigings- en gezinshond.

GROOTTE
Voor reuen geldt een schouderhoogte van 62 tot 68 cm en voor teven moet deze tussen de 59 en 65 cm liggen. De ideale schouderhoogte voor reuen en teven is respectievelijk 65 en 62 cm.

VACHT

De vacht bestaat uit ruig, dof en droog haar, dat niet te lang mag zijn. Het is licht warrelig, maar niet gekruld. Toegestane kleuren zijn vaal of grijs, gestroomd of zwartgevlamd. Geheel zwart heeft niet de voorkeur, maar is desondanks wel toegestaan. Blonde Bouviers zijn niet gewenst.

VERZORGING

Uw Bouvier moet minimaal drie keer per jaar getrimd worden. Houd tussen de trimbeurten door de gehoorgang vrij en knip het teveel aan beharing tussen de voetzolen weg. Het haar aan de voeten mag niet te lang zijn; knip het rondom weg, zodat de hond mooie, ronde voetjes krijgt. Een goed verzorgde Bouvier verliest in huis maar weinig haar.

AARD

Zeer trouw en gehecht aan zijn baas en diens gezin, waaks, moedig, gehard, evenwichtig, intelligent, werkt graag, verstandig.

OPVOEDING

U moet een Bouvier op een evenwichtige en consequente manier opvoeden, waarbij u de hond zonder al te hard op te treden duidelijk maakt dat u te allen tijde de baas bent en blijft. Dit ras is intelligent en pikt relatief snel commando's op, al leert de hond niet zo snel als bijvoorbeeld een Duitse Herder. Wanneer Bouviers eenmaal iets geleerd hebben, blijven ze dit hun hele leven onthouden.

SOCIALE AANLEG

Bouviers zijn over het algemeen sociale honden, en als ze op jonge leeftijd al goed gesocialiseerd zijn met katten, zal de omgang met andere huisdieren en soortgenoten geen problemen geven. Kinderen en Bouviers vormen over het algemeen een goede combinatie, terwijl vreemden daarentegen enigszins argwanend tegemoet worden getreden. De Bouvier is er in eerste instantie voor zijn gezin; zijn trouw wordt wereldwijd geroemd.

BEWEGING

Een Bouvier heeft een gemiddelde behoefte aan lichaamsbeweging. Neem hem regelmatig mee op lange wandelingen en ook het lopen naast de fiets is een goede vorm van lichaamsbeweging. In de groeifase doet u er verstandig aan de hond gedoseerd te laten bewegen en hem niet te veel te belasten. Hij heeft in deze periode al zijn energie nodig om een sterk gestel op te bouwen.

Bouvier

Bouvier-pups

2. Rassen van het Pinscher-, Schnauzer- en Mollosser Dogtype en Zwitserse Sennenhonden

Pinschers en Schnauzers

Affenpinscher

LAND VAN HERKOMST
Duitsland.

AANLEG
Ongediertebestrijder, waak- en gezinshond.

GROOTTE
De schouderhoogte ligt tussen de 25 en 30 cm.

VACHT
De Affenpinscher heeft ruw, warrelig haar. De vacht is vaak effen zwart, maar kleine bruine of grijze aftekeningen zijn toegestaan.

VERZORGING
Mocht het nodig zijn, dan moet de Affenpinscher geplukt worden. Over het algemeen gebeurt dit bij een trimsalon, maar u kunt het ook zelf leren. De vacht mag nooit geschoren worden, want een scheerbeurt verpest de vacht voor jaren. Soms groeien er haren in de ooghoeken die de oogbol irriteren; verwijder deze op tijd.

AARD
Levendig, vrolijk, vriendelijk, waaks, onverschrokken, aanhankelijk en pienter.

OPVOEDING
Affenpinschers leren redelijk snel commando's. Blijf altijd consequent en duidelijk, en wissel de oefeningen wat af.

SOCIALE AANLEG
Affenpinschers gaan goed om met kinderen, en ook met soortgenoten en andere huisdieren kunnen ze prima overweg. Krijgt u (voor de hond) onbekend bezoek, dan kijkt de Affenpinscher eerst even de kat uit de boom.

Affenpinscher

BEWEGING
De honden van dit ras zijn tevreden wanneer u driemaal daags een blokje met ze om gaat, en als u daarnaast ook nog regelmatig wat met ze speelt, kan hun geluk niet meer op.

Dobermann

LAND VAN HERKOMST
Duitsland.

AANLEG
Waak- en verdedigingshond, gezinshond.

GROOTTE
De schouderhoogte van de reuen ligt tussen de 68 en 72 cm. Teven zijn wat kleiner. Hun schouderhoogte varieert van 63 tot 68 cm. De honden hebben een gewicht dat tussen de 32 en 45 kilo ligt.

Dobermann

Ongecoupeerde Dobermann

VACHT
De kleur van de glad aanliggende, kortharige vacht is vaak black and tan of bruin met tan. De kleuren blauw met tan en isabel met tan worden niet in alle landen erkend.

VERZORGING
De vacht van de Dobermann heeft niet erg veel verzorging nodig. In de ruiperiode kunt u een rubberen handschoen met nopjes gebruiken om dode en losse haren te verwijderen. Houd de nagels kort en kijk het gebit zo nu en dan na op aanslag of tandsteen.

AARD
Actief, slim, zeer vasthoudend, moedig, intelligent, goede waakhond, trouw en aanhankelijk, soms luidruchtig, groot uithoudingsvermogen. Dobermanns hebben soms de neiging een 'eenpersoonshond' te worden.

OPVOEDING
Deze sterke, elegante hond moet zeer evenwichtig, consequent en in een harmonieuze omgeving opgevoed worden. Hebt u weinig ervaring met het opvoeden van honden, dan raden we u absoluut af deze hond aan te schaffen. Veel Dobermanns worden neurotisch als ze in hun jeugd verkeerd zijn begeleid (en helaas komt dat nog veel te vaak voor), met als gevolg dat ze angstig en/of bijterig worden, terwijl ze van nature een eerlijk karakter hebben. Wees altijd duidelijk en eerlijk tegen een Dobermann; hits hem niet op en laat plagen achterwege. Dobermanns zijn uitermate geschikt voor de africhting, maar begin hier niet te vroeg mee en leg zeker in het begin niet te veel druk op de hond – forceer niets! Laat een Dobermann pas aan het 'grote' werk beginnen als hij iets ouder is.

SOCIALE AANLEG
Een goed opgevoede en gesocialiseerde Dobermann kan het prima vinden met honden, andere huisdieren en kinderen. Ongewenste bezoekers worden tot staan gebracht.

BEWEGING
Een Dobermann laat zich niet afschepen met een dagelijks blokje om. Hij is gebouwd op snelheid en heeft een groot uithoudingsvermogen. Ga met hem zwemmen of laat hem naast de fiets lopen of rennen in de bossen. Dit ras is geschikt voor allerlei takken van hondensport.

Duitse Pinscher, kopstudie

Duitse Pinscher

LAND VAN HERKOMST
Duitsland.

AANLEG
Ongediertebestrijder, waakhond en gezinshond.

GROOTTE
De schouderhoogte ligt tussen de 45 en 50 cm.

VACHT
De vacht van de Duitse Pinscher is gladharig en effen rood of zwart-rood (black and tan).

VERZORGING
De Duitse Pinscher heeft eigenlijk niet zo veel verzorging nodig. Om de dode haren te verwijderen, borstelt u de vacht zo nu en dan.

AARD
Vrolijk, zeer intelligent en slim, waaks, alert, vriendelijk, speels, geduldig met kinderen, trouw aan zijn eigen gezin, gevoel voor humor, moedig, niet kleinzerig, sober, groot uithoudingsvermogen. Duitse Pinschers blaffen alleen wanneer het nodig is.

OPVOEDING
Duitse Pinschers zijn snelle en leergierige leerlingen. U moet ze enigzins streng, maar wel liefdevol en consequent opvoeden. Dit ras heeft de mogelijkheden om in de verschillende takken van de hondensport uitstekend te presteren.

SOCIALE AANLEG
Over het algemeen gaan Duitse Pinschers zeer goed met kinderen om. Visite wordt in eerste instantie luidkeels aangekondigd, maar daarna is het vrij snel goed. Een Duitse Pinscher verdedigt zijn terrein en zijn baas en diens gezin tot het uiterste tegen kwaadwillenden. De omgang met andere huisdieren levert in de regel geen enkel probleem op.

BEWEGING
Dit ras heeft een gemiddelde behoefte aan beweging. De honden lopen graag mee als u een stukje gaat fietsen, maar hebt u daar niet zo veel tijd voor, dan is driemaal daags een blokje om en daarnaast wat met de hond spelen in de tuin ook voldoende.

Duitse Pinscher

Duitse Pinscher

Dwergpinscher

LAND VAN HERKOMST
Duitsland.

AANLEG
Gezinshond.

GROOTTE
De schouderhoogte ligt tussen de 25 en 30 cm.

VACHT
De Dwergpinscher heeft een zeer kortharige vacht. De kleur is òf eenkleurig bruin (dat van verschillende bruine nuances tot reerood kan lopen) òf black and tan.

Dwergpinscher, black and tan

VERZORGING
Een Dwergpinscher is gemakkelijk te verzorgen. In de ruiperiode gebruikt u een rubberen borstel om de dode en losse haren te verwijderen, en als u daarna de vacht met een iets vochtige doek wrijft, begint deze prachtig te glanzen. Uiteraard horen de nageltjes kort te zijn.

AARD
Levendig, alert, waaks, blaft graag, intelligent, sober, leert snel, (over)moedig, aanhankelijk, trouw aan de baas.

OPVOEDING
Veel mensen laten het na 'iets' te gaan doen met een klein hondje als de Dwergpinscher. Dat is jammer, want deze hond kan ontzettend goed leren en wil dat ook erg graag. Het is sowieso goed voor de socialisatie van de Dwergpinscher om met hem naar een gehoorzaamheidscursus of een puppytraining te gaan. Hier kan hij namelijk andere mensen en honden ontmoeten. U zult er versteld van staan hoe snel uw Pinschertje de bevelen begrijpt en opvolgt. Besteed veel aandacht aan de zindelijkheidstraining. Een plasje van zo'n klein hondje wordt vaak niet of te laat opgemerkt, waardoor de Pinscher het idee kan krijgen dat u ermee instemt dat hij zijn behoefte binnenshuis doet.

SOCIALE AANLEG

De Dwergpinscher kan goed opschieten met andere huisdieren en kinderen, mits deze laatsten hem niet pesten. Het ras kan wat wantrouwend tegenover vreemden zijn, maar een en ander staat en valt met de manier waarop het hondje wordt grootgebracht.

BEWEGING

Een Dwergpinscher kan volmaakt gelukkig zijn op een etagewoning, maar dan moet u hem wel minimaal drie keer per dag mee naar buiten nemen, zodat hij kan rennen en spelen. Deze hondjes zijn niet in de wieg gelegd om hun leven in een mandje te slijten of om een schoothondje te worden.

Dwergschnauzer, wit

Dwergschnauzer, zwart/zilver

Dwergschnauzer

LAND VAN HERKOMST

Duitsland.

AANLEG

Ongedierteverdelger, waak- en gezinshond.

GROOTTE

De schouderhoogte ligt tussen de 30 tot 35 cm.

VACHT

De vacht is ruwharig. Voorkomende kleuren zijn peper-en-zout met donker masker, zwart, en zwart met zilveren aftekeningen aan kop, poten en buik. Er zijn ook witte exemplaren, maar deze worden slechts zelden gesignaleerd.

VERZORGING

U moet de ruwharige vacht van dit Schnauzertje minimaal twee keer per jaar met de hand of een bot trimmes plukken. Een Schnauzer mag onder geen beding geschoren worden, want dan wordt de vacht voor jaren verpest. Knip het teveel aan haren tussen de voetzolen weg en kam regelmatig het 'garnituur' om klitvorming te voorkomen. (Met 'garnituur' bedoelen we de baard, de snor en de (lange) wenkbrauwen.) Verwijder wanneer dat nodig is het teveel aan haar uit de gehoorgang.

AARD

Levendig, attent, intelligent, eigenzinnig en soms koppig, waaks, onvermoeibaar, trouw aan het gezin, onomkoopbaar.

OPVOEDING

De Dwergschnauzer heeft ondanks zijn miniatuurformaat een baas nodig die stevig in zijn schoenen staat en die de hond consequent en eerlijk opvoedt. Schnauzers zijn snelle en pientere leerlingen, maar vaak hebben ze zo hun eigen ideeen over de commando's die gegeven worden. Wissel de oefeningen af met spelen en herhaal ze niet te lang achter elkaar.

SOCIALE AANLEG

Over het algemeen kunnen de Dwergschnauzers goed opschieten met andere huisdieren en kinderen. Ten opzichte van vreemden zijn ze echter wat terughoudender en bezoek zullen ze vaak luidkeels aankondigen.

BEWEGING

De Dwergschnauzer heeft enorm veel energie. Wandelingen in de vrije natuur of lekker ravotten in de tuin vinden ze heerlijk. Neem ze dus zo veel mogelijk mee naar buiten.

Hollandse Smoushond

LAND VAN HERKOMST
Nederland.

AANLEG
Stalhond en rattenvanger, gezinshond.

GROOTTE
De schouderhoogte ligt bij reuen tussen de 37 en 42 cm, bij teven tussen de 35 en 40 cm. Het gewicht van de honden bedraagt ongeveer 10 kilo.

VACHT
De vacht van de Hollandse Smoushond is ruw, grof en steil. De kleur is strogeel.

VERZORGING
Afhankelijk van de kwaliteit van de vacht moet de Hollandse Smoushond ongeveer twee keer per jaar met de hand geplukt worden. Daarbij wordt het haar op de kop zo veel mogelijk intact gelaten. Tussen de trimbeurten door plukt u ook het haar dat in de gehoorgang groeit weg. De hond kan last krijgen van te veel haar dat tussen de voetzolen groeit, zorg er dus voor dat u dit haar tijdig wegknipt.

Hollandse Smoushonden

AARD
Vriendelijk, innemend, slim, intelligent, aanhankelijk, groot aanpassingsvermogen, sober, gevoelig, gezellig, waaks, gevoel voor humor.

OPVOEDING
De Hollandse Smoushond is een intelligente hond die graag iets voor u zal doen. De opvoeding van deze hond is dan ook niet zo moeilijk. Wel is het van groot belang dat u altijd conse-

Hollandse Smoushond

quent bent, want sommige exemplaren van dit ras kunnen zich wel eens laten gelden als ze het idee krijgen dat hun baas wat al te toegeeflijk is.

SOCIALE AANLEG
Met kinderen kan deze hond prima opschieten, en ook de kat des huizes wordt zonder meer geaccepteerd. De meeste Hollandse Smouzen kunnen ook uitstekend overweg met hun soortgenoten.

BEWEGING
Hollandse Smoushonden zijn onvermoeibaar en vinden het heerlijk om lange wandelingen te maken en te zwemmen. Overweeg eens deze hond een cursus behendigheid of fly-ball te laten volgen. Deze Smous is daar namelijk uitermate geschikt voor en vindt het boven ontzettend leuk om te doen. Wanneer het wandelen eens een weekje niet goed uitkomt, zal de Smous zich moeiteloos aanpassen.

Middenslagschnauzer, peper-en-zoutkleurig

Middenslagschnauzer

LAND VAN HERKOMST
Duitsland.

AANLEG
Ongediertebestrijder, waak- en gezinshond.

GROOTTE
De schouderhoogte ligt tussen de 45 en 50 cm.

VACHT
De ruwharige, harde vacht is zwart of peper-en-zoutkleurig met een donker masker.

VERZORGING
De vacht van deze Schnauzer moet ongeveer twee keer per jaar geplukt worden. Dit plukken is bij de meeste ruwharige honden noodzakelijk, want alleen op deze manier kunnen vacht en huid in optimale conditie gehouden worden. Haal als dat nodig is het teveel aan haar uit de gehoorgang weg en verwijder tevens het teveel aan haar tussen de voetzolen. Het 'garnituur' (baard, snor en wenkbrauwen) moet regelmatig gekamd worden om klitvorming tegen te gaan.

AARD
Temperamentvol, intelligent en leergierig, sober, eerlijk, zeer aanhankelijk (vooral ten opzicht van zijn eigen gezin), onomkoopbaar, oplettend en waaks.

OPVOEDING
Schnauzers zijn snelle en leergierige leerlingen, maar bezitten ook een behoorlijke portie eigenwijsheid. Ze reageren het beste op een consequente en eerlijke, maar ook afwisselende opvoeding, waarbij het gebruik van uw stem meestal al voldoende is.

SOCIALE AANLEG
Van nature gaan deze Schnauzers goed om met honden en andere huisdieren en ook ten opzichte van kinderen zijn ze uiterst verdraagzaam. Tegenover mensen die ze niet kennen, zijn ze echter weer wat wantrouwend.

BEWEGING
Voor dit hondenras is een gemiddelde lichaamsbeweging voldoende. Desondanks vindt de hond het heerlijk om bezig te zijn. Zwemmen, lopen naast de fiets, behendigheid, fly-ball, spelen in de tuin, rennen in het bos, het zijn allemaal geschikte vormen van lichaamsbeweging voor deze karaktervolle hond.

Middenslagschnauzer, verdraagzaam voor kinderen

Oostenrijkse Pinscher

LAND VAN HERKOMST
Oostenrijk.

AANLEG
Ongedierteverdelger en gezinshond.

GROOTTE
De schouderhoogte ligt tussen de 35 en 50 cm.

VACHT
De vacht is kortharig en de meest voorkomende kleuren zijn reebruin, geel, zwart, bruin en gestroomd, al dan niet met witte aftekeningen.

Oostenrijkse Pinscher

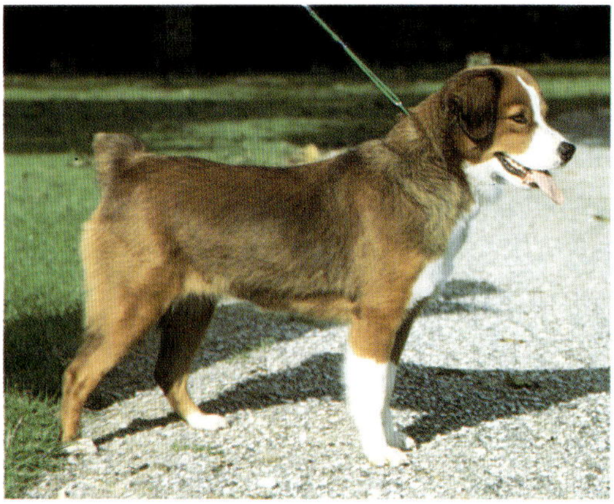

Oostenrijkse Pinscher

VERZORGING
De verzorging van de Oostenrijkse Pinscher stelt geen hoge eisen. Het is voldoende als u zo nu en dan de vacht borstelt om de losse haren te verwijderen, zo blijft de vacht in optimale conditie.

AARD
Opgewekt, levendig en beweeglijk, blaft graag, sober, hard voor zichzelf en moedig, intelligent, uitstekende rattenvanger. De Oostenrijkse Pinscher hecht zich zeer sterk aan het gezin waar hij deel van uitmaakt.

OPVOEDING
U moet de Oostenrijkse Pinscher met een liefdevolle en eerlijke, maar wel enigszins strakke hand opvoeden. De honden zijn snelle leerlingen en doen het erg goed op een behendigheidscursus. Met de juiste baas zullen de honden ook goed presteren op gehoorzaamheidscursussen.

SOCIALE AANLEG
Oostenrijkse Pinschers kunnen soms wat dominant zijn ten opzichte van andere honden. Met katten en andere huisdieren zijn er normaal gesproken geen problemen, maar natuurlijk geldt ook hier weer de voorwaarde dat de honden al op jonge leeftijd met deze dieren gesocialiseerd zijn. Tegenover vreemden kunnen ze wat afstandelijk en waakzaam zijn.

BEWEGING
Deze Pinscher is van oudsher een boerenerfhond. De geschiktste woonomgeving zou dus ergens op het platteland zijn, ergens waar hij op zijn eigen terrein in zijn eigen bewegingsbehoefte kan voorzien. Beschikt u niet over zo veel ruimte, neem de Oostenrijkse Pinscher dan regelmatig mee op langere wandelingen.

Riesenschnauzer

LAND VAN HERKOMST
Duitsland.

AANLEG
Waak- en verdedigingshond, gezinshond.

GROOTTE
De schouderhoogte ligt ongeveer tussen de 60 en 70 cm.

VACHT
De vacht is ruwharig. De kleur is peper-en-zout met een donker masker, en effen zwart.

Verzorging
Ongeveer twee keer per jaar moet de vacht van deze hond geplukt worden. Controleer regelmatig of er niet te veel haar in de gehoorgang groeit en pluk indien nodig het teveel weg. Ook het teveel aan haar tussen de voetzolen moet u verwijderen. Kam het 'garnituur' zeer regelmatig door om klitten te voorkomen.

Aard
Alert, waaks, hard, sober, vasthoudend, zeer trouw aan zijn baas en diens gezin, intelligent en leergierig, bedachtzaam, goedaardig, groot uithoudingsvermogen, onomkoopbaar. Riesenschnauzers hechten zich sterk aan het gezin waar ze deel van uitmaken.

Opvoeding
Deze karaktervolle hond moet u met beleid grootbrengen. Een consequente en eerlijke opvoeding met veel afwisseling zal hem zeker aanspreken. Als u er rekening mee houdt dat een Schnauzer er soms eigen ideeën op na houdt en niet alle bevelen zonder meer slaafs op zal volgen, kunt u de hond heel goed verschillende takken van de hondensport laten beoefenen, bijvoorbeeld africhting.

Sociale aanleg
De Riesenschnauzer zorgt in het algemeen voor weinig problemen in zijn omgang met honden en andere huisdieren. Voorwaarde is echter wel dat de hond al op jonge leeftijd goed gesocialiseerd moet zijn. Schnauzers zijn doorgaans lief voor kinderen. Aan vreemden hebben ze geen boodschap en ze zijn doorgaans dan ook wat eenkennig, al is dat wel afhankelijk van de opvoeding en socialisatie.

Beweging
Dit ras heeft redelijk veel beweging nodig. Geeft u Riesenschnauzers voldoende beweging buitenshuis, dan zullen ze in huis erg rustig zijn.

Riesenschnauzer, zwart, kopstudie

Riesenschnauzer, zwart

Zwarte Russische Terriër, kopstudie

Zwarte Russische Terriër

LAND VAN HERKOMST
Voormalige Sovjetunie.

AANLEG
Waak- en verdedigingshond, gezinshond.

GROOTTE
Reuen hebben een schouderhoogte die tussen de 66 en 72 cm ligt. Teven zijn iets kleiner en bereiken een hoogte van 64 tot 70 cm.

VACHT
Deze hond heeft een dichte ondervacht met een ruwharige bovenvacht. De vacht is effen zwart of zwart met enkele grijze haren ertussen.

VERZORGING
De vacht van de Russische Terriër moet ongeveer drie- tot viermaal per jaar geplukt worden. Dit plukken is noodzakelijk om een goede, harde vacht te behouden. Tussen de trimbeurten door kunt u het teveel aan haar tussen de voetzolen wegknippen. Houd ook de gehoorgang vrij. Om het ontstaan van klitten te voorkomen, kamt u regelmatig de baard en de snor van de hond.

AARD
Waaks en beschermend zonder blafferig te zijn, rustig in huis, intelligent, slim, gehoorzaam, trouw aan zijn baas en diens gezin, sober. Zwarte Russische Terriërs tonen graag eigen initiatief.

OPVOEDING
Dit karaktervolle ras werkt graag en heeft snel door wat er verlangd wordt. Een voorwaarde is wel dat de opvoeding duidelijk en consequent gebeurt. De honden reageren erg goed op de stem en strafmaatregelen zijn dan ook zelden nodig.

Zwarte Russische Terriër

SOCIALE AANLEG
De Zwarte Russische Terriër is heel lief voor kinderen en kan prima samenleven met katten en andere huisdieren. Bekenden van de familie worden enthousiast verwelkomd, maar onbekenden worden tot staan gebracht. Het ras is van nature wat terughoudend ten opzichte van vreemden, maar wanneer de baas zegt dat het goed is, accepteren ze dat.

BEWEGING
Veel bezig zijn, dat vinden de meeste Zwarte Russische Terriërs heerlijk, maar ze worden echt niet vervelend als u eens geen tijd hebt om lange wandelingen met ze te gaan maken. Deze honden zijn geschikt voor allerlei vormen van de hondensport, maar worden met name in de africhting gebruikt.

BIJZONDERHEDEN
Een Zwarte Russische Terriër is een fijne gezinshond, maar geen hond voor beginners. Honden die uit het land van herkomst en aangrenzende landen geïmporteerd zijn, kunnen een wat scherper en harder karakter hebben dan in West-Europa gefokte exemplaren.

Dogachtigen

Argentijnse Dog

LAND VAN HERKOMST
Argentinië.

AANLEG
Jachthond op groot wild, gezelschapshond.

GROOTTE
De schouderhoogte van deze honden ligt tussen de 60 en 65 cm.

VACHT
De Argentijnse Dog bezit een kortharige vacht. Ze zijn altijd wit, eventueel met wat pigmentvlekken op de huid. Een kleine zwarte vlek tussen oog en oor is toegestaan. Ook een langharige vacht komt voor, maar deze wordt niet erkend.

VERZORGING
De vacht van de Argentijnse Dog is gemakkelijk in goede conditie te houden. Met een rubberen borstel verwijdert u in de ruiperiode losse en dode haren. Houd de nagels kort en zoals bij alle andere honden het geval is, moet u ook bij deze hond regelmatig controleren of de gehoorgang schoon is.

Ongecoupeerde Argentijnse Dog

Ongecoupeerde Argentijnse Dog

AARD
Moedig, temperamentvol, trouw aan zijn baas en diens gezin, blaft weinig, hard voor zichzelf, groot uithoudingsvermogen, sterk ontwikkelde jachtdrang. Met name de reuen kunnen dominant gedrag vertonen naar soortgenoten.

OPVOEDING
Deze hond is beslist geen hond voor beginners. De Argentijnse Dog behoort een evenwichtige, liefdevolle, maar zeer consequente opvoeding te krijgen. Probeer hem te belonen als hij dingen goed doet, en doet hij iets verkeerds, straf hem dan met behulp van uw stem. De combinatie van afzondering in een kennel en een harde opvoeding brengt bij de Argentijnse Dog onvoorspelbare karaktertrekken naar boven.

SOCIALE AANLEG
Met kinderen gaan Argentijnse Doggen over het algemeen goed om, al kunnen ze soms wat onstuimig zijn. Met katten en andere huisdieren is de omgang niet onmogelijk, maar als huisgenoten voor een Argentijn zijn ze niet echt aan te bevelen. Vergeet niet dat de Argentijn een jachthond is die over het algemeen een kat of schaap als prooi ziet. Wie een Argentijnse Dog als waakhond wil aanschaffen, kan van een koude kermis thuiskomen. Niet alle exemplaren zijn namelijk goede waakhonden. In eerste instantie zijn ze jachthonden, al zal hun uiterlijk de meeste boosdoeners wel afschrikken.

BEWEGING
Aan een dagelijks blokje om heeft de Argentijnse Dog beslist niet voldoende. Wilt u het dier een genoegen doen, dan neemt u hem regelmatig mee op langere wandelingen. In een grotere, omheinde tuin zou de Argentijn zijn energie ook redelijk kwijt kunnen. In verband met zijn sterke jachtdrang en dominante gedrag ten opzichte van andere honden, moet een Argentijn goed onder appel staan wanneer u de hond onaangelijnd wilt laten lopen.

BIJZONDERHEDEN
Doofheid komt voor bij dit ras. Koop uw puppy daarom alleen bij een betrouwbare fokker.

Bordeauxdog

Bordeauxdog

LAND VAN HERKOMST
Frankrijk.

AANLEG
Waak- en gezinshond.

GROOTTE
Reuen hebben een schouderhoogte die varieert van 60 tot 70 cm bij een minimumgewicht van 50 kilo. De schouderhoogte van teven is 58 tot 66 cm en zij behoren minimaal 45 kilo te wegen.

VACHT
De vacht bestaat uit kort en zacht haar en is mahonierood of heeft een wildkleur, met een rood of zwart masker. Witte aftekeningen worden niet op prijs gesteld.

VERZORGING
Borstel de vacht tijdens de ruiperiode regelmatig met een rubberen borstel om dode en losse haren te verwijderen. Als dat nodig is, maakt u ook de gezichtsplooien schoon. Zoals alle grote honden groeit ook de Bordeauxdog erg snel en hij heeft dan ook veel energie nodig om een sterk gestel op te kunnen bouwen. Laat een jong exemplaar zich niet te veel vermoeien en

zorg ervoor dat de hond een hoogwaardige en volledige voeding voorgeschoteld krijgt.

AARD
Evenwichtig, rustig, geen blaffer, vriendelijk, oplettend, nieuwsgierig, zeer moedig, lichamelijk hard voor zichzelf, zeer gehecht aan zijn baas en diens gezin. De Bordeauxdog zal het gezin beschermen en huis en erf goed bewaken.

OPVOEDING
U moet de Bordeauxdog consequent en op een rustige en rechtvaardige manier opvoeden. Deze hond hangt erg aan zijn baas en wil graag wat goeds doen. Laat het dan ook duidelijk merken als hij zich goed gedraagt en geef hem een aai of zeg wat lieve woorden tegen hem. De Bordeauxdog heeft een baas nodig die een natuurlijk overwicht over de hond heeft.

SOCIALE AANLEG
Als een Bordeauxdog in zijn vroege jeugd veel (positieve) indrukken heeft opgedaan, waardoor hij een evenwichtig karakter heeft kunnen opbouwen, zal de omgang met andere huisdieren waarschijnlijk geen problemen geven. Voor kinderen zijn ze over het algemeen erg lief en beschermend. Visite wordt in eerste instantie gewantrouwd, maar als zijn baasje hem zegt dat het goed is, zal de hond de bezoeker(s) accepteren. Deze dogachtigen kunnen ten opzichte van andere honden enigszins dominant zijn.

Bordeauxdoggen zijn sociale dieren

BEWEGING
Het ras heeft een gemiddelde behoefte aan beweging. Een paar (aangelijnde) wandelingen per dag en daarnaast een aantal keren per week onaangelijnd laten rennen en spelen zijn voldoende voor de Bordeauxdog.

BIJZONDERHEDEN
Deze sterke hond hangt letterlijk en figuurlijk erg aan het gezin waar hij deel van uitmaakt en ondergaat afzondering als een straf. Bent u niet vaak thuis, dan kunt u beter uitkijken naar een ander ras.

Boxer

LAND VAN HERKOMST
Duitsland.

AANLEG
Gebruikshond en gezinshond.

GROOTTE
De schouderhoogte van de reuen ligt tussen de 57 en 63 cm. De teven hebben een schouderhoogte van 53 tot 59 cm.

VACHT
De Boxer heeft een kortharige, glad aanliggende vacht. De kleur mag zijn gestroomd of geel, eventueel met witte aftekeningen en een donker masker. Het wit mag niet meer dan een derde van de hond beslaan.

VERZORGING
U houdt de vacht in goede conditie door de hond zo nu en dan met een rubberen borstel te borstelen. Doe dat vooral in de ruiperioden.

AARD
Vrolijk, vriendelijk, spontaan, intelligent, leergierig, nieuwsgierig, leert snel, waaks, onstuimig, ongecompliceerd, eerlijk, levendig en beweeglijk, zeer gehecht aan het gezin.

Boxer

Opvoeding
Leer de Boxer al te onstuimig gedrag (het tegen iemand opspingen) af. Omdat hij snel leert en over een behoorlijke dosis intelligentie beschikt, is de Boxer erg geschikt voor allerlei takken van de hondensport, van africhting tot behendigheid.

Sociale aanleg
Boxers staan bekend om het feit dat ze ontzettend goed met kinderen kunnen omgaan. Maar een welopgevoede en goed gesocialiseerde Boxer zal ook in zijn omgang met soortgenoten en andere huisdieren weinig of geen problemen geven. De Boxer zal altijd uw huis en uw gezin bewaken, dat is zijn aard, en bekenden van de familie worden onstuimig begroet.

Beweging
Probeer de hond veel lichaamsbeweging te geven, want dat heeft hij nodig. Wanneer de hond is uitgegroeid, kunt u hem voorzichtig naast uw fiets leren lopen. Boxers zijn dol op spelen en ravotten met soortgenoten, maar ook voor een balspelletje met zijn baasje komt hij graag zijn mand uit.

Bullmastiff

Bullmastiff

Land van herkomst
Engeland.

Aanleg
Waak- en gezinshond.

GROOTTE
Reuen hebben een schouderhoogte die tussen de 63,5 en 68,5 cm ligt; bij teven geldt een hoogte van tussen de 61 en 66 cm.

VACHT
De vacht van de hond is kortharig en kan gestroomd, geelbruin of rood zijn, maar altijd met een donkere snuit en donkere oren. Een klein beetje wit op de borst is toegestaan.

VERZORGING
De vachtverzorging van de Bullmastiff heeft weinig om handen. Zo nu en dan verwijdert u het losse en dode haar met een rubberen borstel of massagehandschoen.

AARD
Evenwichtig en rustig, moedig en waaks, gehoorzaam, aanhankelijk, blaft weinig, lichamelijk hard voor zichzelf. De Bullmastiff zal zijn terrein en gezin beschermen.

OPVOEDING
Dit ras reageert het beste op een eerlijke, stabiele en consequente opvoeding die in volle harmonie moet geschieden. De Bullmastiff is erg gevoelig voor uw stem en is niet echt moeilijk in de omgang, maar heeft wel een baas nodig die enigszins overwicht heeft. De Bullmastiff hoort absoluut niet in een kennel thuis.

Bullmastiff, kopstudie

SOCIALE AANLEG
Ten opzichte van kinderen zijn Bullmastiffs erg tolerant, maar ten opzichte van soortgenoten kan dit ras wat dominant zijn. Als ze tijdens hun jonge jaren goed gesocialiseerd zijn, kunnen ze prima samenleven met andere huisdieren. Bekenden van de familie worden geaccepteerd, zeker als de baas zegt dat het goed is, maar ongewenst bezoek wordt tot staan gebracht.

BEWEGING
De Bullmastiff heeft een gemiddelde hoeveelheid beweging nodig. Een paar wandelingetjes per dag en daarnaast een aantal keren per week lekker (onaangelijnd) rennen en spelen geven de hond voldoende bewegingsvrijheid.

Cao da Serra da Estrela

Cao da Serra da Estrela

LAND VAN HERKOMST
Portugal.

AANLEG
Bewaker van de kudde en huis en haard, gezinshond.

GROOTTE
Reuen hebben een schouderhoogte tussen de 65 en 72 cm; bij teven is dit 62 tot 68 cm. De honden wegen tussen de 30 en 50 kilo.

VACHT
Dit ras komt voor in twee vachttypen: langharig en kortharig. Beide soorten vachten behoren overvloedig te zijn, terwijl de ondervacht uit fijn en kort haar bestaat. Reebruin, wolfskleur en geel, effen of met witte aftekeningen zijn alle toegestaan.

Verzorging
Dit ras heeft tussen de ruiperioden door niet veel verzorging nodig. De rui is bij de Estrela's hevig, maar gelukkig duurt deze periode niet erg lang. Een fikse dagelijkse borstelbeurt voorkomt dat uw in huis dan 'omkomt' van het haar.

Aard
Waaks (soms wat al te uitgesproken luidruchtig), sober, evenwichtig, intelligent en leergierig, maar ook eigenwijs, zelfstandig, maar wel aanhankelijk en zeer gehecht aan het gezin en de mensen die hij kent. Deze honden kunnen op latere leeftijd moeilijk wennen aan een andere baas.

Opvoeding
De Cao da Serra da Estrela is een relatief snelle leerling. Er zijn Estrela's die het erg goed doen op het gebied van gehoorzaamheid. De honden zijn intelligent en wendbaar genoeg om geen slecht figuur te slaan op een behendigheidscursus, maar dit moet u alleen maar doen als u er beiden plezier aan beleeft. Op wedstrijdniveau wordt de Estrela voorbijgestreefd door de snellere hondenrassen. Koppigheid en eigenwijsheid zijn wel karaktertrekken van de Estrela, maar ze steken alleen de kop op als de hond vindt dat de oefeningen te saai en te gedwongen worden. Een evenwichtige, rustige benadering en consequent gedrag zijn de sleutelwoorden tot een geslaagde opvoeding. Het ras groeit, net als veel andere grote hondenrassen, erg snel. Vermoei de hond niet te veel en pas de hoeveelheid lichaamsbeweging in de groeifase aan, want de hond heeft dan al zijn energie nodig voor de opbouw van botten, spieren en pezen.

Sociale aanleg
Bekenden van het gezin en alle mensen en dieren die tot het eigen gezin behoren, worden door de Estrela 'op handen gedragen', maar ten opzichte van vreemden is dit ras wantrouwend.

Beweging
Estrela's voelen zich het meest in hun element als ze voldoende ruimte hebben, en dat geldt voor zowel binnens- als buitenshuis. Ze vinden het heerlijk als u met ze gaat wandelen, maar als het u eens een dag niet uitkomt, past de hond zich moeiteloos aan de situatie aan.

Duitse Dog, kleurslag geel

Ongecoupeerde Zwarte Duitse Dog

Duitse Dog

Land van herkomst
Duitsland.

Aanleg
Vroeger jachthond op groot wild, nu waak- en gezinshond.

Ongecoupeerde Gevlekte Duitse Dog

GROOTTE
De minimale schouderhoogte voor reuen bedraagt 80 cm en voor teven 72 cm. Er wordt geen maximumafmeting aangegeven en men ziet graag dat de minimumafmetingen overschreden worden. Het gewicht van deze hond is 50 kilo of meer, afhankelijk van de grootte en het geslacht.

VACHT
De Duitse Dog heeft een korte, glad aanliggende vacht. Er zijn drie kleurslagen. De eerste is geel en geelgestroomd met een zwart masker; de tweede is zwart (eventueel met een klein beetje wit) en wit met zwarte vlekken (deze variëteit heet harlekijn en is de enige waarbij blauwe ogen zijn toegestaan en een (gedeeltelijk) vleeskleurige neus); en de derde is blauw. Bij de Manteldog ligt het zwart als een mantel over de hond heen, waarbij de borst, hals, bles, buik, poten en staartpunt wit zijn; bij de Platendog wordt de mantel onderbroken door wit. Deze laatste twee kleuren worden niet in elk land erkend en worden gerekend tot de zwarte kleurslag. De kleurslagen worden onderling niet door elkaar gefokt.

VERZORGING
De vacht van de Duitse Doggen heeft relatief weinig verzorging nodig. In de ruiperiode kunt u het beste met een rubberen borstel het dode en losse haar uit de vacht verwijderen. Laat deze hond altijd op een zachte plaats liggen, zodat u het ontstaan van ontsierende ligplekken voorkomt. Snelgroeiende honden als de Duitse Dog moeten met beleid worden grootgebracht. Een eerste vereiste is een zeer goede voeding. Daarnaast laat u de jonge Duitse Dog gedoseerd bewegen. Leg niet te veel druk op de hond, forceer niets en vermijd vermoeidheid, want dit alles kan zich wreken op de ontwikkeling van botten, pezen en spieren. Duitse Doggen horen niet in een kennel thuis en stellen comfort zeer op prijs.

AARD
Aanhankelijk, rustig, intelligent en verstandig, gevoelig, zeer trouw aan zijn baas en diens gezin, onomkoopbaar en nieuwsgierig.
Ondanks het feit dat ze niet veel blaffen, zijn met name de reuen uitstekende waakhonden. Er wordt wel gezegd dat een inbreker wel binnen kan komen, maar het huis nooit meer kan verlaten als een Duitse Dog de wacht houdt. Duitse Doggen zijn zoals veel andere dogachtigen niet kleinzerig en daardoor is het heel goed mogelijk dat u een ziekte of gebrek pas in een later stadium opmerkt.

OPVOEDING
De Duitse Dog groeit in een zeer korte periode op tot een extreem grote hond. U moet de hond daarom al op zeer jonge leeftijd leren dat hij niet aan de lijn mag trekken. Voed hem met veel begrip en in een harmonieuze omgeving consequent op. Duitse Doggen zijn erg gevoelig voor

de intonatie van uw stem en vaak is een vriendelijk verzoek dan ook voldoende om de hond te laten doen wat u wilt.

SOCIALE AANLEG
In de regel kunnen deze Doggen goed opschieten met soortgenoten, andere huisdieren en kinderen. De meeste zijn wat terughoudend ten opzichte van vreemden, maar bekenden van de familie krijgen een uitbundige begroeting.

BEWEGING
Deze sterke en elegante honden hebben tamelijk veel beweging nodig. Ze zijn zeker te porren voor onaangelijnd rennen en ravotten in de vrije natuur. Wanneer de hond voldoende is uitgegroeid, kunt u overwegen de hond naast de fiets te laten lopen, maar alleen als de hond goed onder appel staat. Doggen die buitenshuis voldoende beweging krijgen, zijn in huis erg rustig.

Engelse Buldog

Engelse Buldog

LAND VAN HERKOMST
Engeland.

AANLEG
Gezinshond.

GEWICHT
De Engelse Buldog weegt 22 tot 25 kilo.

VACHT
De vacht is kortharig en komt voor in beige, roodbruin en gestroomd (met of zonder zwart masker), wit (met veel donker pigment op snuit en ogen) en witgevlekt. Zwart, leverkleurig en black and tan zijn niet gewenst.

VERZORGING
Wanneer deze Buldog in de rui is, verwijdert u de dode en losse haren heel eenvoudig met een rubberen borstel. Maak als dat nodig is de gezichtsplooien schoon met een daarvoor bestemde lotion. Een Engelse Buldog ligt het liefst op een tochtvrije, droge en zachte plaats en is absoluut niet geschikt als kennelhond.

AARD
Opgewekt, spontaan, ongecompliceerd en evenwichtig, gevoel voor humor, zachtaardig en gevoelig, maar ook hard voor zichzelf en moedig en onverschrokken als het nodig is, intelligent op een bedachtzame manier en rustig in huis. De Engelse Buldog is erg aanhankelijk en graag dicht in de buurt van zijn gezin.

Een jonge en een volwassen Engelse Buldog

OPVOEDING
Over het algemeen zijn honden van dit ras niet moeilijk op te voeden. De Engelse Buldog is zeer gevoelig voor uw stem(mingen) en heeft vaak al voldoende aan een vriendelijk doch beslist verzoek. Onder geen beding mag dit ras (te) hard aangepakt worden, maar u mag zeker ook geen loopje met u laten nemen. Blijf altijd consequent en duidelijk tegen de hond.

SOCIALE AANLEG
De omgang met soortgenoten en andere huisdieren is over het algemeen erg goed. Daarnaast zijn ze ook prima kameraden voor kinderen omdat ze zeer tolerant zijn en de meeste ook een sterk ontwikkeld gevoel voor humor hebben. Sommige exemplaren blijken uitermate waaks te zijn, terwijl andere zich ontpoppen als allemansvrienden.

BEWEGING
De Engelse Buldog is geen hond waarmee u lange wandelingen hoeft te maken. Dit ras is volmaakt tevreden wanneer het driemaal daags voor een kort blokje om mee uit genomen

wordt. Voor de rest vertoeven ze het liefst in huis of in de tuin, als het maar dicht in de buurt van het gezin is. Deze eigenschap maakt de hond tot een perfecte partner van mensen die wat minder sportief zijn ingesteld. Jonge Buldoggen hebben vaak de neiging door te blijven spelen en te rennen terwijl ze eigenlijk niet meer kunnen. Zorg daarom dat een jonge Buldog voldoende rust krijgt en laat hem gedoseerd bewegen, zodat hij al zijn energie kan aanwenden om zijn botten, spieren en pezen zo goed mogelijk te ontwikkelen. Engelse Buldoggen kunnen niet zo goed tegen warmte. Zorg er daarom voor dat ze op warme dagen ergens een koel plekje kunnen opzoeken.

Fila Brasileiro

Fila Brasileiro

LAND VAN HERKOMST
Brazilië.

AANLEG
Waak- en speurhond.

GROOTTE
Teven hebben een schouderhoogte die varieert van 60 tot 70 cm, terwijl reuen tussen de 65 en 75 cm hoog zijn.

VACHT
De kortharige vacht van de Fila komt voor in allerlei kleuren. Alleen witte, muisgrijze, gevlekte of gespikkelde vachten zijn niet toegestaan. De meest voorkomende kleur is gestroomd.

VERZORGING
De Fila heeft relatief weinig verzorging nodig. Leg ze op een zachte ligplaats om eeltplekken op de 'ellebogen' te voorkomen.

AARD
Fila's zijn zeer aanhankelijk en onderwerpen zich altijd aan hun baas, die ze goed gehoorzamen. Ze zijn niet erg gesteld op vreemden, wat ze kunnen uiten door zich agressief of juist ontwijkend op te stellen. De reactie verschilt per hond. Regelmatige bezoekers worden over het algemeen wel geaccepteerd. De Fila's, die een uitzonderlijk goede neus hebben, zijn dus zeer waaks en handelen vaak zelfstandig, al naar gelang de situatie. Daarnaast hebben ze een grote territoriumdrift.

OPVOEDING
De toekomstige eigenaar van een Fila moet sterk in zijn schoenen staan en een evenwichtig karakter hebben als hij de opvoeding van de hond positief wil kunnen volbrengen. Fila's hebben voor velen een moeilijk te doorgronden karakter. De opvoeding moet in alle rust en harmonie en met veel begrip voor het karakter plaatsvinden. Zo nu en dan kan een correctie op haar plaats zijn, maar deze honden zijn ook zeer gevoelig voor de intonatie van uw stem. Een toekomstige Fila-eigenaar behoort te weten dat deze honden razendsnel kunnen reageren. Voor de juiste baas is de hond een gehoorzame en soms zelf zachte hond.

Fila Brasileiro, kopstudie

SOCIALE AANLEG
Voor de kinderen die deel uitmaken van het gezin zal de Fila geen probleem vormen, voor speelkameraadjes van uw kinderen echter wel. Ook de omgang met huisdieren zal weinig problemen veroorzaken, maar alleen als de hond al op jonge leeftijd met deze dieren vertrouwd is geraakt. Nieuwe huisdieren worden over het algemeen niet meer geaccepteerd.

BEWEGING
Het beste houdt u de Fila op een stuk goed omheind terrein, zodat hij zijn eigen lichaamsbeweging kan bepalen. Zo nu en dan kunt u de hond meenemen naar onbekend terrein om hem wat nieuwe indrukken op te laten doen.

BIJZONDERHEDEN
De Fila is absoluut geen hond voor beginners. Als woonomgeving is een woonwijk niet de geschiktste plaats om een Fila te houden.

Hovawart, black and tan

Hovawart

LAND VAN HERKOMST
Duitsland.

AANLEG
Waakhond (hofhond) en gezinshond.

GROOTTE
Reuen hebben een schouderhoogte tussen de 63 en 70 cm; bij teven varieert deze hoogte van 58 tot 65 cm.

VACHT
De Hovawarts hebben een lange, aanliggende, golvende vacht. Ze komen voor in effen zwart, in zwart met een aftekening en in het blond.

VERZORGING
De vacht van deze hond heeft niet veel verzorging nodig. Zo nu en dan borstelen en kammen (met name op plaatsen waar het haar kan gaan klitten) is voldoende.

AARD
Goedaardig, evenwichtig, hard voor zichzelf, redelijk rustig, intelligent, soms eigenwijs, trouw aan het gezin, maar wel de neiging zich aan één persoon in het bijzonder te hechten, aanhankelijk, waaks en beschermend, attent, goede waakhond. De Hovawart heeft een zeer goede neus en is tot op hoge leeftijd speels.

OPVOEDING
De Hovawart leert vrij snel wat u van hem verwacht. Met een zeer consequente, liefdevolle en evenwichtige opvoeding bereikt u bij deze hond het meest. Hovawarts zijn zeer geschikt als speur-, lawine-, waak- en verdedigingshond.

SOCIALE AANLEG
De omgang met andere huisdieren is goed, ongeacht het feit of het hier nu gaat om katten of bijvoorbeeld kleinvee. Een voorwaarde hiervoor is echter wel dat de hond al op jonge leeftijd met deze dieren vertrouwd is geraakt. Met kinderen zijn Hovawarts over het algemeen zeer geduldig, maar ten opzichte van vreemden zijn ze nogal gereserveerd. De hond zal huis en haard dan ook met verve tegen indringers verdedigen. Wanneer zijn baas echter heeft aangegeven dat de bezoekers 'gewenst' zijn, zal hij hen direct accepteren.

BEWEGING
De Hovawart past zich in de regel aan de omstandigheden aan. Maak regelmatig een lange wandeling met uw Hovawart en laat hem dan lekker onaangelijnd rennen en spelen. Een groot pluspunt van dit ras is dat hij veel gevoel heeft voor territorium en niet snel uw erf zal verlaten.

Hovawart, blond

Karabash of Anatolische Herdershond

LAND VAN HERKOMST
Turkije.

AANLEG
Herdershond (beschermer van de kudde).

GROOTTE
Reuen hebben een schouderhoogte die ligt tussen de 74 en 81 cm; voor teven geldt een hoogte van 71 tot 79 cm. De honden wegen tussen de 41 en 64 kilo.

VACHT
De vacht bestaat uit kort, glanzend, aanliggend dekhaar, dat rond de kraag en op de staart wat langer is. Alle kleuren zijn toegestaan, maar het meest gewenst is effen roomkleurig tot fawn met een zwart masker en zwarte oren.

VERZORGING
De Anatolische Herder heeft relatief weinig vachtverzorging nodig. In de ruiperiode gebruikt u een kam met een dubbele rij metalen tanden om de dode en losse onderharen te verwijderen.

AARD
Evenwichtig, moedig, hard voor zichzelf, gereserveerd ten opzichte van vreemden, soms eigenzinnig en dominant, redelijk zelfstandig, zeer waaks.

OPVOEDING
De Anatolische Herder is geen hond voor beginners. Hij heeft een baas nodig die van nature een zeker overwicht uitstraalt. De beste resultaten bereikt u met een besliste, consequente en liefdevolle opvoeding. Bij dit ras is het erg belangrijk de opvoeding al heel vroeg te beginnen, omdat eenmaal volwassen exemplaren te sterk en te groot geworden zijn om nog gecorrigeerd te kunnen worden.

SOCIALE AANLEG
Dit ras gaat over het algemeen goed om met andere dieren, mits de hond al van jongs af aan met de dieren is grootgebracht. Ten opzichte van vreemden stellen ze zich gereserveerd op, maar met de kinderen uit het eigen gezin ontstaan zelden problemen. Soms kunnen ze tegenover andere honden wat dominant zijn. Een en ander is afhankelijk van de socialisatie en het is dan ook aan te bevelen de puppy zo veel mogelijk mee te nemen als u ergens naar toe gaat, zodat de hond al vroeg kennis kan maken met soortgenoten, andere dieren en mensen.

BEWEGING
Anatolische Herders hebben redelijk veel beweging nodig. Als ze vrij kunnen bewegen in een grote omheinde tuin, kunnen ze zelf hun lichaamsbeweging bepalen. Dit ras hoort niet thuis op een etagewoning.

Anatolische Herdershond, kopstudie

Kaukasische Owcharka (Kaukasische Herdershond)

LAND VAN HERKOMST
Voormalige Sovjetunie.

AANLEG
Waakhond.

GROOTTE
De reuen horen een minimale schouderhoogte van 65 cm te hebben; bij teven geldt een minimum van 62 cm.

VACHT
De Kaukasische Herder komt voor in drie soorten vachten: langharig met kraag en broek; kortharig; en halflangharig zonder kraag en broek. De voorkomende kleuren zijn verschillende nuances grijs met lichte tot roestkleurige schakeringen, geel, wit, aardekleurig, roestbruin, getijgerd, bont of gevlekt.

VERZORGING
De langharige variëteit moet zo nu en dan geborsteld en gekamd worden, vooral op plaatsen waar zich gemakkelijk klitten vormen. De vacht van de kortharige variëteit heeft iets minder verzorging nodig.

AARD
De Kaukasische Herdershond beschermde van oorsprong vee tegen vier- en tweebenige kwaadwillenden. Hij is zeer moedig, waaks, sterk, gehard en wantrouwend tegenover mensen die hij niet kent, en heeft een sterke verdedigingsdrang.

OPVOEDING
De toekomstige eigenaar van een Kaukasische Herdershond moet wel iemand zijn die geestelijk en fysiek sterk in zijn schoenen staat. Het ras heeft een goed gevoel voor goed en kwaad ontwikkeld en u mag hem daarom nooit opvoeden met harde hand en onredelijke straffen. De juiste baas kan op basis van wederzijds respect uit de strijd komen met een gehoorzame en zeer trouwe Kaukasische Herdershond die niet alleen het gezin, maar ook het huis en de bezittingen zal verdedigen met zijn leven.

Kaukasische Herder, kopstudie

SOCIALE AANLEG
Alles wat bij het gezin behoort, of dit nu kinderen zijn, katten, kippen of wat dan ook, wordt als ‘eigen’ aangemerkt en als zodanig gerespecteerd en beschermd. Laat de hond echter niet alleen bij uw kinderen achter als deze met andere kinderen aan het spelen zijn. Wanneer het er tijdens het spelen ruw aan toe gaat, zal de hond uw kinderen willen beschermen. Aan vreemden heeft de Kaukasische Herdershond geen boodschap, maar vrienden van de familie daarentegen worden vriendelijk begroet. Ten opzichte van andere honden kan de Kaukasische Herder nogal dominant zijn.

BEWEGING
Dit ras komt het beste tot zijn recht bij mensen die voldoende ruimte rond het huis hebben, zodat de hond in zijn eigen bewegingsbehoefte kan voorzien. Omdat de dikke vacht de hond prima beschermt tegen allerlei weersinvloeden, kunt u dit ras prima buiten houden.

Landseer E.C.T.

Landseer E.C.T. (Europees Continentaal Type)

LAND VAN HERKOMST
Canada/Europa.

AANLEG
Gezinshond.

GROOTTE
De schouderhoogte van de reuen varieert van 72 tot 80 cm, die van de teven van 67 tot 72 cm. Kleine verschillen naar boven of naar beneden zijn toegestaan.

VACHT
De onderbeharing is zacht en de bovenvacht is lang, dicht en zonder krullen of slagen. De kleur is wit met zwarte vlekken, terwijl een zwarte kop met een witte bles zeer gewenst is. Op tentoonstellingen en shows ziet men liever geen zwarte stippels in de vacht.

VERZORGING
Borstel en kam de vacht regelmatig, met name op de plaatsen waar zich het gemakkelijkst klitten vormen, zoals tussen de achterpoten en tussen de voorpoten. Houd de gehoorgang schoon en knip het teveel aan beharing tussen de voetzolen weg. De Landseer E.C.T. groeit, net als andere grote rassen, relatief vrij snel en heeft vooral in zijn groeiperiode hoogwaardige voeding nodig. Pas de lichaamsbeweging van de hond in deze fase aan en voorkom overbelasting van het gestel.

AARD
Vriendelijk, zachtmoedig, ongecompliceerd, aanhankelijk, volgzaam, sociaal, zelfbewust en evenwichtig. Vriendelijk tegen mens en dier en een fervent zwemmer. Hij beschermt niet alleen de leden van zijn gezin, maar ook huis en haard als dat nodig mocht zijn. De Landseer E.C.T. blaft weinig.

OPVOEDING
Dit ras is in de regel niet moeilijk op te voeden. Leer de honden al op jonge leeftijd dat ze niet aan de lijn mogen trekken, want als ze eenmaal volwassen zijn, zijn ze veel te sterk geworden om ze nog bij te kunnen sturen. De Landseer reageert erg goed op uw stem en een rustige en evenwichtige opvoeding.

SOCIALE AANLEG
De Landseer is een fijne gezinshond, die harmonieus samenleeft met andere honden en huisdieren. Kinderen hebben vaak (in positieve zin) hun bijzondere aandacht. Bezoekers die geen kwaad in de zin hebben, zullen vriendelijk bejegend worden.

BEWEGING
Maak geen al te vermoeiende wandelingen met deze hond tot hij volledig is uitgegroeid. Zwemmen doet een Landseer erg graag, en het is een ideale manier van lichaamsbeweging voor dit ras.

BIJZONDERHEDEN
De Landseer is goed bestand tegen wat minder goede weersomstandigheden en daarom hoeft hij ook niet altijd binnen bij de warme kachel te liggen.

Landseers E.C.T.

Leonberger

Leonberger

LAND VAN HERKOMST
Duitsland.

AANLEG
Gezinshond.

GROOTTE
Reuen hebben een schouderhoogte tussen de 72 en 80 cm; bij teven varieert die van 65 tot 75 cm. De ideale maat voor de reuen is 76 cm en voor teven 70 cm.

VACHT
De Leonberger heeft zacht tot stevig, halflang haar met een dichte ondervacht. De meest voorkomende kleuren lopen van goudgeel tot roodbruin, met een donker masker. De haarpunten behoren zwart te zijn. Het ontbreken van een zwart masker is wel toegestaan, maar niet gewenst.

VERZORGING
Borstel en kam de vacht regelmatig om al het dode haar te verwijderen. Houd daarnaast de gehoorgang goed schoon. Omdat de Leonberger erg snel groeit, mag u nooit beknibbelen op een goede en uitgebalanceerde voeding. Houd er ook rekening mee dat u de botten, spieren en pezen van een jonge hond niet te zwaar mag belasten door hem te veel wandelingen te laten maken of hem te veel trap te laten lopen.

AARD
Rustig, zelfverzekerd en evenwichtig, ongecompliceerd, trouw, intelligent, leert snel, goede waakhond.

OPVOEDING
Op een evenwichtige opvoeding in een harmonieuze omgeving reageert deze hond het beste. De hond is een snelle leerling en zal snel begrijpen wat er van hem verlangd wordt.

SOCIALE AANLEG
Leonbergers gaan goed om met honden en andere huisdieren, en ook de omgang met kinderen geeft geen problemen. De honden voelen feilloos aan of een bezoeker iets kwaads in de zin heeft of niet.

BEWEGING
De Leonberger heeft tamelijk veel beweging nodig. Neem hem regelmatig mee voor langere wandelingen, waarbij de hond ook de kans krijgt onaangelijnd te rennen en te spelen.

Leonbergers

Mastiffs

Mastiff

LAND VAN HERKOMST
Engeland.

AANLEG
Vroeger jachthond op groot wild en waakhond, nu waak- en gezinshond.

GROOTTE
Voor de reu van dit ras geldt een schouderhoogte van minimaal 76 cm; voor de teef is dit 70 cm.

VACHT
De vacht van de Mastiff is kortharig en kan abrikooskleurig, zilver, geel of gestroomd zijn, maar altijd met een zwart masker.

VERZORGING
In de ruiperiode kunt u de dode en losse haren het beste verwijderen met een rubberen borstel. Geef de Mastiff een zachte ligplaats, zodat er geen ontsierende eeltplekken kunnen ontstaan. Op de voeding van een jonge Mastiff in de groei mag nooit beknibbeld worden. De hond groeit relatief snel en heeft hoogwaardige bouwstoffen nodig om optimaal uit te kunnen groeien. De Mastiff heeft, net als vele andere dogachtigen, een hoge pijngrens. Hij is erg hard voor zichzelf, wat er gemakkelijk toe kan leiden dat een ziekte of verwonding pas in een laat stadium wordt opgemerkt.

AARD
De Mastiff is rustig, zelfverzekerd, waaks, geduldig, zachtaardig voor zijn gezin, intelligent en waardig. Hij blaft weinig en zal van nature zijn terrein en de mensen die tot zijn gezin behoren beschermen en verdedigen tegen kwaadwillenden.

Mastiff

OPVOEDING
De opvoeding van deze hond moet met enig beleid en in alle rust en harmonie plaatsvinden. Consequentie en veel liefde en begrip doen wonderen.

SOCIALE AANLEG
Mits goed gesocialiseerd, zal een Mastiff geen problemen geven in zijn omgang met soortgenoten en andere huisdieren. Ten opzichte van kinderen stelt deze hond zich in de regel goedmoedig en vriendelijk op. Bij vreemd bezoek kijkt hij eerst de kat uit de boom, maar wanneer zijn baas zegt dat het goed is, zal hij zich daarbij neerleggen.

BEWEGING
Laat een jonge Mastiff niet lukraak rennen en spelen. Doseer in de opgroeifase de lichaamsbeweging, want dit ras groeit razendsnel en heeft al zijn energie nodig voor zijn ontwikkeling. Wanneer de hond geforceerd wordt of vermoeid raakt, kan dit een nadelig effect hebben op de ontwikkeling van botten, pezen en spieren. Een volwassen Mastiff heeft een gemiddelde behoefte aan beweging. Over het algemeen lopen deze honden niet erg warm voor balspelletjes en dergelijke.

Jonge Mastin Espanol-teef

Mastin Espanol

LAND VAN HERKOMST
Spanje.

AANLEG
Bewaker van de kudde.

GROOTTE
Voor reuen geldt een minimale schouderhoogte van 78 cm, waarbij gestreefd wordt naar een

afmeting van meer dan 80 cm. Bij teven is de minimale schouderhoogte 74 en er wordt gestreefd naar honden van meer dan 76 cm.

VACHT
De Mastin Espanol heeft stokhaar met zeer veel ondervacht. De baan over de rug en staart is langer van haar. De kleuren kunnen eenkleurig geel, rood, zwart, wolfsgrauw en roodbruin, of gestroomd of gevlekt zijn. Het wit mag niet overheersen.

VERZORGING
Borstel de Mastin Espanol regelmatig, voornamelijk in de ruiperioden, en kijk de gehoorgang na op vuil.

AARD
Deze hond is erg zachtmoedig voor leden van zijn eigen gezin, maar tamelijk wantrouwend tegenover vreemden. Verder is hij zelfverzekerd en zelfstandig, intelligent en zeer waaks. Hij zal u, uw gezin en huis en haard met volle overgave verdedigen tegen indringers.

OPVOEDING
U moet de Mastin Espanol op een evenwichtige, consequente, maar liefdevolle manier opvoeden. Een harde en onrechtvaardige opvoeding zal bij dit ras ongewenste karaktertrekken naar boven halen. De eigenaar van een Mastin Espanol behoort een evenwichtige, rustige persoon te zijn die van nature een zeker overwicht uitstraalt.

Mastin Espanol, kopstudie

SOCIALE AANLEG
Het eigen gezin komt bij de Mastin Espanol altijd op de eerste plaats. Hij neemt zijn taak van waakhond zeer serieus en laat geen mens of dier toe op het terrein waar hij leeft. Deze bewakende taak neemt de hond eigenlijk als vanzelfsprekend op zich; hij heeft hier geen extra prikkels of commando's voor nodig. Als de baas aangeeft dat bezoekers 'gewenst' zijn, zal de hond dit moeiteloos accepteren. De Mastin Espanol is altijd vriendelijk tegen andere dieren, en het maakt niet uit of het nu om katten of groot of klein vee gaat. Ten opzichte van kinderen stelt de Mastin Espanol zich in de regel zeer geduldig op.

BEWEGING
Op een groot omheind terrein voelen deze honden zich prima in hun element. Neem ze zo nu en dan eens mee naar de bossen of de heide, zodat ze wat nieuwe indrukken kunnen opdoen. De Mastin Espanol wordt door zijn dikke vacht beschermd tegen weersinvloeden en kan dan ook prima buiten gehouden worden.

Ongecoupeerde Mastino

Mastino Napoletano

LAND VAN HERKOMST
Italië.

AANLEG
Waak- en gezinshond.

GROOTTE
De schouderhoogte ligt voor reuen tussen de 65 en 75 cm, voor teven tussen de 60 en 68 cm.

VACHT
De vacht is kortharig en de meest voorkomende kleur is blauwgrijs; daarnaast zijn ook de

Ongecoupeerde Mastino, kopstudie

kleuren grijs, zwart, bruin en vosrood toegestaan. Alle kleuren mogen gestroomd zijn. Een klein beetje wit op borst of tenen is toegestaan.

Verzorging

In de ruiperiode kunt u het beste met een rubberen borstel de dode en losse haren verwijderen. Mastino's hebben graag een tochtvrije en droge slaapplaats, maar deze moet vooral ook zacht zijn om ligplekken te voorkomen.

Aard

Dominant, waaks, evenwichtig en rustig, moedig, intelligent, niet agressief, aanhankelijk, hard voor zichzelf. Mastino's zijn geen blaffers.

Opvoeding

Deze grote dogachtige moet op een evenwichtige manier opgevoed worden. Wees zeer consequent en kom niet terug op een eerder gegeven bevel als de hond dit bevel niet opvolgt. Mastino's zijn niet echt honden voor beginners, maar dat ze moeilijk zijn in de omgang is ook weer wat overdreven. Een rustige baas met een natuurlijk overwicht brengt het beste in de Mastino naar boven. Het ligt in de aard van de Mastino u en uw bezittingen te beschermen – hij heeft hier geen extra prikkels of commando's voor nodig.

Sociale aanleg

Reuen kunnen wel eens dominant zijn tegenover andere reuen op straat, maar ten opzichte van kinderen zijn ze over het algemeen altijd lief, mits de kinderen de hond niet plagen. Als de hond op jonge leeftijd positieve ervaringen opdoet met katten en andere huisdieren, hoeft u op dit gebied later geen problemen te verwachten.

Beweging

Laat de jonge Mastino niet te veel rennen en spelen. Doseer zijn beweging, hij mag zich onder geen beding te veel vermoeien. Vermijd in de opgroeifase ruwe spelletjes en zorg er alleen maar voor dat hij al zijn energie kan gebruiken om goede botten en spieren op te bouwen. Eenmaal volwassen heeft de Mastino een gemiddelde behoefte aan beweging.

Newfoundlander

Newfoundlander

Newfoundlander

LAND VAN HERKOMST
Canada.

AANLEG
Van oorsprong vissershond, nu gezinshond.

GROOTTE
De schouderhoogte bij reuen ligt ongeveer op 71 cm, terwijl dit bij teven zo'n 66 cm is. Het gewicht ligt tussen de 50 en 69 kilo.

VACHT
De Newfoundlander heeft een waterbestendige, dubbele, halflangharige, vettige en dichte vacht. Toegestane kleuren zijn bruin of zwart, met iets wit op de borst, de tenen of de staartpunt. Wit met zwarte exemplaren komen ook voor, al worden ze zelden gesignaleerd.

VERZORGING
Borstel en kam deze honden regelmatig, en vergeet daarbij vooral de 'broek' niet en andere plaatsen waar zich snel klitten vormen. Knip het teveel aan haar tussen de voetzolen weg.

AARD
Goedgehumeurd, sociaal, zachtmoedig, ongecompliceerd, aanhankelijk en volgzaam. Deze hond is vriendelijk tegen mens en dier, zwemt graag, is niet bijzonder waaks, maar beschermt zijn gezin als de nood werkelijk aan de man is. De Newfoundlander blaft weinig en is zelfbewust en evenwichtig van aard.

OPVOEDING
De opvoeding moet op een rustige en evenwichtige manier gebeuren. De honden zijn erg gevoelig voor de intonatie van uw stem.

SOCIALE AANLEG
Honden van dit ras zijn doorgaans fijne huisgenoten. Ze zullen andere honden en huisdieren, kinderen en bezoekers die geen kwaad in de zin hebben, vriendelijk benaderen.

BEWEGING
Onderneem liever geen uitputtende dagtochten totdat de hond volledig is uitgegroeid. Zwemmen doet een Newfoundlander erg graag, en het is dan ook een ideale manier van lichaamsbeweging voor dit ras. De dikke vacht beschermt de hond tegen regen en kou, waardoor hij prima buiten gehouden kan worden.

Pyreneese Berghond

Pyreneese Berghond

LAND VAN HERKOMST
Frankrijk.

AANLEG
Herdershond (beschermer van de kudde) en gezinshond.

GROOTTE
De schouderhoogte van reuen varieert van 70

tot 80 cm en bij teven van 65 tot 72 cm. Het gewicht van de honden ligt tussen de 45 en 60 kilo.

VACHT
De vacht is overvloedig en dichtbehaard met tamelijk lang haar, dat rond de hals en op de staart langer is. Pyreneese Berghonden komen voor in effen wit of in wit met aftekeningen op kop, oren en staartwortel. Deze aftekeningen kunnen grijs, daskleurig, bleekgeel of wolfsgrijs zijn. Ook op het lichaam is enige aftekening toegestaan.

VERZORGING
Deze hond heeft relatief veel vachtverzorging nodig. Het is beslist noodzakelijk de hond één of twee keer per dag grondig te borstelen en te kammen om de losse haren uit de vacht te halen. Vooral in de ruiperioden is dit erg belangrijk.

AARD
Evenwichtig, oplettend, waaks, moedig, intelligent, redelijk zelfstandig en gehard, soms eigenwijs. De Pyreneese Berghond blaft weinig.

OPVOEDING
Al op jonge leeftijd moet u dit ras het een en ander bijbrengen omdat ze als ze eenmaal volwassen zijn te sterk en te onafhankelijk zijn geworden. Pyreneese Berghonden hebben een evenwichtige baas nodig die consequent, maar ook liefdevol kan zijn.

SOCIALE AANLEG
Ten opzichte van weerbare soortgenoten kan de Pyreneese Berghond zich wel eens dominant opstellen, maar kleinere honden laten ze in de regel links liggen. Over het algemeen gaat dit ras goed om met kinderen, vreemden daarentegen worden gewantrouwd en de hond beschermt uw gezin en uw huis en haard tegen ongewenste indringers. De omgang met katten en andere huisdieren zorgt doorgaans niet voor problemen.

BEWEGING
De Pyreneese Berghond heeft redelijk veel beweging nodig. Neem hem regelmatig mee op langere wandelingen en laat hem tijdens zo'n wandeling zo nu en dan onaangelijnd rennen en spelen. Dit ras hoort eigenlijk thuis bij mensen die voldoende ruimte hebben –zowel binnensals buitenshuis–, maar het past zich ook aan aan een kleinere woning, mits de hond voldoende beweging krijgt. Zoals voor elk groot en snelgroeiend ras geldt ook hier dat u de hond niet te veel mag vermoeien in zijn groeifase.

Rottweilers

Rottweiler

LAND VAN HERKOMST
Duitsland.

AANLEG
Waak- en verdedigingshond, gezinshond.

GROOTTE
De schouderhoogte ligt bij reuen tussen de 61 en 68 cm en bij teven tussen de 56 en 63 cm.

VACHT
De hond heeft niet erg lang, dik en grof dekhaar met een dichte ondervacht. De vacht is altijd zwart van kleur met bruine aftekeningen. Langharige exemplaren komt zo nu en dan wel voor, maar zijn zeer ongewenst. Ook een witte borstvlek is niet gewenst.

VERZORGING
De Rottweiler is relatief gemakkelijk te verzorgen. Om tijdens de ruiperiode het dode en losse haar uit de vacht te halen, kunt u het beste een rubberen handschoen gebruiken. Dit werkt gemakkelijker dan een normale borstel. Wilt u de vacht wat dieper laten glanzen, dan kunt u een lotion of glansspray gebruiken. Houd de nagels kort en de gehoorgang schoon.

AARD
Intelligent, gehoorzaam, onvoorwaardelijk trouw aan zijn baas en diens gezin, dominant, waaks en beschermend, moedig, sterk, imponerend, soms jaloers als de aandacht niet naar hem uitgaat. Een Rottweiler verdedigt zijn gezin en terrein tot het uiterste. De meeste hebben de neiging een 'eenpersoonshond' te worden.

OPVOEDING
Rottweilers kunnen wat dominant van karakter zijn en hebben daarom een evenwichtige en rustige baas nodig die stevig in zijn schoenen staat en te allen tijde eerlijk blijft. Leer de pup wat wel en niet mag en blijf daar consequent in. Deze honden zijn erg gevoelig voor uw stem; gebruik deze dan ook als de hond iets goed doet. Een afwisselende training levert de beste resultaten op. In de regel moet u bij reuen iets krachtiger optreden dan bij teven, die vaak wat milder van karakter zijn. Rottweilers zijn uitermate geschikt voor de bewaking en allerlei verdedigingssporten, al zult u met een Rottweiler niet zo snel resultaat boeken als bijvoorbeeld met een Mechelse Herder.

SOCIALE AANLEG
Wanneer de Rottweiler evenwichtig en consequent wordt opgevoed, zal hij trouw zijn aan zijn gezin en zeker een goede speelkameraad voor de kinderen vormen. Katten en andere huisdieren zullen zonder problemen geaccepteerd worden, mits de hond al op jonge leeftijd positieve ervaringen heeft opgedaan met deze dieren. Sommige Rottweilers kunnen enigszins dominant zijn ten opzichte van andere honden en willen zich graag laten gelden. Bekenden van de familie worden meestal enthousiast begroet, vreemden daarentegen komen niet verder dan het tuinhek. De Rottweiler is een uitmuntende waakhond.

BEWEGING
Zorg ervoor dat een Rottweiler veel beweging krijgt, want dat heeft hij nodig. Rennen in de bossen of op de hei vindt hij heerlijk en hij heeft absoluut geen neiging ver van u weg te lopen. Zwemmen of lopen naast de fiets zijn ook geschikte vormen van lichaamsbeweging, en zelfs voor balspelletjes (apporteren) loopt deze hond warm.

Rottweiler

Jonge Shar Pei's

Shar Pei

LAND VAN HERKOMST
China.

AANLEG
Gezinshond.

GROOTTE
De schouderhoogte varieert van 48 tot 58 cm en het gewicht bedraagt ongeveer 18 kilo.

VACHT
De vacht is zeer hard van structuur en hoort zeer kort en borstelig te zijn ('horsecoat'). Er is ook een variëteit met wat langer haar, de zogenaamde 'brushcoat', maar hier wordt niet de voorkeur aan gegeven. Toegestane kleuren zijn zwart, bruin, rood en fawn. Een crèmekleurige vacht komt ook voor, maar wordt niet op prijs gesteld. Er mogen lichtere tinten in de vacht voorkomen, maar nooit wit of bont. Shar Pei's hebben een blauwe tong en blauw pigment.

VERZORGING
De Shar Pei heeft met name op jonge leeftijd over het hele lichaam erg veel rimpels. Controleer de rimpels regelmatig en maak ze als dat nodig is schoon. Sommige exemplaren hebben een staart die zeer dicht op de huid ligt. Kijk ook die plaatsen regelmatig na op vuil en infecties. Druppel de ogen wanneer nodig is en borstel de vacht met een zachte borstel.

AARD
Trouw aan de baas, speels, actief, dominant, intelligent, niet slaafs volgzaam, moedig en redelijk waaks.

Shar Pei's

OPVOEDING
De opvoeding moet zeer consequent gebeuren. Wanneer u in de ogen van de hond te onzeker, te wispelturig, te zacht of te toegeeflijk bent, zal deze binnen de kortste keren de rollen in huis omdraaien. De Shar Pei vraagt om een baas die stevig in zijn schoenen staat.

SOCIALE AANLEG
Shar Pei's zijn gehecht aan de mensen die deel uitmaken van zijn gezin, maar tegen vreemden zijn ze zeker niet onvriendelijk. Met kinderen kunnen ze het over het algemeen goed vinden, en ook katten geven geen problemen als de hond al op jonge leeftijd aan deze dieren gewend is geraakt. Soms zorgt de omgang met andere honden wel voor problemen. Dit komt omdat de Shar Pei tamelijk strijdvaardig van aard kan zijn.

BEWEGING
Dit ras heeft redelijk veel behoefte aan beweging. Als u ze buitenshuis voldoende beweging geeft, gedragen ze zich in huis erg rustig.

Shar Pei

Sint-Bernard

LAND VAN HERKOMST
Zwitserland.

AANLEG
Van oorsprong trek- en reddingshond, nu vooral gezinshond.

GROOTTE
De schouderhoogte bij teven moet ten minste 65 cm zijn en voor reuen geldt een minimum van 70 cm. Het gewicht is afhankelijk van de hoogte en zwaarte van de bouw, maar behoort ten minste 60 kilo te zijn.

VACHT
Er zijn kortharige en langharige Sint-Bernards. Hun kleur is rood met wit of wit met rood, of wit met gestroomde platen. De Sint-Bernard moet witte poten, een witte borst, een witte staartpunt, een witte bles en een witte nekvlek of kraag hebben.

Kortharige Sint-Bernard, kopstudie

Kortharige Sint-Bernard

Langharige Sint-Bernard

VERZORGING
Borstel of kam de vacht elke dag om het losse haar te verwijderen. Houd zijn oren goed schoon en kijk bij exemplaren met wat hangende oogleden regelmatig de ogen na.

AARD
Goedgehumeurd, vriendelijk, evenwichtig, lief voor kinderen, trouw aan zijn baas, voorzichtig, geen blaffer. De Sint-Bernard zal u en uw bezittingen verdedigen als dat nodig mocht zijn, al is dit in eerste instantie niet zijn functie.

OPVOEDING
Jonge dieren moet u al vrij snel leren dat ze niet aan de lijn mogen trekken omdat dit op latere leeftijd tamelijk moeilijk af te leren is. Ook voor Sint-Bernards geldt, net als voor alle andere dogachtigen, dat ze met veel begrip opgevoed moeten worden. Zorg ervoor dat de hond in zijn opgroeifase lichamelijk niet te zwaar belast wordt.

SOCIALE AANLEG
Sint-Bernards kunnen prima opschieten met kinderen, en ook andere honden en huisdieren geven over het algemeen weinig problemen.

BEWEGING
De Sint-Bernard heeft voldoende aan een gemiddelde lichaamsbeweging. Driemaal daags een blokje om met daarnaast geregeld langere wandelingen waarbij de hond onaangelijnd kan rennen, geven dit ras voldoende bewegingsvrijheid.

Langharige Sint-Bernard in origineel tuig

Tibetaanse Mastiff

Tibetaanse Mastiff

LAND VAN HERKOMST
Tibet.

AANLEG
Waak- en gezinshond.

GROOTTE
Reuen moeten een schouderhoogte van ten minste 66 cm hebben. Bij teven is deze minimumhoogte 61 cm.

VACHT
Deze hond heeft een lange, dichte vacht met een zware ondervacht. De Tibetaanse Mastiff komt voor in effen zwart, black and tan, goudbruin of grijs, al dan niet met tankleurige aftekeningen.

VERZORGING
Dit ras moet regelmatig goed geborsteld worden. In de winter heeft de Tibetaanse Mastiff een overvloedige en zeer dichte vacht, maar in het begin van de zomer valt een groot gedeelte hiervan uit. In deze periode moet de eigenaar dan ook dagelijks een half uur uittrekken om de losse haren uit de vacht te borstelen en kammen. De Tibetaanse Mastiff wordt over het algemeen pas laat volwassen.

AARD
Evenwichtig, rustig, bedachtzaam, waardig, zeer trouw aan eigen gezin, terughoudend tegenover vreemden, soms koppig en eigenzinnig, dominant en zelfverzekerd. Het ligt in de aard van deze Mastiff zijn gezin, maar ook zijn huis en haard te allen tijde te bewaken.

OPVOEDING
Deze bijzondere hond moet u op een evenwichtige manier grootbrengen. Harde woorden en losse handen van de baas leiden er alleen maar toe dat de hond de baas gaat negeren. Wat u moet zien te bewerkstelligen, is dat er een band van wederzijds respect ontstaat.

SOCIALE AANLEG
De Tibetaanse Mastiff is over het algemeen zeer lief voor kinderen, maar vreemden zal hij wantrouwen. Wanneer hij al jong vertrouwd is geraakt met andere dieren, zal hij deze zonder meer accepteren. Ook de omgang met andere honden verloopt in de regel probleemloos.

BEWEGING
De honden van dit ras hebben een gemiddelde behoefte aan beweging. Ze gaan graag met u mee naar de bossen of de heide, maar zijn doorgaans niet zo te porren voor balspelletjes en dergelijke. Let erop dat de botten, spieren en pezen van de hond tijdens de groeifase niet te veel worden belast.

Tibetaanse Mastiff, kopstudie

Tosa Inu

LAND VAN HERKOMST
Japan.

AANLEG
Waak- en gezinshond.

GROOTTE
De reu van dit ras behoort een schouderhoogte van minimaal 61 cm te hebben. Voor de teef geldt een minimum van 55 cm. Er is geen maximale schouderhoogte, zodat deze maten doorgaans flink overschreden worden.

VACHT
De kortharige vacht van de Tosa Inu's komt onder andere voor in roodbruin, zwart, geel, gestroomd en black and tan. Bont is eveneens toegestaan.

VERZORGING
De Tosa Inu is vrij eenvoudig te verzorgen. Als u de vacht zo nu en dan borstelt om de dode en losse haren te verwijderen, houdt u de vacht in optimale conditie. De honden die tot dit ras behoren, kwijlen doorgaans niet.

AARD
Rustig en zelfbewust, geduldig, moedig, zeer goede waakhond, blaft alleen wanneer het nodig is, veel beschermingsdrang, uiterst intelligent. De Tosa Inu is een zeer aanhankelijke hond voor de leden van het gezin waar hij deel van uitmaakt, maar tegenover vreemden is hij wat terughoudender.

OPVOEDING
De Tosa Inu vraagt om een evenwichtige, consequente, maar liefdevolle opvoeding. De hond is erg gevoelig voor uw stem. Het is niet erg verstandig een Tosa Inu met harde hand groot te brengen, al zal de eigenaar wel iemand moeten zijn met overwicht. Tosa Inu's zijn geen honden voor beginners.

SOCIALE AANLEG
Voor een Tosa Inu komt het gezin waar hij deel van uitmaakt op de eerste plaats. Over het algemeen kunnen ze prima met kinderen opschieten, maar vreemden worden enigszins terughoudend bejegend. Bekenden van de familie krijgen normaal gesproken een joviale begroeting. Houd de Tosa Inu uit de buurt van vechtlustige honden, want een aanvaller zal in een gevecht met de Tosa Inu altijd het onderspit delven.

BEWEGING
Op een goed omheind terrein kan deze hond in zijn eigen lichaamsbeweging voorzien. Neem hem zo nu en dan eens mee naar het strand, de bossen of de heide, waar hij weer wat nieuwe indrukken kan opdoen. In principe heeft de Tosa Inu voldoende aan een gemiddelde hoeveelheid lichaamsbeweging.

BIJZONDERHEDEN
De honden van dit ras zijn absoluut niet geschikt voor beginners. Ze horen bovendien niet in een kennel thuis, want de Tosa Inu wil het liefste de hele dag dicht in de buurt van zijn baas zijn.

Tosa Inu

Zwitserse veedrijvers

Appenzeller Sennenhond

Appenzeller Sennenhond

LAND VAN HERKOMST
Zwitserland.

AANLEG
Vroeger onder andere veehoeder en -drijver, trek- erf- en waakhond, nu waak- en gezinshond.

GROOTTE
De ideale schofthoogte bij de reuen ligt tussen de 52 en 56 cm, bij teven varieert deze van 50 tot 54 cm. Voor beide geslachten is een afwijking van 2 cm naar boven of beneden toegestaan.

VACHT
De vacht is stokharig met dichte onderwol. De grondkleur is zwart of havanabruin met symmetrische roestbruine en witte aftekeningen.

VERZORGING
De vacht van de Appenzeller heeft relatief weinig verzorging nodig. Zo nu en dan moet u met een rubberen borstel het dode en losse haar uit de vacht verwijderen.

AARD
Gehard en sober, moedig, intelligent, levendig, goede waakhond met een natuurlijke scherpte. Appenzellers laten hun stem graag horen.

OPVOEDING
De Appenzeller Sennenhond reageert het beste op een evenwichtige en zeer consequente opvoeding. Laat de hond zo veel mogelijk op een positieve wijze kennismaken met allerlei situaties, mensen en dieren. Hij leert vrij snel, deels omdat hij zeer intelligent is en deels omdat hij graag wat te doen heeft. Deze hond hoort niet in een kennel thuis, al is hij wel graag buiten, maar dan samen met zijn baas. Behendigheid en fly-ball zijn geschikte sporten voor dit ras.

SOCIALE AANLEG
Met andere honden gaan de Appenzeller Sennenhonden over het algemeen zeer goed om, en de omgang met vee en andere huisdieren zal weinig problemen veroorzaken, mits ze al jong aan deze dieren gewend zijn geraakt. Ten opzichte van vreemden stellen ze zich wat gereserveerd op (ze kijken eerst even de kat uit de boom), maar vrienden van de familie worden uitbundig begroet. Een gezonde en welopgevoede Appenzeller Sennenhond gaat goed om met kinderen. De hond is trouw aan het hele gezin, maar heeft de neiging zich aan één persoon in het bijzonder te hechten.

BEWEGING
Een hond als deze hoort eigenlijk niet thuis in een drukke woonwijk, daarvoor is hij veel te graag buiten. De Appenzeller is bijzonder erfvast, want zijn herdershondachtige aard zorgt ervoor dat hij niet snel de benen zal nemen. Wanneer hij op een boerderij een taak krijgt, zal hij zelf in zijn bewegingsbehoefte voorzien. In alle andere gevallen zult u er regelmatig met uw Appenzeller op uit moeten trekken, en als u daarnaast nog wat vervangend werk voor hem verzint, is hij helemaal gelukkig.

Appenzeller Sennenhond, kopstudie

Berner Sennenhond

LAND VAN HERKOMST
Zwitserland.

AANLEG
Vroeger onder andere veedrijver, trek- en waakhond, nu waak- en gezinshond.

GROOTTE
Reuen hebben een schouderhoogte die ligt tussen de 64 en 70 cm, bij teven varieert de hoogte van 58 tot 66 cm.

VACHT
De vacht is halflang en recht tot lichtgolvend met een dichte ondervacht. De kleur is altijd overwegend zwart met roestbruine en witte aftekeningen.

VERZORGING
Met name op plaatsen waar de vacht gemakkelijk klit (broek, kraag, oksels, achter de oren), moet er wekelijks goed geborsteld en gekamd worden. Mocht het nodig zijn, dan knipt u het teveel aan haar tussen de voetzolen weg.

AARD
Evenwichtig, waaks, vriendelijk, onomkoopbaar, zeer trouw aan zijn baas en diens gezin, attent, rustig, intelligent, blaft weinig.

OPVOEDING
De Berner Sennenhond moet op een evenwichtige, consequente en zeer zeker liefdevolle manier worden grootgebracht. Hij is een snelle en leergierige leerling die erg gevoelig is voor de stem van zijn baas. Laat een opgroeiende hond nooit trappen lopen of zich op een andere manier te zwaar belasten. Het dier heeft al zijn energie nodig om goede en sterke botten, pezen en gewichten op te bouwen.

SOCIALE AANLEG
Berner Sennens zijn over het algemeen lief voor kinderen, die ze dan ook in bescherming zullen nemen. Als de honden al op jonge leeftijd vertrouwd zijn geraakt met katten en andere huisdieren, zullen ze zich in hun nabijheid altijd keurig gedragen. Een Berner Sennenhond is een goede waakhond, maar hij zal nooit agressief blaffend achter uw tuinhek heen en weer springen. Onbekenden die uw terrein betreden, worden luidkeels aangekondigd en goed in de gaten gehouden. Als het nodig is, staat de Berner Sennenhond paraat. Sommige Berner Sennens kunnen ten opzichte van soortgenoten wat dominant optreden.

BEWEGING
Met deze hond moet u er regelmatig op uit, want hij is dol op veel beweging. Laat hem als dat mogelijk is onaangelijnd rennen en spelen. Zorg ervoor dat een jonge hond voldoende rust

krijgt en voldoende kan slapen. Neem hem daarom (nog) niet mee op lange en vermoeiende wandelingen. De Berner Sennen is geen hond die wegloopt, aangezien zijn gevoel voor de grenzen van zijn territorium zeer goed is.

BIJZONDERHEDEN
Gezien de populariteit van dit ras is het verstandig alleen een puppy te kopen via de rasvereniging.

Berner Sennenhond

Entlebucher Sennenhond

LAND VAN HERKOMST
Zwitserland.

AANLEG
Vroeger onder andere veedrijver en erfhond, nu waak- en gezinshond.

GROOTTE
Reuen hebben een schouderhoogte die ligt tussen de 44 en 50 cm, bij teven varieert de hoogte van 42 tot 48 cm. Afwijkingen van 2 cm naar boven zijn toegestaan.

VACHT
De vacht is stokharig met een dichte onderwol. De kleur is overwegend zwart met witte en roestbruine aftekeningen.

VERZORGING
In de ruiperiode moet u met een houten kam met een rij dubbele metalen tanden de losse ondervacht uitkammen. Buiten deze periode heeft de hond relatief weinig verzorging nodig.

AARD
Levendig, temperamentvol, evenwichtig, moedig, onomkoopbaar, goede waakhond, opgewekt, intelligent en leergierig.

OPVOEDING
De Entlebucher Sennenhond reageert het beste op een evenwichtige en liefdevolle opvoeding, waarbij de baas een vaste hand moet hebben en te allen tijde consequent moet blijven. Benut de socialisatiefase zo veel mogelijk om de hond, die erg snel leert, veel positieve ervaringen te laten opdoen met andere dieren, mensen en situaties. Dit ras hoort niet in een kennel thuis, ook al is de hond graag buiten – maar dan wel samen met zijn baas.

SOCIALE AANLEG
Het gezin komt bij de Entlebucher op de eerste plaats. Dit is overigens een eigenschap die alle Zwitserse Sennenhonden met elkaar gemeen hebben. Entlebuchers zullen u waarschuwen wanneer er iets aan de hand is. Ze nemen vaak een wat afwachtende houding aan bij vreemden en zullen hen zeker aankondigen. De meeste gaan goed om met kinderen en ze zullen zelden problemen geven in de buurt van huisdieren en vee.

BEWEGING
Deze Sennenhonden hebben veel beweging en bezigheden nodig. Denk nooit dat deze hond zich wel aan u zal aanpassen. Hij wordt humeurig en onzeker als u hem veroordeelt tot driemaal daags een blokje om. Entlebuchers zijn redelijk erfvast, wat betekent dat ze niet snel zullen weglopen. Honden van dit ras zijn geschikt voor sporten als fly-ball en behendigheid.

Entlebucher Sennenhond

Grote Zwitserse Sennenhond

Grote Zwitserse Sennenhond

LAND VAN HERKOMST
Zwitserland.

AANLEG
Vroeger onder andere veedrijver, nu waak- en gezinshond.

GROOTTE
Reuen hebben een schouderhoogte van 65 tot 72 cm; bij teven ligt deze hoogte tussen de 60 en 68 cm.

VACHT
De vacht is stokharig met dichte onderwol. De kleur is altijd zwart met roestbruine en witte aftekeningen.

VERZORGING
De Grote Zwitserse Sennenhond heeft relatief weinig vachtverzorging nodig. Zo nu en dan moet u het dode en losse haar met een rubberen borstel verwijderen.

AARD
Intelligent, vriendelijk, werkwillig, waaks, betrouwbaar, onomkoopbaar, beschermend, evenwichtig, sociaal, gehoorzaam. De Grote Zwitserse Sennenhond blaft alleen wanneer het nodig is.

OPVOEDING
Ondanks het feit dat deze honden zeer gehecht zijn aan het gezin waar ze deel van uitmaken, zijn het geen honden voor iedereen. De Grote Zwitser heeft een sterk karakter en verlangt daarom een baas die eveneens sterk in zijn schoenen staat. De Zwitser moet de kans krijgen evenwichtig op te groeien, hij moet weten waar hij aan toe is en een band met zijn gezin kunnen opbouwen. Zorg ervoor dat u altijd eerlijk en consequent bent tegen de hond. Met een hardhandige aanpak bereikt u alleen dat zijn karakter wordt verpest. De jonge hond moet u zo veel mogelijk ontzien, zodat hij al zijn energie kan steken in de opbouw van sterke botten en spieren. Beknibbel om deze reden ook niet op de voeding.

SOCIALE AANLEG
Grote Zwitserse Sennenhonden gaan goed om met honden en andere huisdieren. In aanleg zijn het grote kindervrienden, maar houd er rekening mee dat de hond uw kinderen wil beschermen tegen pestende vriendjes en vriendinnetjes. Deze hond is een zeer goede waakhond, die niet alleen uw gezin, maar ook uw huis en haard met verve zal verdedigen tegen kwaadwillenden. Als kennelhond is deze hond niet geschikt.

BEWEGING
De hond is een noeste werker, tel daar zijn intelligentie bij op en u hebt een hond die voor de juiste baas een veelzijdige en betrouwbare werker kan worden. In het land van herkomst wordt de Grote Zwitser onder andere als trekhond gebruikt. Hij heeft de potentie om te kunnen uitblinken op gehoorzaamheidstrainingen en in diverse andere takken van de hondensport. Wanneer u eens een weekje geen tijd hebt om iets met de hond te ondernemen, past hij zich gemakkelijk aan en wordt gelukkig niet vervelend.

BIJZONDERHEDEN
Deze mooie, imponerende hond heeft veel ruimte nodig. Op een flat of in een klein huis zonder tuin zal hij zich dan ook niet gelukkig voelen.

Grote Zwitserse Sennenhond, kopstudie

3. Terriërs

Hoogbenige Terriërs

Airedale Terriër

LAND VAN HERKOMST
Engeland.

AANLEG
Van oorsprong jachthond op onder andere otters, nu gezinshond.

GROOTTE
Reuen hebben een schouderhoogte tussen de 58 en 61 cm; bij teven varieert de hoogte van 56 tot 58 cm.

VACHT
De vacht is hard, stug en glad aanliggend. De hond heeft vaak een tankleurig kleur met een zwart of zwart-grizzle zadel.

VERZORGING
De Airedale Terriër heeft in de regel niet veel borstel- en kambeurten nodig. De vacht moet ongeveer tweemaal per jaar geplukt worden, maar showhonden hebben een intensievere vachtverzorging nodig. Mocht het nodig zijn, dan knipt u het teveel aan beharing tussen de voetzolen weg.

AARD
Hard voor zichzelf, moedig, trouw aan eigen mensen, maar ook eigenwijs, speels, waaks, actief, intelligent en volhardend. De Airedale Terriër blaft relatief weinig.

OPVOEDING
De Airedale Terriër is intelligent genoeg om snel door te hebben wat er van hem verlangd wordt. Probeer de training zo afwisselend mogelijk te maken, want als de hond steeds weer hetzelfde commando moet opvolgen, wordt hij koppig. Hij moet de oefeningen echt een uitdaging vinden. Airedale Terriërs kunnen met de juiste baas erg goed presteren in de diverse takken van de hondensport, zelfs in de africhting.

SOCIALE AANLEG
Over het algemeen gaan Airedale Terriërs goed om met katten en andere huisdieren, en met

Staffordshire Bull Terriër

Airedale Terriër

kinderen zijn ze erg geduldig. Ten opzichte van andere honden kan de Airedale wat dominant zijn, maar dit is ook afhankelijk van de opvoeding en de hond in kwestie.

BEWEGING
De Airedale Terriër heeft een gemiddelde behoefte aan beweging. Driemaal daags een blokje om met daarnaast wat spelen in de tuin zorgt voor voldoende lichaamsbeweging. De honden zijn normaal gesproken dol op balspelletjes, zwemmen en apporteren, en kunnen als ze eenmaal zijn uitgegroeid prima naast de fiets lopen.

Bedlington Terriër

LAND VAN HERKOMST
Engeland.

AANLEG
Van oudsher ongediertebestrijder en jachthond (onder andere op hazen en vossen), nu gezinshond.

GROOTTE
De schouderhoogte is ongeveer 41 cm, afwijkingen van 2,5 cm naar boven of naar beneden zijn toegestaan.

VACHT
De Bedlington wordt wel eens een wolf in schaapskleren genoemd. Zijn vacht is warrelig,

kort, krullerig en van de huid afstaand. Bedlingtons kunnen effen blauw, blauw met bruin, leverkleurig of zandkleurig zijn. De meest voorkomende kleur is blauw. Puppy's worden zwart of bruin geboren.

VERZORGING
Deze hond moet zeker een paar keer per jaar een bezoekje aan de trimsalon brengen om in model getrimd te worden. Daarnaast moet u de hond regelmatig borstelen en kammen. Bedlingtons verharen niet. De binnenkant van de oren moet vrij zijn van haren. U kunt deze haren zelf verwijderen, maar als u dat liever niet doet, kunt u het ook in de trimsalon laten doen. Bedlingtons mogen niet al te vaak gewassen worden, omdat de vacht daar sluik van wordt, wat bij dit ras niet gewenst is. Tentoonstellingsexemplaren hebben wat meer vachtverzorging nodig.

AARD
Moedig en vasthoudend, intelligent, rustig in huis en evenwichtig, lief voor kinderen, speels, blaft weinig, trouw, vrolijk en eigenwijs. Ze hebben de neiging zich aan één persoon binnen het gezin te hechten.

Blauwe Bedlington Terriër

Leverkleurige Bedlington Terriër, kopstudie

OPVOEDING
Bedlingtons zijn intelligent en snel van begrip, maar ook een tikje eigenzinnig. Ze reageren goed op uw stem, maar zo nu en dan is een correctie op z'n plaats.

SOCIALE AANLEG
Dit ras gaat in de regel goed om met kinderen. Aan katten en andere huisdieren moet u ze al zeer jong laten wennen. Bedlingtons kunnen over het algemeen redelijk goed met andere honden opschieten, maar laat ze niet in de buurt van dominante honden komen, want als ze eenmaal worden uitgedaagd, zijn ze verschrikkelijke vechters!

BEWEGING
De Bedlington Terriër kan enorm hard lopen en erg hoog springen. Dit doet hij ook erg graag. Lopen naast de fiets is een prima manier om deze hond zijn energie kwijt te laten raken.

BIJZONDERHEDEN
Een etagewoning kan een prima woonomgeving zijn voor deze hond, mits hij buitenshuis maar voldoende beweging krijgt.

Border Terriër

LAND VAN HERKOMST
Engeland.

AANLEG
Jachthond en gezinshond.

GROOTTE
De schouderhoogte is ongeveer 35 cm. Bij reuen mag het gewicht tussen de 5,9 en 7,1 kilo bedragen, terwijl dit bij teven tussen de 5,1 en 6,4 kilo mag liggen.

VACHT
De vacht is hard en dicht, met een dichte onderbeharing. Rood, tarwekleurig en grizzle zijn de kleuren waarin de honden voorkomen.

VERZORGING
Borstel en kam de vacht minimaal één keer per week goed uit. Afhankelijk van de kwaliteit van de vacht zal de hond zo nu en dan ook geplukt moeten worden – laat de vacht nooit scheren! Tijdens het plukken wordt het oude en overtollige haar met de hand uit de vacht gehaald.

Border Terriër

AARD
Vasthoudend, moedig, evenwichtig, koppig, levendig, sportief en onvermoeibaar. Dit ras kan tegen een stootje en is niet kleinzerig. De Border Terriër is trouw aan zijn baas, geduldig met kinderen en kan zich erg goed aanpassen.

OPVOEDING
De Border Terriër leert relatief snel, waardoor de opvoeding van deze hond geen al te grote opgave hoeft te zijn.

SOCIALE AANLEG
De omgang met kinderen is erg goed. Wilt u dat uw hond later ook goed met soortgenoten, katten en andere huisdieren overweg kan, dan moet de hond al vroeg gesocialiseerd worden.

BEWEGING
Er wordt van de Border Terriër wel eens gezegd dat hij een paard kan bijhouden. Maar of dit waar is...? Feit is wel dat de hond graag buiten rent en speelt. Een Border die driemaal daags een blokje om mag en daarnaast altijd in huis zit, past zich wel aan aan deze situatie, maar levert toch wat levensvreugde in. Borders zijn geschikt voor sporten als fly-ball en behendigheid.

Foxterriër

LAND VAN HERKOMST
Engeland.

AANLEG
Van oudsher ongediertebestrijder en jachthond op vos en das, nu gezinshond.

GROOTTE
De Foxterriër weegt 7 tot 8 kilo. De schouderhoogte van de reuen mag niet hoger zijn dan 39 cm. Teven mogen iets kleiner zijn.

Draadharige Foxterriër

Gladharige Foxterriër

VACHT
Er zijn twee soorten Foxterriërs: de gladharige en de draadharige Foxterriër. De gladharige heeft een korte, dichte, glad aanliggende vacht die op geen enkele plaats dun mag zijn. De vacht van de draadharige is ruw, dicht en hard, licht golvend, maar nooit krullerig of zacht. Deze laatste Terriër behoort een uitgesproken garnituur en een langere beharing op de poten te hebben. Voor beide soorten vachten is een overheersend witte kleur met tankleurige of zwarte afteking(en) gewenst.

VERZORGING
De vacht van de draadharige Foxterriër moet in de regel een aantal keren per jaar met de hand geplukt worden. Daarnaast moet u de vacht meerdere malen per week borstelen en kammen. Maar als u met deze Terriër aan tentoonstellingen wilt gaan deelnemen, heeft de vacht beduidend meer verzorging nodig. De gladharige Terriër heeft voldoende aan een wekelijkse borstelbeurt. Gebruik in de ruiperiode een rubberen borstel om de dode en losse haren te verwijderen.

AARD
Zeer intelligent en slim, gehard, levendig, vrolijk, waaks, alert, moedig, volhardend en zelfverzekerd.

OPVOEDING
Foxterriërs zijn erg intelligent en leren relatief snel. Soms zijn ze wat koppig, maar dat is inherent aan het karakter van een Terriër. Blijf tijdens de opvoeding altijd consequent.

SOCIALE AANLEG
Dit ras gaat over het algemeen prima om met kinderen. Sommige exemplaren kunnen wat dominant zijn ten opzichte van soortgenoten. Leer de Foxterriër al op jonge leeftijd om te gaan met katten en andere huisdieren, zodat hij ze later niet zal najagen. Foxterriërs zijn waakzaam en zullen bij onraad aanslaan, maar zijn niet onvriendelijk tegen vreemden.

BEWEGING
Deze honden barsten van de energie en ze zijn dan ook graag in beweging. Het dier is zeker te porren voor balspelletjes, zwemmen en sporten zoals behendigheid en fly-ball. Bent u sportief aangelegd, dan is een Foxterriër zeker een geschikte hond voor u.

Jonge gladharige Foxterriër

Glen of Imaalterriër

LAND VAN HERKOMST
Ierland.

AANLEG
Deze Terriër werd voor verschillende doeleinden gebruikt, hij was onder andere jachthond op dassen en een ongedierteverdelger, nu is hij voornamelijk gezinshond.

GROOTTE
De schouderhoogte mag maximaal 35,5 cm zijn. Deze hond is ondanks zijn geringe hoogte een forse hond.

VACHT
De Glen of Imaalterriër heeft een middellange, harde, ruwharige bovenvacht met een zachte en dichte ondervacht. De kleuren lopen van donkergrijs (blauw) gestroomd via brindle tot roodachtig of tarwekleurig (wheaten).

Glen of Imaalterriër

VERZORGING
Houd u de Glen of Imaal als huishond, dan moet zijn vacht normaal gesproken tweemaal per jaar met de hand geplukt worden. De vacht van showhonden heeft wat meer aandacht nodig. Knip het teveel aan haar tussen de voetzolen weg en houd de gehoorgang vrij van een teveel aan haar.

AARD
Evenwichtig en aanhankelijk, moedig en hard voor zichzelf, trouw, intelligent, laat volwassen, eigenwijs, speels, levendig en onstuimig. De Glen of Imaalterriër is in de regel rustig in huis en blaft weinig.

OPVOEDING
De opvoeding van dit ras hoeft geen onoverkomelijk probleem te zijn. Ze zijn intelligent en leren graag, maar kunnen ook dominant en eigenwijs zijn. Blijf te allen tijde consequent en wissel oefeningen regelmatig af door met ze te spelen.

SOCIALE AANLEG
Glen of Imaalterriërs gaan goed om met kinderen. Sommige reuen kunnen wat dominant zijn ten opzichte van andere reuen. Met katten en andere huisdieren kunnen ze prima overweg, mits ze met deze dieren al op jonge leeftijd positieve ervaringen hebben opgedaan. Gewenste visite wordt vrolijk begroet, terwijl ongewenste bezoekers minder vriendelijk worden ontvangen. Honden van dit ras laten hun stem horen als ze onraad bespeuren.

BEWEGING
Dit ras past zich qua beweging aan het gezin aan.

Ierse Terriër

Ierse Terriër

LAND VAN HERKOMST
Ierland.

AANLEG
Jachthond, waak- en gezinshond.

GROOTTE
De schouderhoogte varieert van 46 tot 50 cm en het gewicht bedraagt ongeveer 14 kilo.

VACHT
De bovenvacht is zeer hard terwijl de ondervacht wat zachter en fijner van structuur is. Geelrood, tarwekleurig of lichtrood zijn de gewenste kleuren. Kleine witte aftekeningen aan de borst zijn toegestaan.

VERZORGING
De Ierse Terriër moet, afhankelijk van de kwaliteit van de vacht en van het feit of u uw hond mee wilt nemen naar tentoonstellingen, minstens tweemaal per jaar geplukt worden. Knip het teveel aan haar tussen de voetzolen weg en houd de oren schoon.

AARD
Karaktervol, loyaal, beschermend, waaks, speels, gevoel voor humor, intelligent, (over)-moedig, gevoelig, actief, zeer sterk gehecht aan zijn gezin. De Ierse Terriër heeft in het land van herkomst de veelzeggende bijnaam 'Dare Devil'.

OPVOEDING
Dit ras heeft een baas nodig die stevig in zijn schoenen staat. De Ierse Terriër heeft een zeer

Ierse Terriër, kopstudie

consequente en tactvolle opvoeding nodig. Wanneer deze Ier in een goede bui is, kan en wil hij alles leren, maar zorg er wel altijd voor dat de training afwisselend is.

SOCIALE AANLEG
Deze karaktervolle hond is in de regel wat vechtlustig in de buurt van andere honden. Leer hem al op zeer jonge leeftijd dat hij niet achter katten aan mag jagen. De honden zijn van nature mensenvrienden en dol op kinderen; van hen kunnen ze dan ook erg veel hebben. Teven van dit ras zijn in de regel wat rustiger dan de reuen. De Ierse Terriër hangt sterk aan zijn gezin en ondergaat het als straf wanneer hij langere tijd alleen gelaten wordt. Hij zal zijn terrein en zijn mensen verdedigen tegen kwaadwillenden, maar is niet echt wantrouwend ten opzichte van vreemden.

BEWEGING
De Ierse Terriër heeft veel behoefte aan beweging. Ga er daarom regelmatig met hem op uit. Elke Ier is te porren voor een balspelletje in de tuin of voor wat ravotten in de vrije natuur. Van dit ras wordt beweerd dat het dol is op autorijden en ze gaan dan ook graag overal mee naartoe.

Irish Softcoated Wheaten Terriër

Irish Softcoated Wheaten Terriër

LAND VAN HERKOMST
Ierland.

AANLEG
Jacht- en gezinshond.

GROOTTE
De schouderhoogte ligt tussen de 46 en 48 cm en het gewicht bedraagt ongeveer 15 kilo.

Irish Softcoated Wheaten Terriër met pup

VACHT
De vacht is zacht en zijdeachtig, licht gegolfd tot licht gekruld en de kleur is elke schakering tussen licht tarwekleuring en roodachtig goud. Het duurt soms 2,5 jaar voordat de hond zijn definitieve vachtstructuur en kleur heeft gekregen. De vacht van een Softcoated Wheaten Terriër mag nooit wollig zijn.

VERZORGING
Deze Terriër wordt over het algemeen in model geknipt, waarbij het garnituur, het haar op de poten en de vacht onderaan de hals, borst en buik wat langer wordt gelaten. In voor- en najaar heeft de hond geen ruiperiode, maar zo nu en dan moet u wel de losse haren uit de vacht kammen. Een goed verzorgd exemplaar verliest in huis erg weinig haar.

AARD
Vrolijk en extravert, actief en speels, intelligent en leergierig, bijzonder gehecht aan zijn gezin, eerlijk en evenwichtig, waaks. Daarnaast zijn ze een tikje onafhankelijk, zelfverzekerd en blaffen ze relatief erg weinig.

OPVOEDING
Zoals voor alle andere honden geldt, zal ook een Wheaten goed het verschil moeten leren tussen wat wel en niet mag. Omdat ze vrij intelligent zijn, zullen ze over het algemeen al snel begrijpen wat er van ze verwacht wordt. Deze honden hebben een eerlijk karakter en moeten overeenkomstig behandeld worden.

SOCIALE AANLEG
Irish Softcoated Wheaten Terriërs zijn over het algemeen lief voor kinderen en ook met ande-

re honden kunnen ze redelijk goed overweg. Als u de honden al op jonge leeftijd socialiseert, zullen ze ook met katten in de regel voor weinig problemen zorgen.

BEWEGING
Wheatens zijn actieve honden die in huis erg rustig kunnen zijn, mits ze buitenshuis maar voldoende kans krijgen hun energie kwijt te raken. De honden zijn uitermate geschikt voor de verschillende takken van de hondensport, zoals behendigheid en fly-ball. Zorg voor een afwisselende training die de honden als een uitdaging zien, want met al te gezapige oefeningen verliezen ze al snel hun enthousiasme.

Kerry Blue Terriër

Kerry Blue Terriër

LAND VAN HERKOMST
Ierland.

AANLEG
Waak- en gezinshond.

GROOTTE
De schouderhoogte varieert van 45 tot 48 cm. Het gewicht ligt tussen de 14 en 18 kilo.

VACHT
De Kerry Blue heeft een zachte, dichte en overvloedig gekrulde vacht, zonder onderhaar. De kleur is licht- tot donkerblauw. Puppy's worden zwart geboren en de blauwe kleur laat soms wel anderhalf jaar op zich wachten.

VERZORGING
De Kerry Blue moet met schaar en tondeuse in model getrimd worden. Daarnaast heeft de hond zo nu en dan een borstel- en kambeurt nodig. Exemplaren die aan shows en tentoonstellingen deelnemen, hebben wat meer vachtverzorging nodig. Een groot voordeel van de Kerry Blue Terriër is dat hij niet verhaart.

AARD
De hond is intelligent, heeft een zeer goed geheugen, is levendig en onstuimig, zelfverzekerd, waaks en moedig, en zeer gehecht aan zijn baas. Daarnaast kan hij ook koppig, hard, eigenwijs en wat vechtlustig ten opzichte van soortgenoten zijn. Ze blaffen relatief veel. De Kerry Blue is een hond met een eigenzinnig karakter.

OPVOEDING
Omdat de hond actief, zelfverzekerd en koppig is, heeft hij een baas nodig die stevig in zijn schoenen staat. De Kerry Blue is dus geen hond voor beginners. Op straat wil hij nog wel eens uitvallen naar andere honden en dit mag u uiteraard niet tolereren, ook al is het een karaktertrekje dat dit ras eigen is. De Kerry Blue Terriër heeft zeer zeker aanleg voor sporten als fly-ball en behendigheid. Maar als u met deze hond wilt gaan sporten, is het belangrijkste dat de hond het zelf als een uitdaging ervaart. Zijn de lessen en oefeningen te eentonig naar zijn zin, dan komt zijn koppige karakter naar boven.

Kerry Blue Terriërs

SOCIALE AANLEG
Deze Terriër is lief voor kinderen en is erg gesteld op zijn baas en diens gezin. Probeer de honden al op jonge leeftijd vertrouwd te maken met katten en andere huisdieren, zodat ze deze dieren later niet achterna zullen zitten. Sommige exemplaren stellen het gezelschap van andere honden erg op prijs, terwijl andere het liefst als enige hond door het leven gaan. Een en ander hangt niet alleen af van de socialisatie, maar ook van de hond in kwestie.

BEWEGING
Een sportieve hond die zijn baas graag vergezelt op lange wandelingen, zo kunnen we deze Terriër het beste omschrijven. Wanneer u eens een weekje niet zo veel tijd hebt, past de Kerry Blue zich zonder morren aan u aan.

BIJZONDERHEDEN
Kerry Blue Terriërs zijn een bijzondere verschijning. Hun vacht dient er te allen tijde onberispelijk uit te zien. Als u geen allemansvriend en ook geen alledaagse verschijning zoekt, sterk in uw schoenen staat (consequent kunt zijn) en een eigenzinnig karakter in een hond wel kunt waarderen, is de Kerry Blue voor u een goede keuze.

Lakeland Terriër

Lakeland Terriër

LAND VAN HERKOMST
Engeland.

AANLEG
Jachthond (onder andere op vossen), gezinshond.

GROOTTE
De schouderhoogte mag niet hoger zijn dan 37 cm en het gewicht ligt rond de 7 kilo.

VACHT
De vacht is dicht, hard en waterafstotend. De vacht van de Lakeland kan black and tan, blue and tan, roodgrijs, rood, tarwekleurig, leverkleurig, blauw of zwart zijn.

VERZORGING
De Lakeland Terriër moet twee of drie keer per jaar worden geplukt, wat betekent dat de oude haren met de hand uit de vacht worden gehaald. Haal los haar uit de gehoorgang en knip het teveel aan haar tussen de voetzolen weg. De vacht van showhonden heeft wat meer aandacht nodig.

AARD
Sportief, intelligent, aanhankelijk, goede waakhond, zelfverzekerd, lief voor kinderen, levendig en vrolijk.

OPVOEDING
Deze sportieve hond leert vrij gemakkelijk. Zorg ervoor dat de oefeningen afwisselend zijn en als u de hond op deze manier wat uitdaging biedt, zal hij al snel uw bedoelingen oppakken.

SOCIALE AANLEG
Lakelands gaan goed om met kinderen, maar dat geldt eigenlijk ook voor de omgang met andere honden, een eigenschap die binnen het ras niet algemeen is. De honden kunnen wat gereserveerd zijn ten opzichte van vreemden, maar onder normale omstandigheden neemt dit geen extreme vormen aan. Leer ze al jong met katten en andere huisdieren om te gaan, zodat ze deze later niet zullen najagen.

Lakeland Terriër

Beweging
Een Lakeland Terriër kan op een flat gehouden worden, maar dan moet u er wel voor zorgen dat hij voldoende beweging krijgt. Ze moeten regelmatig onaangelijnd kunnen rennen en spelen. Lakelands zijn zonder meer geschikt voor verschillende takken van de hondensport, zoals fly-ball en behendigheid.

Manchester Terriër, kopstudie

Manchester Terriër

Land van herkomst
Engeland.

Aanleg
Rattenvanger en gezinshond.

Grootte
Voor reuen geldt een ideale hoogte van 40 tot 41 cm; bij teven is de ideale hoogte 38 cm.

Vacht
De vacht is kort, glad aanliggend en glanzend. De kleur is gitzwart met mahoniebruin (black and tan).

Verzorging
De Manchester Terriër heeft relatief weinig vachtverzorging nodig. In de ruiperiode haalt u met een rubberen borstel alle dode en losse haren eenvoudig uit de vacht. Met een zeem kunt u de vacht vervolgens weer glanzend maken. Houd de gehoorgang schoon en de nagels kort.

Aard
Opgewekt, zeer intelligent en slim, leergierig, beweeglijk en sportief, alert en waaks, evenwichtig, blaft in de regel alleen wanneer er onraad is, zeer gehecht aan zijn baas.

Opvoeding
Deze hond doet zijn baas graag een plezier en leert dan ook relatief snel. Dit ras kan uitmunten in sporten als behendigheid en fly-ball, maar ook op gehoorzaamheidstrainingen zal hij geen slecht figuur slaan.

Sociale aanleg
Sommige honden kunnen wat dominant zijn ten opzichte van soortgenoten, maar met kinderen gaan ze prima om. Het is raadzaam de honden al vroeg te laten wennen aan katten en andere huisdieren. Manchester Terriërs zijn uitstekende waakhonden, want ondanks hun grootte schromen ze niet in te grijpen wanneer de nood aan de man is. Daarnaast zijn het uitmuntende ratten- en mollenvangers.

Beweging
De Manchester Terrier heeft redelijk veel beweging nodig. Laat hem, naast de normale dagelijkse wandelingen, regelmatig onaangelijnd rennen en spelen. Manchesters kunnen enorm hard rennen en houden dit ook lang vol. U kunt dit ras dan ook uitstekend naast de fiets laten lopen, maar dat moet u wel goed opbouwen.

Manchester Terriër

Parson Jack Russell Terriër

Land van herkomst
Engeland.

Aanleg
Jachthond en gezinshond.

Grootte
De ideale schouderhoogte voor reuen is 35 cm en voor teven 33 cm.

Gladharige Parson Jack Russell

VACHT
We kennen een gladharige en een ruwharige Parson Jack Russell. Beide vachten behoren stug, gesloten en dicht te zijn. Over het algemeen zijn de honden wit of voornamelijk wit met tankleurige, lemon, zwarte of driekleurige aftekeningen, die bij voorkeur beperkt zijn tot de kop en de staartaanzet.

VERZORGING
De Parson Jack Russell is gemakkelijk te verzorgen. In de ruiperiode moet u elke dag met een rubberen borstel de losse haren uit de vacht verwijderen. De ruwharige soort moet zo nu en dan ook geplukt worden, waarbij de oude vacht met de hand uit de vacht wordt gehaald.

AARD
Erg actief, intelligent en slim, waaks, brutaal en ondernemend, hard voor zichzelf, en (over)-moedig, veel zelfvertrouwen, soms dominant en zelfstandig.

Ruwharige Parson Jack Russell

OPVOEDING
Deze honden kunnen erg snel leren, maar hebben wel eens de neiging wat eigenwijs te zijn. Laat u niet vermurwen door hun ondeugende uitstraling; ze weten zelf erg goed dat ze u hiermee op het verkeerde been kunnen zetten. Blijf altijd consequent!

SOCIALE AANLEG
Over het algemeen zijn de honden van dit ras ongecompliceerde en sociale exemplaren. Ze gaan goed om met andere huisdieren en spelen en dollen graag met de kinderen. Een goed gesocialiseerde hond zal ook goed kunnen samenleven met de eigen huiskat, al kunnen ze de verleiding een wegvluchtende kat buiten na te jagen soms niet weerstaan – het blijven jachthonden! Al te dominante reuen kunnen wel eens wat overmoedig zijn in de buurt van grotere honden. Vreemde bezoekers worden altijd aangekondigd.

BEWEGING
Dit ras heeft enorm veel energie en u moet er dan ook voor zorgen dat ze deze energie op de een of andere manier kwijt kunnen raken. Ze nemen absoluut geen genoegen met driemaal daags een blokje om. De Parson Jack Russell moet elke dag kunnen rennen en dollen, en daarnaast graven ze ook nog graag. Ze voelen zich op een boerderij dan ook erg thuis, waar ze zich buitengewoon nuttig kunnen maken als verdelger van ongedierte. Dit ras is erg geschikt voor sporten als behendigheid en flyball.

Welsh Terriër

LAND VAN HERKOMST
Wales.

AANLEG
Jachthond en gezinshond.

GROOTTE
De Welsh Terriër weegt ongeveer 9 kilo en mag een schouderhoogte van maximaal 39 cm hebben.

VACHT
De vacht is draadharig, hard en zeer dicht. Over het algemeen zijn deze honden roodbruin met zwart.

VERZORGING
De Welsh Terriër moet, afhankelijk van zijn vachtkwaliteit, twee keer per jaar of vaker

Welsh Terriër

geplukt worden. Daarnaast moet u de vacht meerdere malen per week kammen en borstelen. De vacht van honden die aan shows en tentoonstellingen deelnemen, heeft meer verzorging nodig. De langere haren op de poten en onderaan de buik, maar ook het garnituur aan de kop geven de Welsh Terriër zijn typische uiterlijk.

AARD
Oplettend, actief, vrolijk, ongecompliceerd, aanhankelijk, intelligent, soms dominant ten opzichte van andere honden, moedig en gehoorzaam. Deze hond hecht zich sterk aan zijn baas en diens gezin en kan zich soms wat terughoudend opstellen ten opzichte van vreemden.

OPVOEDING
De Welsh Terriër is slim genoeg om snel door te hebben wat u van hem wilt, maar kan diezelfde slimheid ook gebruiken om u om de tuin te leiden. Geef de hond een afwisselende training en blijf hoe dan ook consequent.

SOCIALE AANLEG
De Welsh Terriër kan wat terughoudend zijn ten opzichte van mensen die hij niet kent. Met kinderen is hij over het algemeen heel geduldig – hij kan wel een stootje hebben. Laat hem al op jonge leeftijd vertrouwd raken met katten en andere huisdieren. Dit voorkomt dat hij op latere leeftijd deze dieren achterna zal jagen.

BEWEGING
De Welsh Terriër is onvermoeibaar; hij is altijd te porren voor een balspelletje en onaangelijnd rennen in de vrije natuur vindt hij ook heerlijk. Maar komt het u eens een keertje niet zo goed uit om met hem te gaan spelen of hem te laten rennen, dan past de Welsh zich zonder problemen aan.

Laagbenige Terriërs

Australische Terriër

LAND VAN HERKOMST
Australië.

AANLEG
Jachthond en gezinshond.

GROOTTE
De schouderhoogte bedraagt ongeveer 25 cm, terwijl het gewicht tussen de 5,5 en 6,5 kilo ligt.

Welsh Terriër

Australische Terriër, kopstudie

VACHT
De beharing is recht en hard en niet zo heel erg lang. De hond heeft een blauwe romp en een diep tankleurige tint op de poten en het gezicht. De kuif mag blauw of zilver zijn, maar zandkleurig of rood is ook goed.

VERZORGING
De Australische Terriër moet ongeveer eens in de drie maanden geplukt worden. Borstel en kam de vacht tussen deze plukbeurten door ongeveer één maal per week, en houd daarnaast de gehoorgang vrij van haar. De voorkeur gaat uit naar een zeer harde vacht en daarom is het niet verstandig de hond te vaak te wassen, want daar wordt de vacht sluik van. Een goed verzorgde Australische Terriër verhaart weinig.

AARD
Waaks en moedig, alert, levendig en zelfverzekerd, groot aanpassingsvermogen, intelligent, speels, onafhankelijk en een tikje eigenwijs. Dit ras is een uitstekende ongedierteverdelger en blaft graag.

Australische Terriër

OPVOEDING
De opvoeding van de Australische Terriër moet strikt gebeuren omdat deze zelfverzekerde vrijbuiter er soms geheel eigen ideeën op na houdt. Het zijn relatief snelle leerlingen.

SOCIALE AANLEG
Op voorwaarde dat het kind de hond niet plaagt, zullen hond en kind prima met elkaar overweg kunnen. Vreemden daarentegen zullen de honden niet zonder meer accepteren, maar overdreven argwanend zijn ze nu ook weer niet. Visite wordt hoe dan ook aangekondigd. Leer ze al op jonge leeftijd met katten om te gaan, zodat ze ook met deze dieren later zonder grote conflicten kunnen samenleven.

BEWEGING
Het aanpassingsvermogen van de Australische Terriër is uitstekend, maar hij is pas in zijn element als hij lekker kan ravotten.

Cairn Terriërs

Cairn Terriër

LAND VAN HERKOMST
Schotland.

AANLEG
Ongedierteverdelger, jacht- en gezinshond.

GROOTTE
Cairn Terriërs zijn 28 tot 31 cm hoog, maar de schouderhoogte moet in verhouding zijn met het gewicht. Het gewicht van de Cairns varieert van 6 tot 7,5 kilo.

VACHT
De Cairn Terriër bezit evenals de Westie een dubbele vacht, waarvan de bovenvacht hard en overvloedig is en de ondervacht zacht, dicht en kort. De vacht mag niet krullen. Toegestane kleuren zijn grijs, tarwekleurig, crèmerood of bijna zwart. Donkere aftekeningen aan oren en snuit worden zeer op prijs gesteld. Cairns mogen niet wit of helemaal zwart zijn.

VERZORGING
U moet de vacht regelmatig borstelen en kammen. Ongeveer tweemaal per jaar, afhankelijk van de vachtkwaliteit, moeten de dode haren met de hand uit de vacht worden geplukt. Dit kunt u bij de trimsalon laten doen, maar het is ook heel goed zelf te leren. Haal zo nu en dan het teveel aan haar uit de gehoorgang weg. Een Cairn Terriër moet een ruw en oorspronkelijk uiterlijk hebben (door rasspecialisten 'een uiterlijk als een straatbezem' genoemd) en wordt op shows niet overdadig getoilleteerd getoond. Wel

wordt het teveel aan haar op de poten, de oren en de staart verwijderd.

AARD
Intelligent, moedig, vrolijk, levendig, speels en extravert, hard voor zichzelf, ongecompliceerd, aanhankelijk en leergierig, alert en waaks.

OPVOEDING
Leer hem al vroeg met katten en andere huisdieren om te gaan, zodat hij ze op latere leeftijd niet achterna zal jagen. Puppy's willen een spelletje 'touwtrekken' nog wel eens serieus oppakken. U bepaalt wanneer het spel beëindigd moet worden door hem het commando 'los' te geven. Er wordt wel eens gelachen om de ondeugende streken van een pup, maar realiseer u wel dat de streken die hij als puppy uithaalt minder grappig zijn als hij eenmaal volwassen is. De Cairn heeft een liefdevolle, maar ook een strikte en consequente opvoeding nodig.

SOCIALE AANLEG
De Cairn Terriër is een prima maatje voor kinderen; hij kan een stootje hebben en bezit ook een gezonde portie humor. Over het algemeen kunnen ze ook goed opschieten met andere honden, maar sommige exemplaren willen nog wel eens op hun strepen gaan staan. Cairns slaan aan wanneer ze onraad vermoeden.

BEWEGING
Dit ras barst van de energie en de hond moet dan ook veel kunnen spelen en rennen. In een sportief gezin zijn ze goed op hun plaats. U doet de hond een groot plezier als u hem meeneemt naar de bossen of de heide. Zorg er dan wel voor dat hij terugkomt als u roept, want gegrepen door hun jachtpassie kunnen ze nog wel eens de benen nemen.

Cairn Terriër

Cesky Terriër of Boheemse Terriër

Cesky Terriër of Boheemse Terriër

LAND VAN HERKOMST
Tsjechië/Slowakije.

AANLEG
Jacht- en gezinshond.

GROOTTE
De schouderhoogte ligt tussen de 27 en 35 cm en het gewicht bedraagt 6 tot 9 kilo.

VACHT
De vacht bestaat uit dik en glanzend haar. De meest voorkomende kleur is blauwgrijs in verschillende nuances; licht koffiebruin komt zeer zeldzaam voor. Beide kleuren zijn toegestaan met of zonder witte aftekeningen. De Cesky verhaart niet.

VERZORGING
De Cesky Terriër moet regelmatig geschoren worden, waarbij de beharing onder de buik en op de poten, maar ook het garnituur (snor, baard en wenkbrauwen) lang gelaten wordt. Houd u de Cesky als huishond, dan moet dit scheren ongeveer viermaal per jaar gebeuren – showhonden hebben wat meer vachtverzorging nodig. Het langere haar moet, afhankelijk van de vachtkwaliteit, elke week tweemaal of vaker goed geborsteld en gekamd worden, zodat er geen klitten kunnen ontstaan. Knip het teveel aan haar tussen de voetzolen weg en verwijder losse haren uit de gehoorgang.

AARD
Goedgehumeurd, aanhankelijk, groot aanpassingsvermogen, stoer en volhardend, sportief maar ook rustig, intelligent en sociaal.

OPVOEDING
De opvoeding van deze hond stelt niet al te

Cesky Terriër of Boheemse Terriër

hoge eisen aan u. Het is belangrijk dat u de pup al snel op een positieve manier laat kennismaken met allerlei mensen, dieren en situaties, zodat hij de kans krijgt evenwichtig op te groeien.

SOCIALE AANLEG
Zijn sociale aanleg is goed ontwikkeld, want hij kan uitstekend opschieten met soortgenoten en andere huisdieren. Daarnaast is hij over het algemeen lief voor kinderen. Ten opzichte van vreemden kan hij een wat afwachtende houding aannemen.

BEWEGING
De Cesky Terriër heeft een gemiddelde behoefte aan beweging. Hij ravot en speelt graag, maar vindt het ook heerlijk u te vergezellen op wandeltochten door de bos en over de hei.

BIJZONDERHEDEN
Cesky Terriërs worden altijd zwart geboren, maar de vacht kleurt later lichter op. Bij sommige exemplaren krijgt de vacht haar uiteindelijke kleur pas als de hond al twee jaar is.

Dandie Dinmont Terriër

LAND VAN HERKOMST
Engeland.

AANLEG
Jachthond en gezinshond.

Dandie Dinmont Terriër

GROOTTE
De Dandie Dinmont Terriër heeft een gewicht van 7 tot 11 kilo. De schouderhoogte is ongeveer 23 cm.

VACHT
Deze Terriër heeft een dubbele vacht: de ondervacht is zacht en de bovenvacht hard. Dandie Dinmonts komen voor in 'pepper' (deze kleur loopt van bijna zwart tot licht zilvergrijs) en 'mustard' (een roodachtig bruine tot bleek beige kleur).

VERZORGING
U moet de Dandie Dinmont regelmatig borstelen. Daarnaast is er één of tweemaal per jaar een bezoek aan de trimsalon nodig om de dode haren uit de vacht te laten plukken. Tentoonstellingsexemplaren hebben wat meer vachtverzorging nodig.

AARD
Opgewekt, rustig en toegewijd aan zijn baas en diens gezin, evenwichtig en waardig, intelligent, waaks en vasthoudend, maar ook gevoelig.

OPVOEDING
De opvoeding van deze hond is gelukkig niet erg moeilijk, mits u er rekening mee houdt dat hij soms wat koppig kan zijn.

SOCIALE AANLEG
Honden van dit ras zijn in de regel uiterst sociaal in de omgang. Soortgenoten laten ze over het algemeen links liggen, maar in de buurt van katten en andere huisdieren gedragen ze zich voorbeeldig, mits ze al op jonge leeftijd aan deze dieren gewend zijn geraakt. Voor kinderen is de Dandie Dinmont over het algemeen erg lief en ook met visite zorgt hij niet voor problemen.

BEWEGING
De Dandie Dinmont heeft een gemiddelde behoefte aan beweging. Hij past zich aan het gezin aan.

Norwich Terriër

Dandie Dinmont Terriërs

Norfolk en Norwich Terriër

LAND VAN HERKOMST
Engeland.

AANLEG
Vroeger aardhond (jachthond die het wild onder de grond opzoekt), tegenwoordig een gezinshond.

GROOTTE
De schouderhoogte is om en nabij de 25 cm. Zowel de Norfolk als de Norwich Terriër weegt ongeveer 4 kilo.

Norwich Terriërs

VACHT
De vacht van deze honden is hard en draadharig. Het haar is op de kop en oren wat korter en op de hals, buik en schouders wat langer. De vacht komt voor in alle tinten rood, maar strokleurig, zwart met roestbruin, en grauw komen ook voor. Een klein beetje wit is wel toegestaan, al ziet men het liever niet.

VERZORGING
Borstel en kam de vacht regelmatig en pluk het teveel aan haar en het oude haar uit de vacht. Dit kunt u zelf doen of aan een gediplomeerde trimsalon overlaten. Normaal gesproken is zo'n plukbeurt tweemaal per jaar nodig, afhankelijk van de vachtkwaliteit. Het teveel aan haar tussen de voetzolen moet worden weggeknipt.

AARD
Vrolijk en levendig, intelligent, vriendelijk, moedig en brutaal, slim, ondernemend, ongecompliceerd, speels en soms eigenwijs.

OPVOEDING
De Norwich en Norfolk Terriërs zijn relatief snelle leerlingen. Blijf wel altijd consequent, want het blijven terriërs met een eigen wil.

Norfolk Terriër

SOCIALE AANLEG
Voor een Terriër zijn deze hondjes relatief gemakkelijk in de omgang met andere honden, en ook met kinderen veroorzaken ze zelden problemen. Bezoek wordt eerst luidruchtig aangekondigd, maar daarna zal het ijs snel breken.

BEWEGING
Deze hondjes passen zich aan de omstandigheden aan. Hun ware aard verloochent zich niet als ze de kans krijgen om te graven.

BIJZONDERHEDEN
Het verschil tussen de Norwich en de Norfolk Terriër is dat de eerste staande en de laatste hangende oren heeft.

Schotse Terriër

LAND VAN HERKOMST
Schotland.

AANLEG
Jachthond op onder andere vossen en konijnen, gezinshond.

GROOTTE
De schouderhoogte varieert van 25 tot 28 cm. De honden wegen tussen de 8,5 en 10,5 kilo.

VACHT
De vacht is hard en draadharig. De Schotse Terriër wordt gefokt in zwart, gestroomd en tarwekleurig.

Schotse Terriërs

VERZORGING
De vacht zal ongeveer twee keer per jaar door een deskundige met de hand geplukt moeten worden; de borst, de pootjes en de kop worden in de regel geknipt. Tussen de plukbeurten door moet u de vacht regelmatig borstelen en kammen. Houd de baard en snor vrij van etensresten. Showhonden hebben wat meer vachtverzorging nodig.

AARD
De Schot is eerlijk en sober, zeer gehecht aan zijn gezin, waaks, waardig, sportief en soms eigenzinnig. Dit ras graaft graag.

OPVOEDING
Voor de juiste, consequente baas is het niet moeilijk deze aristocraat op te voeden. Vergeet niet dat hij ondanks zijn trouw toch een vrij zelfstandige hond is. De opvoeding moet dan ook op wederzijds respect gebaseerd zijn.

SOCIALE AANLEG
In aanleg gaat de Schotse Terriër prima om met andere huisdieren en soortgenoten. Wanneer de kinderen deze Schot niet als speelgoed zien en hem in zijn waarde laten, zullen hond en kind in harmonie samen kunnen leven. Een en ander is sterk afhankelijk van de manier waarop de pup gesocialiseerd is.

BEWEGING
De Schotse Terriër past zich qua beweging aan.

Sealyham Terriërs

Sealyham Terriër

LAND VAN HERKOMST
Wales.

AANLEG
Jachthond en gezelschapshond.

GROOTTE
De ideale schouderhoogte is 31 cm. Reuen wegen ongeveer 9 kilo, teven zijn wat lichter.

VACHT
De lange, harde en draadharige bovenvacht bedekt een weerbestendige ondervacht. De kleuren zijn geheel wit of wit met op de kop en/of oren citroengele, bruine, blauwe of daskleurige aftekeningen.

VERZORGING
Kam de vacht regelmatig goed door en breng de hond ongeveer twee keer per jaar naar een trimsalon. Bij weinig voorkomende rassen als de Sealyham is het noodzakelijk een trimsalon te vinden die op een vakkundige manier de vacht kan trimmen.

Sealyham Terriër

Aard
Evenwichtig, moedig, hard voor zichzelf, buiten actief, binnen vrij rustig, zware blaf (die hij overigens alleen gebruikt wanneer hij onraad bespeurt), speels tot op hoge leeftijd, soms eigenwijs. Sealyham Terriërs zijn zeer trouw.

Opvoeding
De Sealyham Terriër is over het algemeen een intelligente en leergierige hond, maar hij kan zo nu en dan proberen uw gezag te ondermijnen. Een correctie af en toe kan dan ook op zijn plaats zijn. Blijf te allen tijde consequent.

Sociale aanleg
De Sealyham kan redelijk goed met andere honden opschieten. Voor een goede omgang met katten en andere huisdieren geldt dat de Sealyham al in zijn vroege jeugd met deze dieren kennis moet maken. Als de hond als pup zijnde positieve indrukken heeft opgedaan met kinderen, zal hij eenmaal volwassen goed met ze kunnen opschieten. Op visite zal hij vriendelijk of afwachtend reageren, en ook dit is weer afhankelijk van zijn socialisatie.

Beweging
Dit ras heeft een gemiddelde behoefte aan beweging en past zich in de regel aan de omstandigheden aan. Dat neemt niet weg dat elke Sealyham graag uit zijn mand komt voor een fikse boswandeling. De honden vinden het vaak heerlijk om in de grond te wroeten – houd hier dus rekening mee als u een keurig aangelegde tuin hebt. De meeste Sealyhams gaan graag met u mee voor een ritje in de auto.

Skye Terriër

Land van herkomst
Engeland.

Aanleg
Van oorsprong een jager op vos, das en otter, nu voornamelijk gezinshond.

Grootte
De schofthoogte is slechts 25 tot 26 cm, terwijl de afstand van de neus tot en met het puntje van

Skye Terriërs

de staart meer dan 100 cm kan bedragen. Teven zijn soms iets kleiner.

VACHT
De Skye Terriër bezit een dubbele vacht. De bovenvacht is lang, hard en recht, zonder krullen, terwijl de ondervacht kort, dicht en wollig is. De hond kan zwart of grijs zijn, maar reekleurig en blond met donkere aftekening aan oren, snuit en staart zijn ook mogelijk.

VERZORGING
De Skye terriër heeft relatief maar weinig vachtverzorging nodig, al doet de vachtstructuur misschien anders denken. Eén maal per week een goede borstelbeurt is voldoende om de vacht in goede conditie te houden. De vacht moet middenop de rug in een scheiding vallen. Verwijder losse haren en vuil uit de gehoorgang en het is ook raadzaam het teveel aan beharing tussen de voetzolen weg te knippen.

Skye Terriër

AARD
Aanhankelijk, rustig, waardig, moedig, goede waakhond, karaktervol. De Skye Terriër is wat gereserveerd ten opzichte van vreemden, maar gaat het om zijn eigen gezin, dan is deze hond zeer trouw. Sommige exemplaren hebben de neiging zich tot een 'eenpersoonshond' te ontwikkelen.

OPVOEDING
De opvoeding moet met enig respect gebeuren, wat betekent dat u altijd eerlijk en consequent moet zijn, maar de hond daarnaast ook de vrijheid voor eigen intitiatief moet geven.

SOCIALE AANLEG
De meeste honden van dit ras gaan goed om met soortgenoten en andere huisdieren, alhoewel dit natuurlijk wel weer afhankelijk is van de manier waarop de hond is gesocialiseerd. Ook met kinderen kunnen ze goed opschieten, al zullen ze plagerijen niet erg op prijs stellen. Sommige reuen zijn wat dominant ten opzichte van andere reuen.

BEWEGING
Geef de Skye Terriër veel beweging. Hij gaat graag mee naar het bos of de hei om u (aangelijnd) te vergezellen op langere wandelingen. Hebt u eens een dag geen zin om te wandelen of komt het gewoon niet zo goed uit, dan zal de Skye Terriër zich aanpassen aan de situatie en niet vervelend doen.

BIJZONDERHEDEN
Skye Terriërs kunnen erg oud worden, veertien of vijftien jaar is geen uitzondering. Er is ook een variëteit met hangende oren, maar deze is zeer zeldzaam.

West Highland White Terriër

LAND VAN HERKOMST
Schotland.

AANLEG
Gezinshond.

GROOTTE
De West Highland White Terriër is ongeveer 28 cm hoog en weegt om en nabij de 7,5 kilo.

VACHT
De Westie heeft een dubbele vacht: de bovenvacht is ruw en hard, zonder krullen, terwijl de ondervacht zacht en kort is. Deze honden zijn altijd wit met donkere ogen en donker gepigmenteerde voetzolen, nagels, lippen en neus.

West Highland White Terriër

VERZORGING

De West Highland White Terriër moet een harde vacht hebben en mag daarom niet te vaak gewassen worden omdat dit de vacht te sluik maakt. Wanneer de Westie zich buiten vuil heeft gemaakt, kunt u beter de vacht laten opdrogen en het vuiligheid er daarna uitborstelen. De Westie moet drie tot vier keer per jaar geplukt worden. De vacht van showhonden heeft meer verzorging nodig.

AARD

Levendig, speels, onverschrokken, waaks en alert, vrolijk, trouw aan de baas, extravert, slim en vindingrijk, maar ook eigenwijs, volhardend en zelfstandig. De Westie barst over het algemeen van het zelfvertrouwen en is niet snel ergens van onder de indruk.

OPVOEDING

Het ongecompliceerde en vrolijke karakter van deze hond mag voor hem geen vrijbrief zijn alles maar te mogen. Hier en daar is een correctie zeker gewenst. West Highland White Terriërs zijn soms erg vasthoudend als het om ondeugende streken gaat, maar blijf altijd consequent en laat u niet vermurwen.

SOCIALE AANLEG

De Westie kan over het algemeen goed opschieten met soortgenoten en zijn prima speelkameraadjes voor kinderen – ze kunnen wel tegen een stootje. Leer dit ras al op jonge leeftijd met katten om te gaan, anders zullen ze ze op latere leeftijd achterna jagen. Sommige exemplaren zijn wat dominant ten opzichte van andere honden, maar een en ander is sterk afhankelijk van de manier waarop de hond gesocialiseerd wordt.

BEWEGING

Balspelletjes, stoeien en ravotten, deze hond is er dol op. Ze hebben veel beweging nodig, ontzeg ze die dan ook niet. Ze graven graag en sommige honden willen nog wel eens aan de wandel gaan. Zorg ervoor dat uw tuin goed omheind is.

Terriërs van het Buldogtype

American Staffordshire Terriër

LAND VAN HERKOMST
Amerika.

AANLEG
Waak- en gezinshond.

GROOTTE
De voorkeur gaat bij reuen uit naar een schouderhoogte van 45,7 tot 48,4 cm. Bij teven kan dit 43,2 tot 45,7 cm zijn. Belangrijker dan deze afmetingen is dat de verhouding tussen de hoogte en het gewicht goed is.

VACHT
De vacht is kort en glanzend. Elke kleur is toegestaan, al ziet men black and tan, leverkleurig, effen wit of meer dan 80% wit liever niet. De meest voorkomende kleuren zijn gestroomd, rood en beige, al dan niet met hier en daar witte vlekken.

American Staffordshire Terriër

VERZORGING
Zo nu en dan moet u de dode en losse haren met een rubberen borstel uit de vacht verwijderen.

AARD
Moedig, trouw aan het gezin, vasthoudend, hard voor zichzelf, goede waakhond, aanhankelijk, onstuimig, groot uithoudingsvermogen, dominant.

American Staffordshire Terriër

OPVOEDING
De American Staffordshire is niet geschikt voor mensen die weinig ervaring hebben met honden. Leer hem al op jonge leeftijd dat hij niet mag trekken aan de riem, want eenmaal volwassen zijn deze honden ontzettend sterk. Deze Staffordshire kan door middel van een goede en consequente opvoeding erg veel leren. Er zijn zelfs diverse voorbeelden bekend van American Staffordshire Terriërs die met goed gevolg gehoorzaamheidstesten afleggen.

SOCIALE AANLEG
De honden van dit ras zijn prima gezinshonden, mits het gezin consequent is en goed kan omgaan met een sterke, onstuimige hond. In de regel zijn ze lief voor kinderen. Hij zal huis en haard goed bewaken en katten en andere huisdieren accepteren als hij daar al vroeg vertrouwd mee is geraakt. Sommige exemplaren zijn wat strijdlustig ten opzichte van andere honden.

BEWEGING
Geef een American Staffordshire veel beweging. Ze lopen graag naast de fiets en zijn altijd te porren voor balspelletjes; daarnaast apporteren ze graag.

Miniature Bull Terriër, kopstudie

Bull Terriër

LAND VAN HERKOMST
Engeland.

AANLEG
Gezinshond.

GROOTTE
Er is geen standaardgrootte, het belangrijkste is dat de hond voor zijn afmetingen de indruk wekt een maximum aan substantie te hebben.

Bull Terriër

VACHT
De kortharige vacht kan effen wit, wit met aftekeningen op de kop, en gestroomd zijn. Rood, zwartgestroomd, fawn en driekleurig (black and tan met een klein beetje wit) zijn toegestaan. Bij gekleurde exemplaren moet de kleur overheersen.

VERZORGING
Een Bull Terriër vraagt echt maar een minimum aan verzorging. Zo nu en dan met een rubberen borstel de dode en losse haren uit de vacht borstelen is toereikend om de vacht in goede conditie te houden. Daarnaast moet u regelmatig de oren schoonmaken. Geef deze hond een zachte ligplaats.

AARD
Moedig, hard voor zichzelf (vrijwel ongevoelig voor pijn), aanhankelijk, koppig, eigenwijs, levendig, onstuimig, lief voor kinderen, spontaan en vrolijk. Sommige Bull Terriërs zijn wat vechtlustig ten opzichte van andere honden.

OPVOEDING
Laat uw pup een goede gehoorzaamheidscursus volgen. Als hij eenmaal volwassen is en voor een hond van zijn grootte erg sterk, is het erg moeilijk hem nog op te voeden. De Bull Terriër is intelligent en kan redelijk snel leren, maar is ook koppig en eigenwijs. Een eventueel toekomstige eigenaar moet dan ook over veel geduld beschikken, hij moet consequent kunnen blijven, maar zeer zeker ook begrip kunnen tonen en liefdevol zijn.

SOCIALE AANLEG
Deze honden kunnen in de regel erg goed opschieten met kinderen en als u ze al vroeg socialiseert met katten en andere huisdieren, zullen deze combinaties in een later stadium weinig problemen geven. Sommige Bull Terriërs zijn wat dominant ten opzichte van andere honden, maar een en ander is inherent aan

Bull Terriër

de aard van het beest en afhankelijk van de manier waarop de hond gesocialiseerd en opgevoed is. Hebt u al een reu van een ander hondenras in huis, neem er dan nooit een reu van dit ras bij. Ook al kan het jaren duren, er komt ongetwijfeld een keer een confrontatie tussen beide.

BEWEGING
Wanneer hij voldoende beweging krijgt, zal de Bull Terriër in huis erg rustig zijn. Fietsen met de hond is prima, maar niet voordat de hond volledig is uitgegroeid, en nooit te lang achter elkaar. Goede manieren van lichaamsbeweging voor deze hond zijn wandelen en onaangelijnd rennen en spelen.

Staffordshire Bull Terriër

Staffordshire Bull Terriër

LAND VAN HERKOMST
Engeland.

AANLEG
Gezinshond.

GROOTTE
Bij een gewicht van 11 tot 17 kilo ligt de schouderhoogte tussen de 35 en 41 cm.

VACHT
De vacht is kort en ligt glad op de huid. Staffordshires kunnen zwart, rood, reekleurig, wit of blauw zijn en elke vorm van gestroomd, al dan niet met wit. Black and tan en leverkleur worden niet aangemoedigd.

VERZORGING
De Staffordshire Bull Terriër heeft weinig vachtverzorging nodig. Zo nu en dan borstelen met een rubberen borstel om de dode en losse haren uit de vacht te verwijderen is toereikend om de vacht in optimale conditie te houden.

AARD
Lief voor kinderen, gehoorzaam, moedig, aanhankelijk, gevoel voor humor, intelligent, vasthoudend, groot uithoudingsvermogen, onstuimig.

Staffordshire Bull Terriër

OPVOEDING
De Staffordshire leert relatief snel, maar kan soms wat eigenwijs zijn. Leer hem al vroeg met 'touwtrek'spelletjes dat hij los moet laten als u het genoeg vindt. Blijf in alle gevallen consequent, maar wel liefdevol. Socialiseer de hond al op jonge leeftijd met andere huisdieren.

SOCIALE AANLEG
Met kinderen gaan de honden van dit ras in de regel erg goed om – deze honden kunnen wel een stootje hebben. Als de Staffordshire Bull Terriër goed gesocialiseerd is met katten en andere huisdieren, zal de omgang met deze dieren later geen problemen geven. De meeste Staffordshires (met name de reuen) zullen als ze eenmaal volwassen zijn geen prijs meer stellen op het gezelschap van andere honden en dat ook laten merken.

BEWEGING
Wanneer deze hond voldoende beweging krijgt, is hij in huis erg rustig. Staffordshires zijn in de regel dol op ravotten en balspelletjes, en apporteren graag.

BIJZONDERHEDEN
De Staffordshire Bull Terriër is een geschikte hond voor mensen die niet de ruimte hebben een grote hond te houden, maar wel graag een 'grote' hond willen bezitten.

Terriërs van het dwerghondentype

Silky Terriër

LAND VAN HERKOMST
Australië.

AANLEG
Rattenvanger en gezinshond.

GROOTTE
Reuen hebben een schouderhoogte van ongeveer 23 cm; teven zijn over het algemeen wat kleiner.

Silky Terriër

VACHT
De vacht is lang, vlak, glanzend en zijdeachtig, zonder ondervacht. De meest voorkomende kleur is licht tot donker grijsblauw (alle tinten) met bruin, terwijl staalblauw de meest gewenste kleur is. Silky Terriërs worden alle zwart geboren.

Silky Terriër, kopstudie

VERZORGING
Om de vacht er optimaal uit te laten zien, moet u deze hond dagelijks een kwartiertje kammen en borstelen. Zo nu en dan een bad is ook toegestaan. Kijk de tandjes regelmatig na op tandsteen. De Silky verhaart zelden.

AARD
Opgewekt, vrolijk, leergierig, vol energie, intelligent, aanhankelijk, trouw, volgzaam en ondanks zijn geringe afmetingen waaks en beschermend. De Silky Terriër vertoeft graag in de buurt van zijn baas.

OPVOEDING
De opvoeding van Silky Terriërs is gelukkig erg eenvoudig omdat deze honden relatief snel leren.

SOCIALE AANLEG
In het algemeen zijn ze erg lief voor kinderen. Met katten moet u ze al op jonge leeftijd vertrouwd laten raken, anders zullen de honden ze op latere leeftijd achterna jagen. Bezoek wordt meestal aangekondigd.

BEWEGING
Dit ras past zich qua beweging aan het gezin aan.

Yorkshire Terriër

Yorkshire Terriër

LAND VAN HERKOMST
Engeland.

AANLEG
Van oorsprong een rattenvanger, nu voornamelijk gezinshond.

GEWICHT
Yorkshire Terriërs wegen gemiddeld 2 tot 3 kg.

VACHT
Dit ras heeft een zeer lange, zijdeachtige vacht,

waarvan de kleur goudbruin met donker staalgrijs is. Bij puppy's zijn deze grijze haren nog zwart.

VERZORGING
U moet de Yorkshire elke dag intensief kammen en borstelen. Hebt u geen tijd of zin dit karweitje dagelijks te doen, laat de vacht dan bij een trimsalon wat korter knippen. De haren worden in de regel voor de ogen weggehouden met een elastiekje of strikje. De vacht van showhonden wordt meestal beschermd door deze in papillotten te draaien. Kijk de oren regelmatig na en verwijder losse haren uit de gehoorgang.

AARD
Levendig, intelligent, soms overmoedig, lief, waaks, gehecht aan zijn eigen gezin. Yorkshire Terriërs zijn erg alert en blaffen wanneer ze onraad bespeuren.

OPVOEDING
De Yorkshire Terriër is een redelijk snelle leerling. Wanneer u consequent bent en de lessen op een positieve en voor de hond leuke en afwisselende manier brengt, zal hij al snel leren luisteren.

SOCIALE AANLEG
Als kinderen de hond niet als speelgoed zien en het dier in zijn waarde kunnen laten, zorgt de hond in de buurt van kinderen voor geen enkel probleem. Sommige exemplaren kunnen zich wat overmoedig gedragen ten opzichte van andere honden, maar met katten en andere huisdieren kunnen ze prima opschieten. Vreemden worden altijd aangekondigd.

BEWEGING
Dit ras past zich qua beweging aan het gezin aan en kan daardoor prima op een flat gehouden worden.

BIJZONDERHEDEN
Op tentoonstellingen wordt de hond vooral gewaardeerd vanwege zijn mooie, lange vacht, maar het is erg moeilijk en arbeidsintensief om een dergelijke vacht in goede conditie te houden. De meeste Yorken die als gezinshond worden gehouden, zullen dan ook 'geknipt' door het leven gaan. Hoezeer dit ook door de echte liefhebber wordt afgekeurd, het is nog altijd beter dan een onverzorgde en klittende vacht, die de hond veel pijn en ongemak bezorgt.

Yorkshire Terriër

4. Teckels (Dashonden)

Kortharige Teckel

LAND VAN HERKOMST
Duitsland.

AANLEG
Gezinshond, maar ook jachthond voor zowel boven- als ondergronds wild (hij kan fanatiek jagen op dassen, konijnen, reeën, everzwijnen en vossen).

GROOTTE
Op basis van hun grootte worden Teckels onderverdeeld in drie groepen. De grootste is de Standaard Teckel met een borstomvang vanaf 35 cm. Deze hond mag maximaal 10 kilo wegen, maar het liefst niet meer dan 9 kilo. De Dwergteckel heeft een borstomvang van 30 tot 35 cm, en de kleinste soort, de Kaninchenteckel, wordt gekenmerkt door een borstomvang die kleiner is dan 30 cm.

VACHT
De vacht is kortharig en de meest voorkomende kleur is roodbruin en black and tan, maar sporadisch zien we ook 'getijgerd' en chocoladebruin.

VERZORGING
De vacht van de Kortharige Teckel heeft niet zo veel verzorging nodig. Het volstaat om zo nu en dan met een rubberen handschoen de dode en losse haren te verwijderen. Houd de gehoorgang schoon en de nagels kort. De meeste Teckels zijn lekkerbekken, maar pas op: geef ze nooit te veel eten, want een dikke Teckel is een ongezonde Teckel.

AARD:
Moedig, dominant, eigenzinnig, slim, waaks, vindingrijk, levendig, gevoel voor humor, vasthoudend en nieuwsgierig. De korthaar 'hangt' bijna letterlijk aan zijn eigen mensen, behalve als zijn jachtinstinct de kop op steekt. Een Teckel moet u al op jonge leeftijd vertrouwd laten raken met allerlei verschillende situaties, zodat zijn karakter zich ten volle in positieve zin kan ontplooien.

Rode Langharige Standaard Teckel

OPVOEDING
Zoals we hierboven al opmerkten, is de Kortharige Teckel eigenzinnig en dominant, en daarom heeft deze hond een consequente opvoeding nodig. Met de juiste aanpak en veel geduld kunt u hem best het een en ander leren, al zullen ze nooit slaafs commando's opvolgen. Teckels kunnen ontzettend mokken als ze vinden dat ze onterecht gestraft worden en ze zijn zeer volhardend in hun gedrag wanneer ze iets willen waar u het niet mee eens bent. Het is een verstandig besluit om met dit ras een puppycursus te volgen..

SOCIALE AANLEG
Het eigen gezin komt bij de Kortharige Teckel op de eerste plaats; aan vreemden heeft hij in de regel geen boodschap. Dit laat hij blijken door zich gereserveerd op te stellen wanneer hij in de buurt is van mensen die hij niet kent. Als u hem al vroeg aan kinderen laat wennen, zodat hij positieve ervaringen met hen kan opdoen, zal hij in de buurt van kinderen nooit voor problemen zorgen. Ook met andere honden kan de Kortharige Teckel in de regel heel goed opschieten, al kunnen sommige exemplaren soms wat (over)moedig reageren op grotere soortgenoten. Deze Teckel bezit een behoorlijke passie voor de jacht, waardoor hij niet geschikt is als speelkameraadje voor kleine huisdieren. Laat de hond al op jonge leeftijd vertrouwd raken met katten, dan zal ook de combinatie Kortharige Teckel en kat geen problemen geven.

Rode Kortharige Standaard Teckel

BEWEGING
Geef dit ras veel beweging, zodat de hond de kans krijgt een goede conditie op te bouwen. Wanneer u uw Teckel onaangelijnd laat lopen, is de kans groot dat zijn jachtinstinct de kop opsteekt en de hond de benen neemt. Overweegt u met uw Teckel te gaan jagen, neem dan contact op met de rasvereniging. Teckels zijn sterke en gezonde honden die erg oud kunnen worden, maar zorg ervoor dat hun rug niet onnodig zwaar belast wordt door traplopen en dergelijke.

BIJZONDERHEDEN
De Kortharige Teckel is de meest oorspronkelijke onder de Teckels. De Ruw- en Langharige Teckels zijn verkregen door de Korthaar te kruisen met andere rassen.

Langharige Teckel

LAND VAN HERKOMST
Duitsland.

AANLEG
Gezinshond, maar ook jachthond voor zowel boven- als ondergronds wild (dassen, konijnen, reeën, everzwijnen en vossen).

GROOTTE
Zie Kortharige Teckel.

VACHT
De Langharige Teckel komt het meeste voor in de kleuren effen diep kastanjerood, roodbruin en black and tan.

VERZORGING
Deze Teckel is tevreden met zo af en toe een borstelbeurt, waarbij de plaatsen waar zich gemakkelijk klitten vormen extra aandacht nodig hebben. Als dat nodig is, knipt u het teveel aan beharing tussen de voetzolen weg. Houd de nagels kort.

AARD:
Moedig, eigenzinnig, waaks, intelligent, gevoel voor humor, levendig, gezellig en speels. Langharige Teckels hebben een zachtaardiger karak-

Langharige Standaard Teckel, black and tan

ter dan hun kortharige familieleden. Dit komt omdat, naar verluidt, voor het fokken Spaniëls en Ierse Setters zijn gebruikt (om de langharige vacht te verkrijgen).

Opvoeding
Langharige Teckels zijn wat gemakkelijker op te voeden dan kortharen, maar ook voor langharen geldt dat het eigenzinnige dieren zijn die heel wat geduld en doortastend optreden van de baas verlangen.

Sociale aanleg
Ook bij de Langharige Teckel komt het gezin op de eerste plaats, al zijn ze tegenover vreemden wat vriendelijker dan de kortharige exemplaren. De hond kan goed opschieten met kinderen, mits hij al op jonge leeftijd positieve ervaringen met kinderen heeft kunnen opdoen. Over het algemeen gaan ze ook goed om met soortgenoten. De omgang met kleine huisdieren kan echter op problemen stuiten – de honden blijven natuurlijk jachthonden! Ook het gezelschap van katten wordt getolereerd, maar ook hier geldt weer dat u de hond dan al vroeg moet laten wennen aan deze dieren. Wanneer dat is gebeurd, kan er een uitstekende relatie tot stand komen.

Beweging
De Langharige Teckel heeft redelijk veel beweging nodig. Neem hem dus regelmatig mee op langere wandelingen.

Ruwharige Teckel

Land van herkomst
Duitsland.

Aanleg
Gezinshond, maar ook jachthond voor zowel boven- als ondergronds wild (dassen, konijnen, reeën, everzwijnen en vossen).

Grootte
Zie Kortharige Teckel.

Vacht
De ruwharige, vlak aanliggende vacht, die qua structuur zo hard mogelijk moet zijn, heeft een dichte ondervacht. Het haar op de kop en de oren behoort erg kort te zijn en er moet een duidelijk garnituur aanwezig zijn. De Ruwharige Teckel heeft bijna altijd een wildkleurige vacht; minder vaak voorkomend is black and tan. Heel sporadisch komen er ook rode en chocoladekleurige vachten voor.

Verzorging
De Ruwharige Teckel moet, afhankelijk van de kwaliteit van zijn vacht, ongeveer tweemaal per jaar geplukt worden. Vooral het haar bovenop de kop behoort kort te zijn. Knip het teveel aan beharing tussen de voetzolen weg.

Aard
Moedig, dominant, gevoel voor humor, eigenzinnig, slim, waaks, vindingrijk, levendig, vasthoudend en nieuwsgierig. U moet de Ruwharige Teckel al vroeg met allerlei situaties vertrouwd laten raken, zodat zijn karakter zich ten volle in positieve zin kan ontplooien.

Opvoeding
Zie Kortharige Teckel.

Sociale aanleg
Zie Kortharige Teckel.

Beweging
Zie Kortharige Teckel.

Ruwharige Standaard Teckel

Ruw- en Kortharige Dwergteckels

5. Keeshonden en keesachtigen van het oerhondtype

Poolhondenrassen en sledehonden

Alaska Malamute

LAND VAN HERKOMST
Alaska.

AANLEG
Sledehond en gezinshond.

GROOTTE
Reuen hebben een schouderhoogte van ongeveer 64 cm, bij de teven is deze ongeveer 58 cm.

VACHT
De Alaska Malamute heeft een dikke, grove bovenvacht met een vettige, wollige ondervacht. Toegestane kleuren zijn wolfsgrijs of zwart en wit, altijd met wit op de buik en een masker of kap. Andere kleuren zijn toegestaan, maar wit is de enige uniforme kleur die wordt geaccepteerd.

VERZORGING
De vacht van deze hond heeft niet erg veel verzorging nodig. In de ruiperiode kunt u het beste een grove kam met een dubbele rij metalen tanden gebruiken om de losse haren uit de ondervacht te verwijderen.

AARD
Aanhankelijk, intelligent, vriendelijk en trouw, waardig, soms wat eigenzinnig en dominant, nooit slaafs. De Alaska Malamute leert relatief snel en heeft een groot uithoudingsvermogen.

OPVOEDING
Ondanks zijn vriendelijke aard moet deze hond toch met een vaste hand worden opgevoed. De Malamute heeft dus een baas nodig die stevig in zijn schoenen staat en die het karakter van de Malamute goed begrijpt. Onder leiding van zo'n baas kan dit ras erg veel leren – zelfs behendigheid behoort dan tot de mogelijkheden, al zal de Malamute op wedstrijdniveau voorbijgestreefd worden door honden uit de herdershondengroep.

Japanse Spits

Alaska Malamute

SOCIALE AANLEG
Alaska Malamutes gaan in het algemeen erg goed om met kinderen – eigenlijk zijn ze vriendelijk tegen iedereen, wat er de reden van is dat ze nu niet bepaald geschikt zijn als waakhond. Ten opzichte van andere honden van hetzelfde geslacht kunnen ze wat dominant gedrag vertonen, maar dit is eerder uitzondering dan regel. Katten zijn niet de geschiktste huisgenoten voor dit ras, tenzij u de hond al op jonge leeftijd aan katten gewend hebt. In dat geval zal de omgang met deze dieren weinig problemen opleveren.

BEWEGING
Beweging is misschien wel het belangrijkste onderdeel van de opvoeding van een Alaska Malamute. De hond heeft namelijk veel, heel veel beweging nodig. Wanneer u van tevoren al weet dat u geen zin hebt om dagelijks minimaal een uur met de hond te gaan fietsen, kunt u beter niet aan dit ras beginnen. In een aantal landen zijn er wel verenigingen actief die sledehondenwedstrijden organiseren, of, bij gebrek aan sneeuw, wedstrijden met karren. Malamutes voelen zich zowel binnens- als buitenshuis op hun plaats, maar ze zijn niet graag alleen. Laat deze hond alleen aangelijnd uit of zorg ervoor dat hij goed onder appel staat – hij wil nog wel eens de benen nemen.

Alaska Malamute

Alaska Malamute , kopstudie

Groenlandse Hond

Groenlandse Hond

LAND VAN HERKOMST
Scandinanvië.

AANLEG
Sledehond.

GROOTTE
De reu moet een schouderhoogte hebben van minimaal 60 cm, terwijl voor teven een minimum van 55 cm geldt. Er zijn geen maximale afmetingen.

VACHT
De Groenlandse Hond heeft een dubbele vacht: de ondervacht is zacht en dicht, met een goed aangesloten bovenvacht. Alle kleuren zijn toegestaan, met uitzondering van albino.

VERZORGING
Dit ras heeft weinig vachtverzorging nodig. Wanneer de ondervacht in de ruiperiode loslaat, kunt u het beste een kam met een dubbele rij stalen tanden gebruiken om de losse haren te verwijderen.

AARD
Zelfstandig, evenwichtig, dominant, hard voor zichzelf, eigenzinnig. De Groenlandse Hond kan niet tegen alleen zijn; hij blaft weinig, maar huilt des te meer. Hij is per definitie geen gezinshond. Het ras heeft verschrikkelijk veel energie en een groot uithoudingsvermogen.

OPVOEDING
De opvoeding van deze hond is nu niet bepaald gemakkelijk vanwege zijn zeer eigenzinnige en zelfstandige karakter. De Groenlander is in de eerste instantie een sledehond en geen gezinshond. Hij kan enorme afstanden afleggen en wanneer hij de kans krijgt (geen goede omheining), zal hij de benen nemen en blijft hij soms dagenlang weg. Voor de slee is deze hond het meest in zijn element. Mensen die hem hiervoor willen gaan gebruiken, maken een goede keuze als ze een Groenlandse Hond aanschaffen.

Sociale aanleg
Dit ras kan er niet goed tegen alleen gelaten te worden.Overweegt u een Groenlander aan te schaffen, dan kunt u het beste minimaal twee exemplaren nemen. Ze voelen zich uitstekend op hun plaats in een buitenkennel. Over het algemeen gaan deze honden niet zo goed om met katten en andere huisdieren. Bekende of onbekende bezoekers worden over het algemeen uitbundig, dikwijls met een enthousiast gehuil begroet. Ondanks zijn grootte en uiterlijk is de Groenlandse Hond dan ook niet geschikt als waakhond.

Beweging
Het mag inmiddels duidelijk geworden zijn dat de Groenlandse Hond veel, heel veel beweging nodig heeft. De beste beweging is het trekken van een slee of kar. Weet u eigenlijk van tevoren al dat u de hond dit niet kunt bieden, dan kunt u waarschijnlijk beter uitkijken naar een ander ras. De honden zijn te sterk om naast de fiets te laten lopen. Vermijd te veel inspanning bij hogere temperaturen en laat de hond niet werken als het 15°C of warmer is.

Samojeed

Land van herkomst
West-Siberië.

Aanleg
Herders-, waak-, slede- en jachthond; gezinshond.

Grootte
Reuen hebben een schouderhoogte van 57 cm, bij teven is deze 53 cm. Afwijkingen van 3 cm naar boven of naar beneden zijn toegestaan.

Vacht
Het dekhaar is ruw en uitstaand, terijl de ondervacht kort en dicht is. De vacht is wit of roomkleurig of wit met lichtbruin.

Verzorging
Borstel een Samojeed niet te veel, want op deze manier kunt u de ondervacht beschadigen. Liggen er te veel losse haren in huis, dan gebruikt u een grove kam met een dubbele rij metalen

Samojeed

tanden om de losse haren uit de ondervacht te verwijderen.

AARD
De Samojeed is een hond van tegenstellingen. Hij is vriendelijk en vrolijk, intelligent en redelijk gehoorzaam, maar nooit slaafs en soms zelfs uitgesproken koppig, gevoelig en zachtaardig, maar ook dominant en waaks, aanhankelijk, maar niet opdringerig. De Samojeed zwerft graag, heeft een groot uithoudingsvermogen en blijft tot op hoge leeftijd speels. Ze laten graag hun stem horen en kunnen dus wat luidruchtig zijn.

OPVOEDING
De opvoeding van een Samojeed is geen gemakkelijke opgave en moet al op zeer jonge leeftijd beginnen. Wissel de oefeningen zo veel mogelijk af. Steeds weer hetzelfde commando heeft op de Samojeed een averechts effect, dan neemt zijn koppige aard de overhand. Leer hem op jonge leeftijd dat hij op bevel naar u toe moet komen en laat hem zo veel mogelijk positieve ervaringen opdoen met katten en andere huisdieren. U mag uw gezag laten blijken, maar altijd met vriendelijke hand – met schreeuwen en slaan dwingt u de hond geen respect af.

SOCIALE AANLEG
Deze honden zijn zachtaardig en geduldig ten opzichte van kinderen, maar tegenover soortgenoten kunnen ze zich soms wat dominant gedragen. Vergeet niet dat de Samojeed een jachthond is die graag iets najaagt als hij de kans krijgt en daarom is socialisatie met katten en andere huisdieren uiterst belangrijk! De hond is redelijk waaks.

BEWEGING
De Samojeed heeft veel beweging nodig. Maak daarom flinke wandelingen met hem of laat hem, wanneer hij voldoende is uitgegroeid, geregeld naast de fiets lopen om hem in goede conditie te houden. Aangezien dit ras van nature nogal zwerverig is aangelegd, doet u er goed aan uw tuin te omheinen.

Siberische Husky

LAND VAN HERKOMST
Alaska.

AANLEG
Sledehond.

Siberische Husky

Grootte
Reuen hebben een schouderhoogte van 53 tot 60 cm; bij teven varieert de hoogte van 51 tot 56 cm.

Vacht
De Husky heeft een dubbele, middellange vacht. Alle kleuren en kleurcombinaties zijn toegestaan. Bij dit ras zijn ook (gedeeltelijk) blauwe ogen toegestaan.

Verzorging
Zo nu en dan kammen en borstelen, met name in de ruiperioden, is voldoende. De vacht van de Husky blijft over het algemeen mooier wanneer de hond in een (ruime) buitenkennel wordt gehouden.

Aard
Onafhankelijk en eigenzinnig, intelligent, zeer veel energie, vrolijk, zwerft graag, zeer gesteld op zijn baas en diens gezin. De Husky is eigenlijk vriendelijk tegen iedereen en daardoor geen erg goede waakhond.

Opvoeding
De meeste Husky's passen in principe niet zo goed in de rol van doorsnee gezinshond, al zou een sportief ingesteld gezin nog wel tot de mogelijkheden behoren. De Siberische Husky is een sledehond in hart en nieren. Wanneer u uw Husky iets wilt leren, zult u doortastend en consequent te werk moeten gaan; daarnaast moet u erg veel geduld en inzicht in het poolhondenkarakter hebben. Een Husky gehoorzaamt alleen maar wanneer hij zelf het nut van een commando inziet. Overweegt u een Siberische Husky aan te schaffen, dan is het verstandig eerst contact op te nemen met een specialist op het gebied van poolhonden en/of de rasvereniging.

Sociale aanleg
Siberische Husky's gaan over het algemeen goed om met soortgenoten, maar de omgang met andere huisdieren moet u goed begeleiden. Over het algemeen zijn katten en knaagdieren niet de geschiktste huisgenoten voor deze hond, maar gelukkig vormen kinderen geen enkel probleem. Husky's kunnen in de regel maar moeilijk alleen zijn en we raden dan ook aan meerdere Husky's samen te houden.

Beweging
De honden van dit ras hebben heel veel beweging nodig, en aan deze eis doen ze geen enkele consessie! Wanneer u zichzelf wilt verdiepen in de sledehondensport en hier fanatiek mee aan de slag wilt, kunt u geen betere keuze maken dan de Husky. Dit ras wordt wereldwijd geroemd om zijn snelheid. Wanneer u niet in staat bent of geen zin hebt uw Husky een paar keer per week voor de slee te spannen, zult u een alternatief moeten bedenken, bijvoorbeeld het lopen naast de fiets. Trek voor deze activiteit dagelijks minimaal een uur uit. Eenzame, opgesloten Husky's die veel te weinig beweging krijgen, zullen huil- en sloopgedrag gaan vertonen, wat de hond absoluut niet aangerekend mag worden, maar eerder de eigenaar, die een verkeerde raskeuze heeft gemaakt. Laat een Husky aangelijnd uit en omhein uw tuin, anders is het niet ondenkbaar dat hij de benen neemt.

Siberische Husky

Bijzonderheden
Siberische Husky's hebben het over het algemeen prima naar hun zin met een of meerdere soortgenoten in een buitenkennel. De dikke vacht beschermt ze tegen regen en kou. Bescherm de hond wel tegen al te hoge temperaturen en ga in de zomer daarom liever niet trainen met de hond.

Scandinavische poolhonden

Finse Spits

Land van herkomst
Finland.

Aanleg
Jachthond op vogels; erfhond en gezinshond.

Grootte
Reuen hebben een schouderhoogte die ligt tus-

sen de 44 en 50 cm; bij teven varieert deze hoogte van 39 tot 45 cm.

VACHT
De vacht bestaat uit uitstaand, halflang, dik haar met een zachte, dichte ondervacht (stokhaar). De kleur mag bruinrood of gelig rood zijn; kleine witte aftekeningen zijn toegestaan. Puppy's worden donker geboren; de vacht krijgt op latere leeftijd haar blijvende rode kleur.

VERZORGING
De Finse Spits heeft net als veel andere poolhonden een zelfreinigende vacht. Een regelmatige borstel- en kambeurt blijft natuurlijk nog wel nodig. De vacht van deze hond draagt niet die typische 'hondenlucht' met zich mee.

AARD
Levendig en nieuwsgierig, maar niet opdringerig. De Finse Spits is een waakse hond die alleen blaft wanneer het nodig is. Hij is lief voor kinderen, huiselijk en gezellig, zeer trouw aan zijn eigen gezin, maar zeker geen slaafse opvolger van commando's.

OPVOEDING
Wie een hond zoekt die perfect luistert, kan maar beter niet aan een Finse Spits beginnen. Maar met veel geduld en begrip en een consequente hand kunt u dit ras zeker de basisbeginselen van de opvoeding bijbrengen.

Finse Spits

SOCIALE AANLEG
Finse Spitsen zorgen in hun omgang met andere honden normaal gesproken niet voor problemen, en ook voor kinderen zijn ze lief. Vreemd bezoek wordt altijd aangekondigd, maar daar laat hij het vervolgens bij, het is geen verdediger.

BEWEGING
Deze hond is graag buiten, maar in zijn eentje in een kennel voelt hij zich niet erg gelukkig. Met wat soortgenoten om zich heen is hij het meest in zijn element. De Finse Spits is natuurlijk op het platteland een goede keuze, maar er zijn ook voorbeelden genoeg van honden die goed functioneren in de stad, als ze maar voldoende beweging krijgen. 's Avonds ligt de Finse Spits graag aan de voeten van zijn baas.

Jämthund met eland

Jämthund

LAND VAN HERKOMST
Zweden.

AANLEG
Jachthond op groot wild.

GROOTTE
Reuen hebben een schouderhoogte van 60 tot 65 cm, teven zijn wat kleiner, gemiddeld 55 tot 60 cm.

VACHT
De Jämthund heeft een crèmekleurige, dichte ondervacht met dicht aaneengesloten dekhaar. Zijn vacht is donker- of lichtgrijs en hij behoort op snuit, wangen, keel, buik, voorborst, poten

en aan de onderzijde van de staart crèmekleurige vlakken te hebben.

VERZORGING
De vacht heeft maar weinig verzorging nodig. Een houten kam met een dubbele rij metalen tanden is het beste om in de ruiperiode de losse onderharen uit de vacht te halen. Jämthunden zijn zoals bijna alle andere honden van dit type geurloos.

Jämthund

AARD
Evenwichtig, eerlijk, intelligent en slim, gevoel voor humor, gevoelig voor uw stemmingen, maar lichamelijk hard voor zichzelf.

OPVOEDING
Deze hond heeft een baas nodig die rustig van aard is en overwicht uitstraalt. Het ras moet op een evenwichtige en consequente manier opgevoed worden.

SOCIALE AANLEG
Met andere honden gaat de Jämthund goed om, al kunnen zijn norse geblaf en soms wat onstuimige benadering van soortgenoten een vervaarlijke indruk maken. Tegenover vreemden is hij wat afstandelijk, maar dit maakt van hem absoluut nog geen waak- of verdedigingshond.
De combinatie kinderen en een Jämthund levert over het algemeen geen problemen op, en dat geldt eigenlijk ook voor de combinatie met al aanwezige huisdieren.

BEWEGING
De Jämthund is en blijft een jachthond en wordt daar in zijn land van herkomst dan ook hoofdzakelijk voor gebruikt. Hij moet zelfstandig groot wild opsporen en dit vervolgens tot staan brengen, een taak waarvoor hij zeer grote oppervlakken afzoekt. Eigenlijk is deze hond in onze drukbevolkte gebieden niet erg geschikt als huishond. Mocht hij onaangelijnd lopen, dan loopt u het risico dat de hond zijn jachtinstinct volgt en wegloopt, met alle gevolgen van dien. In een wildrijke omgeving zal de Jämthund bijna continu op pad zijn. Het grenst bijna aan dierenmishandeling een hond met een dergelijk jachtinstinct op te sluiten of te veroordelen tot driemaal daags een wandelingetje. Het moge dus inmiddels duidelijk zijn dat de Jämthund alleen geschikt is voor de weinigen die met hem kunnen gaan jagen.

Jämthund, kopstudie

Karelische Berenhond

LAND VAN HERKOMST
Finland.

AANLEG
Jachthond op groot wild.

GROOTTE
Reuen hebben een schouderhoogte die ligt tussen de 54 en 60 cm; bij teven varieert de schouderhoogte van 49 tot 55 cm. Als ideale hoogte voor de reu geldt 57-58 cm en voor de teef 51-53 cm.

VACHT
De kortharige vacht is recht en stug, terwijl de ondervacht zacht en dicht is. De Karelische Berenhond is wit met zwart. Zwarte spikkels in het wit zijn niet gewenst.

VERZORGING
De vacht van deze hond heeft weinig verzorging nodig. In de ruiperioden kunt u met een speciale stalen kam het losse onderhaar gemakkelijk uit de vacht verwijderen.

Karelische Berenhond

AARD
Zeer gehecht aan zijn eigen gezin en aan goede huisvrienden, dominant, maar tegelijkertijd gevoelig, zelfstandig, intelligent en slim, hard voor zichzelf, gevoel voor humor, energiek. Tegenover soortgenoten gedraagt de Karelische Berenhond zich vaak niet erg sociaal.

OPVOEDING
Deze hond heeft een baas nodig die van nature overwicht uitstraalt. Hij moet zeer consequent en met vaste hand opgevoed worden, maar wel liefdevol. De honden zijn beslist niet geschikt voor mensen zonder ervaring.

SOCIALE AANLEG
Ten opzichte van soortgenoten vertoont de Karelische Berenhond erg dominant gedrag en hij zal een gevecht dan ook niet uit de weg

Karelische Berenhond, kopstudie

gaan. Tegenover mensen daarentegen zijn ze vaak zacht en aanhankelijk, waardoor ze als waakhond niet erg geschikt zijn. Gewenste of ongewenste bezoekers worden nog wel aangekondigd, maar daar blijft het dan bij. Goede bekenden van de familie worden enthousiast begroet, terwijl ze tegenover vreemden wat gereserveerder zijn, soms zelfs afwijzend. Karelische Berenhonden kunnen best samen met andere huisdieren opgevoed worden, mits dit goed begeleid wordt.

BEWEGING
Dit ras kan in een buitenkennel gehouden worden, maar past zich ook in huis goed aan. Houd er rekening mee dat Karelische Berenhonden minimaal een uur per dag hun poten moeten kunnen strekken. Als u de hond goed onder controle hebt (en kunt houden), kunt u ze ook prima naast de fiets laten lopen. Krijgt de hond te weinig beweging of begint hij zich te vervelen, dan loopt u het risico dat hij dat op uw meubilair afreageert. Zorg ervoor dat uw tuin goed omheind is, want Kareliërs hebben soms de neiging zelfstandig 'op jacht' te gaan.

BIJZONDERHEDEN
Zoals voor bijna alle poolhonden geldt, verspreiden ook Karelische Berenhonden geen typische 'hondenlucht' en zijn ze met relatief weinig voeding al in goede conditie te houden.

Lundehund

Lundehond

LAND VAN HERKOMST
Noorwegen.

AANLEG
De Lundehond ('Lundefugl' is Noors voor papegaaiduiker) is gespecialiseerd in het uit de

nesten halen van papegaaiduikers en deze naar zijn begeleider te brengen. Dergelijke nesten bevinden zich vaak langs de kustlijn, hoog in rotsen en spleten.

Grootte

De reu heeft een schouderhoogte van 35 tot 38 cm en weegt ongeveer 7 kilo. Bij teven, die wat kleiner zijn, varieert de schouderhoogte van 32 tot 35 cm bij een gewicht van ongeveer 6 kilo.

Vacht

De Lundehond heeft kort haar en een zachte ondervacht. De kleur is roodachtig bruin tot vaalrood met min of meer zwarte haarpunten.

Verzorging

De vacht van deze hond heeft weinig verzorging nodig. In de ruiperiode kunt u het beste met een goede kam het losse onderhaar verwijderen. Doordat deze hond een bepaald spijsverteringsenzym mist, is het van het grootste belang dat hij aangepaste voeding krijgt. Vraag advies bij een specialist.

Aard

Eigenzinnig, vrolijk, gevoel voor humor, ondeugend, intelligent en slim, dominant. De Lundehond blaft weinig.

Opvoeding

De training moet zo afwisselend mogelijk plaatsvinden. Steeds weer dezelfde oefeningen zorgen ervoor dat uw hond zich begint te vervelen en zich gaat verzetten tegen uw gezag. Blijf tijdens de opvoeding altijd consequent.

Beweging

Veel beweging heeft deze hond eigenlijk niet nodig. Het volstaat om driemaal daags met de hond te gaan wandelen, en als u hem daarnaast nog wat laat spelen in de tuin, krijgt hij voldoende lichaamsbeweging.

Bijzonderheden

Deskundigen zijn het er nog niet over eens of deze hond wel deel uitmaakt van de *Canis familiares* (gedomesticeerde hond). Het is mogelijk dat het ras tot de *Canis ferus* (oerhond) behoort, omdat hij enkele typische eigenschappen bezit die bij geen enkel ander hondenras geconstateerd zijn. Om zijn uiterst gevoelige gehoororgaan te beschermen, kan hij tijdens het kruipen in rotsspleten zijn gehoorgang afsluiten tegen rotsgruis en ander vuil – wat hij trouwens ook doet als hij een voor hem ongewenste opdracht krijgt. Daarnaast hebben de honden aan elke voet zes tenen en acht voetzoolkussens (zie foto blz. 141). 'Normale' honden hebben er respectievelijk vijf en zes. Lundehonden zijn ook de enige honden die sleutelbeenderen bezitten, net als mensen, waardoor ze hun voorpoten volledig zijwaarts kunnen spreiden. Een laatste eigenschap die bij geen enkel ander hondenras voorkomt, is dat de Lundehond zijn kop helemaal achterover kan buigen, wat weer handig is bij het wenden en keren in heel nauwe rotsspleten.

Noorse Elandhonden

Voetjes van een Lundehund met 6 tenen

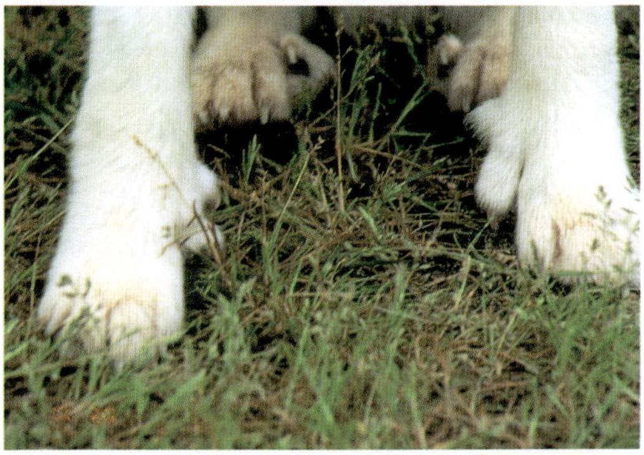

Noorse Elandhond

Noorse Elandhond

LAND VAN HERKOMST
Noorwegen.

AANLEG
Jachthond op groot wild, gezelschapshond.

GROOTTE
Voor de teef geldt een ideale schouderhoogte van 49 cm, bij de reu is 52 cm ideaal. Afwijkingen van 2 cm naar boven of naar beneden zijn toegestaan.

VACHT
De Elandhond heeft een dikke, wollige, crèmekleurige ondervacht en een stugge, dichte, wat langere bovenvacht. De bovenvacht bestaat uit verschillende tinten grijs; achter de oren en op de snuit behoort de beharing zwart te zijn. Er zijn ook effen zwarte Elandhonden, die als apart ras worden aangemerkt. Deze honden mogen wat witte aftekeningen hebben.

VERZORGING
De vacht van deze Elandhond heeft maar weinig verzorging nodig. Met een houten kam met twee rijen stalen tanden kunt u in de ruiperiode heel eenvoudig het losse onderhaar verwijderen. De hond verpreidt net als bijna alle andere poolhonden geen 'hondenlucht'. De vacht is water- en vuilafstotend.

AARD
De Elandhond is hard voor zichzelf, ongecompliceerd, evenwichtig, vriendelijk en zacht van karakter. Hoewel hij in huis erg rustig is, vertoont hij buiten een overmaat aan activiteit.

OPVOEDING
In vergelijking met andere poolhonden zijn de Noorse Elandhonden wat minder eigenwijs en minder onafhankelijk. Het is belangrijk dat u de hond met vaste hand, maar zeer liefdevol en vooral rechtvaardig opvoedt en behandelt. U kunt de hond voor lange tijd beledigen wanneer u hem onterecht straft, iets wat hij laat blijken door u te negeren.

SOCIALE AANLEG
De Noorse Elandhond is ten opzichte van vreemden enigszins gereserveerd, maar bekenden van de familie worden uitbundig begroet. Soms gedragen ze zich naar soortgenoten wat dominant, maar dit is vaker uitzondering dan regel. Normaal gesproken gaan ze goed met elkaar om. Ook met kinderen kunnen ze redelijk goed overweg, als die ze maar niet plagen. Elandhonden kondigen bezoekers wel aan, maar laten het daar vervolgens bij.

Noorse Elandhond, kopstudie

BEWEGING
Per dag een uur beweging is het minimum dat de hond moet krijgen om zich gelukkig te kunnen voelen. Ga bijvoorbeeld eens met de hond fietsen of laat hem lekker los door het bos rennen, dat is iets wat elke hond graag doet, dus ook de Elandhond. Maar wees alert, als de hond wild ruikt, gaat hij er op eigen houtje vandoor en is hij Oost-Indisch doof voor uw geroep.

Norrbottenspets (Pohjanpystykorva)

Norbottenspets (Pohjanpystykorva)

LAND VAN HERKOMST
Zweden.

AANLEG
Jachthond.

GROOTTE
Reuen hebben een schouderhoogte van ongeveer 45 cm, teven zijn wat kleiner: 42 cm.

VACHT
De vacht is zeer kort en dicht aaneengesloten, met een zachte ondervacht. Alle kleuren zijn toegestaan, maar de ideale kleur is wit met gele of roodbruine platen.

VERZORGING
Deze hond heeft relatief weinig vachtverzorging nodig. Zo nu en dan borstelen, met name in de ruiperiode, is voldoende om de vacht in goede conditie te houden.

AARD
Waakzaam, zelfstandig, uitermate beweeglijk, vriendelijk, blaft graag, eigenwijs, intelligent en slim. De Norbottenspets heeft een groot uithoudingsvermogen, is energiek en zwerft graag.

OPVOEDING
Vanwege het eigenwijze karakter van deze hond heeft zijn toekomstige baasje veel geduld, overtuigingskracht en inzicht in het karakter van de hond nodig om hem de basisbeginselen van de opvoeding bij te brengen.

SOCIALE AANLEG
Deze hond gaat goed om met andere honden. Vreemde bezoekers worden wel aangekondigd, maar daar blijft het dan vervolgens bij. Ze zijn vriendelijk tegen iedereen. Reeds aanwezige huisdieren zullen zonder meer geaccepteerd worden en ook de combinatie met kinderen levert geen noemenswaardige problemen op, al zullen de honden niet alles van hen accepteren.

BEWEGING
De Norbottenspets is erg energiek en heeft veel beweging nodig. Ondanks zijn kleine formaat kan hij prima naast de fiets lopen, maar bouw deze activiteit wel langzaam op. Als ze eenmaal onaangelijnd rennen, worden ze Oost-Indisch doof voor uw geroep – hun jachtinstinct is dan sterker dan de band met de baas. Woont u erg vrij, dan hoeft dit natuurlijk geen enkel probleem te zijn, maar in wat drukker bevolkte gebieden is een ongeluk niet uitgesloten, dus zorg er in dit geval voor dat uw tuin goed omheind is. Norbottenspetsen zijn in de regel gezonde en sterke honden.

West-Siberische Laika

West-Siberische Laika

LAND VAN HERKOMST
West-Siberië.

AANLEG
Jacht-, slede- en gezinshond.

GROOTTE
Reuen hebben een schouderhoogte die varieert

van 55 tot 62 cm, terwijl deze bij teven varieert van 51 tot 58 cm.

VACHT
De vacht bestaat uit ruw, recht dekhaar met veel onderhaar. Toegestane kleuren zijn wit, peper en zout, grijs, rood in alle tinten, zwart en bont.

VERZORGING
De vacht van de West-Siberische Laika heeft weinig verzorging nodig. In de ruiperioden, die meestal kort maar hevig zijn, haalt u de losse haren eenvoudig uit de vacht met een metalen kam met een dubbele rij tanden.

AARD
Vriendelijk, intelligent, leergierig, ongecompliceerd en eerlijk, evenwichtig, sober.

OPVOEDING
De West-Siberische Laika is niet moeilijk op te voeden. Dit ras pakt relatief snel commando's op en werkt graag. Behendigheids- en gehoorzaamheidscursussen worden doorgaans met glans doorlopen.

SOCIALE AANLEG
Dit nog zeer oorspronkelijke en gezonde ras gaat in het algemeen goed om met soortgenoten en is zeer geduldig en lief ten opzichte van kinderen. De West-Siberische Laika is een echte mensenvriend. Ze zullen wel aanslaan als er vreemd bezoek komt, maar daar blijft het dan ook bij.

BEWEGING
De West-Siberische Laika heeft een gemiddelde behoefte aan beweging, wat echter niet inhoudt dat u de hond mag veroordelen tot driemaal daags een ommetje.

Scandinavische hoedende en wakende keeshonden

Finse Lappenhond (Lapinkoira)

LAND VAN HERKOMST
Finland.

AANLEG
Schapenhoeder, erfhond en waakhond.

GROOTTE
Reuen hebben een schouderhoogte die varieert van 46 tot 52 cm; bij teven varieert deze van 40 tot 46 cm.

VACHT
De Finse Lappenhond heeft een overvloedige vacht. De bovenvacht is lang en grof en de ondervacht is zacht, dik en dicht. Alle kleuren zijn toegestaan, op voorwaarde dat de hoofdkleur moet overheersen.

Finse Lappenhond (Lapinkoira)

Finse Lappenhond (Lapinkoira)

VERZORGING
Met name in de ruiperiode is een herderharkje uitermate geschikt om de losse haren uit de ondervacht te halen.

AARD
Vriendelijk, intelligent, sociaal, waaks, wil graag werken voor zijn baas, beweeglijk, aanhankelijk, hard voor zichzelf en energiek.

OPVOEDING
De Finse Lappenhond is intelligent en leergierig, waardoor hij dus een ideale leerling wordt. In de verschilende takken van de hondensport, waaronder fly-ball of behendigheid, kan hij tot de beste behoren.

SOCIALE AANLEG
Deze hond is van nature zeer sociaal. Hij gaat ontzettend goed om met kinderen en kan normaal gesproken erg veel van hen verdragen. Maar ook met andere huisdieren en soortgenoten kan deze Lappenhond prima overweg. De Fin is waaks in die zin dat hij vreemden aankondigt, maar hij zal u en uw bezittingen niet verdedigen, daar is hij te zacht van karakter voor.

BEWEGING
Het ras heeft redelijk wat beweging nodig en het naast de fiets lopen is een van de mogelijkheden, maar lange wandelingen door de bossen vindt hij ook heerlijk. Door zijn herdershondeigenschappen zal hij altijd bij u in de buurt blijven.

IJslandse Hond

LAND VAN HERKOMST
IJsland.

IJslandse Hond, puppy's

AANLEG
Herders- en gezinshond.

GROOTTE
De reu heeft een schouderhoogte van tussen de 42 en 48 cm; bij teven varieert deze van 38 tot 44 cm. De hond weegt ongeveer 14 kilo.

IJslandse Hond

VACHT
De IJslandse Hond heeft een dubbele, zachte, aanliggende vacht. Voorkomende kleuren zijn wit met rossige aftekingen en licht reebruin met zwarte haarpunten en zo nu en dan wat zwart, eventueel met witte aftekeningen.

VERZORGING
De vacht van de IJslandse Hond heeft relatief weinig verzorging nodig. In de ruiperiode moet u het losse haar uit de ondervacht kammen.

AARD
Opgewekt en vriendelijk, sociaal, evenwichtig, intelligent en leergierig, aanhankelijk, attent en waaks, hard voor zichzelf, moedig, soms koppig. Deze hond blaft graag.

OPVOEDING
De opvoeding van de IJslandse Hond levert over het algemeen niet veel moeilijkheden op. Het ras leert snel en is intelligent. Behandel de hond altijd consequent, maar vriendelijk, en probeer de oefeningen zo veel mogelijk af te wisselen. Houd er rekening mee dat deze hond het nut van een commando moet inzien. IJslandse Honden worden vaak op behendigheids- en fly-ball-wedstrijden gesignaleerd en slaan daar zeker geen slecht figuur.

SOCIALE AANLEG
Ten opzichte van kinderen stelt de IJslandse Hond zich in de regel zeer geduldig en goedmoedig op. Wanneer hij al op jonge leeftijd gesocialiseerd is met katten en andere huisdieren, zorgen ook deze dieren niet voor problemen, en dat geldt ook voor soortgenoten.

BEWEGING
Deze prettige gezinshond heeft redelijk wat beweging nodig om zich gelukkig te kunnen voelen. Neem hem regelmatig mee op langere wandelingen en laat hem daarnaast zo nu en dan los rennen en spelen. De honden die tot dit ras behoren, hebben met elkaar gemeen dat ze graag deel willen uitmaken van het gezin. Honden die het grootste deel van de dag alleen moeten doorbrengen, ondergaan dit als een zware straf.

Noorse Buhund

LAND VAN HERKOMST
Noorwegen.

AANLEG
Boerenerfhond en schapendrijver ('Bu' betekent hoeve).

Noorse Buhund

GROOTTE
De schouderhoogte ligt bij de reuen tussen de 43 en 47 cm en hun gewicht is 14 tot 18 kilo. Teven hebben een schouderhoogte die varieert van 41 tot 45 cm en zij wegen 12 tot 16 kilo.

VACHT
De Buhund heeft een dikke, zachte, wollige ondervacht met een dikke, overvloedige bovenvacht. Ze behoren tarwe- of beschuitkleurig te zijn, maar zwart met een klein beetje wit komt ook voor.

VERZORGING
Het is niet moeilijk de vacht in goede conditie te houden. Met een houten kam met een dubbele rij stalen tanden verwijdert u in de ruiperiode erg gemakkelijk de losse onderharen uit de vacht.

AARD
Waaks, vrolijk, actief en onvermoeibaar, intelligent, attent, aanhankelijk, blaft graag. De Noorse Buhund is over het algemeen erg rustig in huis.

Opvoeding
De Noorse Buhund is leergierig en intelligent, en pakt derhalve snel dingen op. Hij moet met vaste hand opgevoed worden, waarbij u probeert de oefeningen zo afwisselend mogelijk te maken om de hond goed bij de les te houden. De honden zijn graag bezig, apporteren graag en kunnen met de juiste aanpak uitblinken in de diverse takken van de hondensport.

Sociale aanleg
Over het algemeen zijn deze honden erg lief voor kinderen, en ook de omgang met andere honden en huisdieren is prima. Hij zal u doordringend waarschuwen als er zich vreemd bezoek meldt, maar meer dan blaffen doet hij niet – hij is geen verdediger.

Beweging
De Noorse Buhund is een energieke hond met een groot uithoudingsvermogen. Het apporteren van voorwerpen is een van zijn geliefde bezigheden. Laat hem regelmatig een vrije wandeling maken en wees niet bang dat hij dan wegloopt, want door zijn herdersinstinct zal hij altijd bij u in de buurt blijven. Ook naast de fiets zal hij prima volgen.

Noorse Buhund

Västgötaspets of Vallhund

Land van herkomst
Zweden.

Aanleg
Veedrijver, waak- en gezinshond.

Grootte
De ideale schouderhoogte is voor de reu 33 cm en voor de teef 31 cm.

Vacht
De vacht bestaat uit goed aanliggend, grof stokhaar met een zachte, wollige ondervacht. De kleur is staalgrijs met donkere dekharen of roodachtig geel met lichtere vlekken. Gestroomd, gevlekt, grijsbruin en bruingeel zijn wel toegestaan, maar niet gewenst. Ook kleine witte aftekeningen zijn aanvaardbaar, maar ze mogen nooit meer dan een derde van de totale kleur beslaan.

Västgötaspets

Verzorging
Als u de hond regelmatig borstelt en kamt, houdt u de vacht in goede conditie. Uiteraard houdt u de gehoorgang schoon en de nagels kort.

Aard
Waaks, alert, actief, leergierig, intelligent, zeer trouw en aanhankelijk.

Opvoeding
Deze honden zijn niet moeilijk op te voeden, want ze begrijpen erg snel wat er van ze verlangd wordt.

Västgötaspets

SOCIALE AANLEG
De Västgötaspets kan zeer goed opschieten met kinderen en hij speelt graag met hen. Hij zal hen altijd beschermen tegen vreemden die toenadering zoeken. Dit is een eigenschap die kenmerkend is voor veel herdershonden. Het ras kan over het algemeen ook prima overweg met honden en andere huisdieren, maar ten opzichte van vreemden gedragen ze zich wat gereserveerd.

BEWEGING
In eerste instantie is de Västgötaspets een werkhond die veel beweging nodig heeft. Natuurlijk kan deze hond gezien zijn formaat op een flat gehouden worden, maar zorg er wel voor dat hij de gelegenheid krijgt zijn energie kwijt te raken. U kunt de Vallhund geen groter plezier doen dan door met hem naar een behendigheidscursus (of iets soortgelijks) te gaan. Tijdens zo'n cursus komt hij tal van nieuwe uitdagingen tegen.

Zweedse Lappenhond

LAND VAN HERKOMST
Zweden.

AANLEG
Herdershond.

GROOTTE
De ideale schouderhoogte bij de reuen is 48 cm. Teven hebben een ideale schouderhoogte van 43 cm. Een verschil van 3 cm naar boven of naar beneden is toegestaan.

VACHT
De Zweedse Lappenhond heeft een dikke, volle bovenvacht die recht op het lichaam moet staan, met een fijn gekrulde en dichte ondervacht. De honden komen voor in de kleuren bruin, zwart of een combinatie hiervan. Op tentoonstellingen worden effen gekleurde exem-

plaren het meest gewaardeerd. De witte aftekeningen die zo nu en dan voorkomen, ziet men liever niet.

VERZORGING
In de ruiperiode kan een herderharkje een uitkomst zijn als de ondervacht begint uit te vallen.

AARD
Intelligent, sociaal en vriendelijk. De Zweedse Lappenhond is qua karakter in veel opzichten te vergelijken met de Finse Lappenhond, wat betekent dat ook deze Zweed lief voor kinderen, leergierig, aanhankelijk, beweeglijk en niet kleinzerig is.

OPVOEDING
De hond leert snel en gemakkelijk, en u kunt dan ook overwegen de hond een behendigheids- of gehoorzaamheidscursus te laten volgen, of misschien fly-ball. Met de juiste aanpak kan dit ras in deze sporten hoge ogen gooien.

SOCIALE AANLEG
Een Zweedse Lappenhond uit een goede lijn gaat goed om met andere honden en is, zoals al vermeld, ten opzichte van kinderen zeer verdraagzaam. Vreemden worden wel aangekondigd, maar daar blijft het dan ook bij. Eigenlijk is deze Zweed tegen iedereen vriendelijk.

BEWEGING
Dit ras heeft een groot uithoudingsvermogen en is graag bezig. De hond vindt het heerlijk om met u te wandelen en blijft dan altijd dicht bij u in de buurt.

BIJZONDERHEDEN
Qua uiterlijk lijkt de Zweedse Lappenhond erg veel op zijn Finse naamgenoot.

Europese keeshonden

Dwergkees en Kleine Keeshond

LAND VAN HERKOMST
Duitsland.

AANLEG
Gezelschapshond.

GROOTTE
De schouderhoogte bij de Dwergkees ligt tussen de 18 en 22 cm; bij de Kleine Keeshond varieert de schofthoogte van 23 tot 28 cm.

VACHT
De hond heeft lange, uitstaande haren en een dikke ondervacht. De kleur is effen wit, oranje, zwart, bruin of grijs.

Dwergkeeshond

VERZORGING
Eens in de twee weken moet u de vacht uitkammen met een zeer grove kam, daarna borstelt u de vacht lichtjes. Werkt u met een (te) fijne kam of kamt u de hond te vaak, dan loopt u het risico dat u de ondervacht beschadigt.

AARD
Levendig, opgewekt, soms overmoedig, intelligent, leergierig, zeer trouw aan zijn baas en diens gezin, waakzaam, energiek, lief van karakter, niet opdringerig.

OPVOEDING
Leer de hond al vroeg dat hij een paar keer mag blaffen als er iets aan de hand is (deurbel, visite), maar dat hij daarna weer stil moet zijn. Wees hier erg consequent in! Kleine Keeshonden en Dwergkeesjes zijn over het algemeen gemakkelijk op te voeden omdat ze intelligent zijn en snel leren.

SOCIALE AANLEG
Soms worden Dwergkeesjes en Kleine Keesjes wat nerveus van al te drukke kinderen. De omgang met soortgenoten en andere huisdieren verloopt in het algemeen probleemloos. Sommige Keesjes denken dat ze grote honden zijn en schromen niet een andere (grote) hond aan te vallen. Bescherm deze 'dappere' honden tegen zichzelf.

BEWEGING
Kleine Keesjes en Dwergkeesjes zijn tevreden

met korte wandelingen en spelen graag in de tuin, maar ze kunnen u ook kilometers vergezellen zonder moe te worden.

BIJZONDERHEDEN
Beide honden zijn gezellige, bijzonder mooie en gezonde hondjes, al zijn ze waarschijnlijk voor een druk gezin niet de verstandigste keus.

Grote Keeshond en Wolfskeeshond

LAND VAN HERKOMST
Duitsland.

AANLEG
Ongediertebestrijder, waak- en gezinshond.

GROOTTE
De ideale hoogte voor een Grote Keeshond is 46 cm – afwijkingen van 4 cm naar boven en naar beneden zijn toegestaan. De Wolfskeeshond heeft een ideale hoogte van 50 cm, waarbij afwijkingen van 5 cm naar boven of naar beneden worden geaccepteerd.

Keeshond, wolfsgrauw

VACHT
De hond heeft een dikke ondervacht met wat langer, uitstaand dekhaar. De Wolfskeeshond heeft een wolfsgrauwe kleur, terwijl de Grote Keeshond het meest in effen zwart, bruin of wit te zien is.

VERZORGING
In de ruiperiode zult u de vacht regelmatig met een grove kam moeten borstelen en kammen om het dode haar uit de vacht te verwijderen. De Grote Keeshond mag u buiten deze periode om niet te veel kammen omdat u anders de ondervacht kunt beschadigen.

AARD
Opgewekt, trouw aan zijn baas en diens gezin, waaks, onomkoopbaar, intelligent en leergierig.

OPVOEDING
De Grote Keeshond is een intelligente hond die al snel weet wat er van hem verwacht wordt. De opvoeding zal daarom niet zo moeilijk zijn. Keeshonden kunt u vaak met succes laten deelnemen aan de verschillende takken van de hondensport, zoals behendigheid.

SOCIALE AANLEG
Keeshonden gaan van nature goed om met andere honden en kinderen, maar met katten moet u ze al vroeg vertrouwd maken. Vreemden worden normaal gesproken altijd aangekondigd.

BEWEGING
De Grote Keeshond heeft een gemiddelde behoefte aan beweging en past zich in de regel aan aan het gezin.

Middenslag Keeshond

Middenslag Keeshond

LAND VAN HERKOMST
Duitsland.

AANLEG
Ongediertebestrijder en gezinshond.

GROOTTE
De ideale hoogte voor deze hond is 32 cm, maar een schouderhoogte variërend van 29 tot 36 cm valt binnen de acceptabele afmetingen.

VACHT
De hond heeft een dikke ondervacht met wat langer, uitstaand dekhaar. De Middenslag Keeshond mag effen wit, zwart, bruin, oranje, maar ook wolfsgrauw zijn.

VERZORGING
In de ruiperiode zult u de vacht regelmatig met een grove kam moeten borstelen en kammen om het dode haar uit de vacht te verwijderen. Buiten de ruiperiode mag u deze hond niet te vaak kammen, anders kan de ondervacht beschadigd raken.

AARD
Opgewekt, trouw aan zijn baas en diens gezin, waaks, onomkoopbaar, soms wat blafferig, intelligent.

OPVOEDING
De Middenslag Keeshond is een intelligente hond die al snel doorheeft wat er van hem verwacht wordt. De opvoeding zal daarom niet zo moeilijk zijn. Wanneer u een wat blafferig exemplaar treft, is het verstandig het te veel aan blaffen af te leren.

Middenslag Keeshond

SOCIALE AANLEG
Keeshonden gaan goed om met soortgenoten en kinderen. Laat ze al vroeg wennen aan het gezelschap van katten. Vreemden worden altijd aangekondigd.

BEWEGING
Dit ras heeft een gemiddelde behoefte aan beweging en past zich in de regel aan aan het gezin.

Aziatische keeshonden en aanverwante rassen

Akita Inu

LAND VAN HERKOMST
Japan.

AANLEG
Vroeger onder andere jachthond op beren, tegenwoordig waak- en gezelschapshond.

GROOTTE
Reuen hebben een schouderhoogte van 67 cm en teven een van 61 cm. Afwijkingen van 3 cm naar boven of naar beneden zijn toegestaan.

VACHT
De hond heeft recht en grof bovenhaar en een zachte, dichte ondervacht. De toegestane kleuren bij de Akita Inu zijn volgens Japan (het land van herkomst) rood, wit en gestroomd. Een zwart masker wordt daar als fout bestempeld. In sommige landen (zoals Amerika) worden gevlekte honden en honden met een zwart masker wel op tentoonstellingen toegestaan. Daar zijn deze kleurslagen zeer geliefd.

Akita Inu

Akita Inu

VERZORGING
Dit ras is gemakkelijk te verzorgen. De Akita Inu zal ongeveer twee keer per jaar een korte, maar hevige rui doormaken. In die perioden kan een goede kam met een dubbele rij metalen tanden uitkomst bieden.

AARD
Evenwichtig, bedachtzaam, intelligent, vriendelijk, redelijk gehoorzaam, onverstoorbaar, groot jachtinstinct, goede waakhond zonder blafferig te zijn, trouw aan zijn baas en diens gezin, maar ook onafhankelijk en soms dominant. De Akita Inu werpt zich op als vriend, niet als slaaf.

OPVOEDING
Bij een baas die stevig in zijn schoenen staat en zeer consequent is, kan de Akita Inu veel leren. De hond presteert het beste als de oefeningen niet te lang achter elkaar herhaald worden. Dit ras is niet geschikt voor een beginner, tenzij u zich heel goed laat begeleiden.

SOCIALE AANLEG
De meeste Akita Inu's hebben geen boodschap aan andere honden en kunnen dan ook prima als enige hond gehouden worden. De meeste zijn zelfs uitgesproken dominant tegenover soortgenoten, zeker als deze van hetzelfde geslacht zijn. Aan katten en andere huisdieren zult u ze al vroeg moeten laten wennen, dat voorkomt later problemen. Over het algemeen gaan deze honden redelijk goed met kinderen om, op voorwaarde dat ze de hond in zijn waarde laten. De Akita zal zich nooit als speelkameraadje opwerpen. Vreemden zullen een wat gereserveerde ontvangst van deze hond krijgen.

BEWEGING
De Akita Inu heeft een groot uithoudingsvermogen, maar het is geen probleem als u eens een dag niet zo veel tijd hebt om een lange wandeling te gaan maken – de hond zal zich moeiteloos aanpassen. Vergeet echter niet dat deze honden een sterk jachtinstinct hebben en dat ze eenmaal onaangelijnd in een wildrijk gebied wel eens de benen kunnen nemen.

BIJZONDERHEDEN
De Akita Inu is in Japan tot 'nationaal monument' uitgeroepen en staat in hoog aanzien.

Chow-Chow, kortharig

LAND VAN HERKOMST
China.

AANLEG
De Chow-Chow heeft in het verleden verschillende 'functies' gehad; zo was hij eens jachthond, maar stond ook op de Chinese menukaart. Nu is hij een waakse gezinshond.

GROOTTE
Reuen hebben een schouderhoogte variërend van 48 tot 56 cm; bij teven varieert de hoogte van 46 tot 51 cm.

VACHT
De vacht is, zoals de naam al doet vermoeden, kortharig. De Chow-Chow komt voor in effen rood, zwart, blauw en crème. De Chow-Chow heeft een blauwe tong en blauw pigment.

Kortharige Zwarte Chow-Chow

Verzorging

De verzorging van de kortharige Chow heeft beduidend minder om het lijf dan die van de langharige Chow. Desondanks moet ook de kortharige vacht regelmatig goed doorgeborsteld worden, met name in de ruiperioden.

Aard

Attent, eigenzinnig, rustig en waardig, onafhankelijk, redelijk actief, dominant, waaks, moedig, hard voor zichzelf, karaktervol.

Opvoeding

De kortharige Chow-Chow heeft een eigenaar nodig die rustig en evenwichtig is, iemand die van nature overwicht uitstraalt. Er wordt van het kortharige ras gezegd dat het actiever is en sneller leert dan de langharige familieleden.

Sociale aanleg

De meeste Chow-Chows zijn wat dominant ten opzichte van andere honden. Met kinderen daarentegen kunnen ze over het algemeen goed overweg. Wen ze al vroeg aan katten en andere huisdieren, dat voorkomt problemen. In het gezelschap van vreemden gedraagt de Chow zich wat gereserveerd.

Beweging

Dit ras heeft niet erg veel lichaamsbeweging nodig, maar is wel graag buiten. Zorg er in de zomer voor dat de hond een koele plaats heeft waar hij zich terug kan trekken. Hij houdt namelijk niet zo van warmte.

Chow-Chow

Chow-Chow, kopstudie

Chow-Chow, langharig

LAND VAN HERKOMST
China.

AANLEG
De Chow-Chow heeft in het verleden verschillende 'functies' gehad; zo was hij eens jachthond, maar hij heeft ook jarenlang op de Chinese menukaart gestaan. Tegenwoordig is hij een waakse gezinshond.

GROOTTE
Reuen hebben een schouderhoogte variërend van 48 tot 56 cm; bij teven varieert de hoogte van 46 tot 51 cm.

VACHT
De vacht bestaat uit lang, uitstaand haar. Effen rood, zwart, blauw en crème zijn de meest voorkomende kleuren. Chow-Chows hebben een blauwe tong en blauw pigment.

VERZORGING
De Chow-Chow moet regelmatig goed doorgeborsteld worden, met name op plaatsen waar klitten kunnen ontstaan. Wen de hond al op jonge leeftijd aan dit ritueel, zodat dit later, als de hond groter en sterker is, niet ontaardt in een machtsstrijd.

AARD
Eigenzinnig, rustig en waardig, onafhankelijk, dominant, waaks, moedig, hard voor zichzelf, karaktervol.

OPVOEDING
De toekomstige eigenaar moet een rustige persoon zijn die evenwichtig van aard is en van nature overwicht uitstraalt. Bij zo'n eigenaar zal de Chow zich het beste kunnen ontplooien. Verwacht van deze hond geen wonderen op het gebied van gehoorzaamheid – zijn eigenzinnigheid en koppigheid zijn hem aangeboren. Natuurlijk kunt u de Chow best het een en ander leren, hij is tenslotte niet dom. Het punt is echter dat hij zelf het nut van commando moet leren inzien. Belangrijk is dat u altijd consequent blijft.

SOCIALE AANLEG
De meeste Chow-Chows zijn wat dominant ten opzichte van andere honden. Met kinderen daarentegen kunnen ze over het algemeen goed overweg. Wen ze al vroeg aan katten en andere huisdieren, want dat voorkomt problemen. In het gezelschap van vreemden gedraagt de Chow zich wat gereserveerd.

BEWEGING
Dit ras heeft niet erg veel lichaamsbeweging nodig, maar is wel graag buiten. Zorg er in de zomer voor dat de hond een koele plaats heeft waar hij zich terug kan trekken. Hij houdt namelijk niet zo van warmte.

Eurasiër

Eurasiër

LAND VAN HERKOMST
Duitsland.

AANLEG
Gezinshond.

GROOTTE
De schouderhoogte van reuen ligt tussen de 52 en 60 cm; teven zijn wat kleiner, zij meten 48 tot 56 cm hoog. De ideale hoogte voor een reu is 56 cm bij een gewicht van 26 kilo; voor een teef geldt 52 cm als ideaal bij een gewicht van 22 kilo.

VACHT
De bovenvacht is matig lang, los aanliggend en stevig, terwijl de ondervacht dik en wollig is. Alle kleuren en kleurcombinaties zijn toegestaan, behalve wit, witgevlekt en leverkleurig.

VERZORGING
De Eurasiër heeft relatief weinig vachtverzorging nodig. Het wordt zelfs ten zeerste afgeraden om de vacht dagelijks te kammen en te borstelen, omdat u daarmee onnodig veel onderwol uit de vacht trekt. In de ruiperiode gebruikt u een kam met een dubbele rij metalen tanden om het dode en losse haar te verwijderen.

Eurasiër

Japanse Spits

Aard
Evenwichtig, rustig, waakzaam, vriendelijk, soms wat eigenzinnig, maar toch redelijk gehoorzaam, intelligent, zeer trouw aan zijn gezin. De Eurasiër blaft weinig.

Opvoeding
Gelukkig is het niet zo moeilijk deze hond op te voeden, al moet de toekomstige eigenaar wel consequent zijn en voldoende overwicht hebben. Eurasiërs zijn niet geschikt voor een leven als kennelhond.

Sociale aanleg
Eurasiërs gaan goed om met kinderen, maar tegenover vreemden gedragen ze zich wat gereserveerd. Ook de omgang met soortgenoten verloopt normaal gesproken probleemloos. Voor andere huisdieren geldt dat u ze daar al vroeg aan moet laten wennen.

Beweging
Dit hondenras heeft redelijk wat beweging nodig. Minimaal een uur wandelen met de hond is toch wel het minimum. Daarnaast vinden de honden het heerlijk om onaangelijnd rond te rennen en te spelen.

Japanse Spits

Land van herkomst
Japan.

Aanleg
Gezinshond.

Grootte
Reuen hebben een schouderhoogte van 30 cm; teven zijn wat kleiner.

Vacht
De langharig vacht, die een dichte ondervacht heeft, is altijd wit.

Verzorging
Kam en borstel de Japanse Spits niet te veel, anders loopt u het risico dat u de ondervacht beschadigt. In de ruiperiode kunt u het beste een grove kam met een dubbele rij metalen tanden gebruiken om de losse haren uit de ondervacht te verwijderen.

Aard
Opgewekt, intelligent, speels, waaks en gehoorzaam.

Opvoeding
De Japanse Spits is niet moeilijk op te voeden. Belangrijk is dat de toekomstige eigenaar altijd consequent blijft tegen zijn hond. Japanse Spitsen leren vrij snel en beleven veel plezier aan sporten als behendigheid en fly-ball.

Sociale aanleg
Over het algemeen gaat deze hond erg goed met kinderen om. Ten opzichte van vreemden stellen de meeste zich wat gereserveerder op. Het

gezelschap van soortgenoten en andere huisdieren levert normaal gesproken ook geen enkel probleem op.

BEWEGING
Wilt u de hond geestelijk en lichamelijk in goede conditie houden, dan gaat u driemaal daags met hem wandelen en laat u hem daarnaast regelmatig onaangelijnd rennen en spelen.

Japanse Spits

Shiba Inu's

Shiba Inu

LAND VAN HERKOMST
Japan.

AANLEG
Jachthond en gezinshond.

GROOTTE
Reuen hebben een schouderhoogte van 39,5 cm, teven een van 36,5 cm. Afwijkingen van 1,5 cm naar boven of naar beneden zijn toegestaan.

VACHT
De Shiba Inu heeft een korte, rechte vacht met een zachte ondervacht. Shiba Inu's komen voor in rood, gestroomd, wit, zwart, black and tan, peper-en-zout, rood- en zwartgepeperd.

VERZORGING
De vacht van deze Japanse hond heeft niet zo veel verzorging nodig. Zo nu en dan moet u de dode haren verwijderen om de vacht in goede conditie te houden. Hiervoor kunt u het beste een grove kam met een dubbele rij metalen tanden gebruiken.

Shiba Inu

AARD
Shiba Inu's zijn levendig, evenwichtig, blaffen weinig, zijn gehecht aan hun baas, maar zijn tegelijkertijd ook onafhankelijk, nieuwsgierig, vrolijk en waaks. Shiba Inu's zijn daarbij zindelijke honden die van nature erg schoon zijn op zichzelf.

OPVOEDING
De opvoeding van deze hond stelt u gelukkig voor niet al te veel problemen, als u maar reke-

ning houdt met zijn eigenzinnige en soms wat onafhankelijke karakter. Wissel de oefeningen af met wat spelen om ervoor te zorgen dat de hond het leuk blijft vinden.

SOCIALE AANLEG
De Shiba Inu gaat over het algemeen goed om met honden en andere huisdieren. Hij is iets terughoudend ten opzichte van vreemden, maar met kinderen zijn er in de regel geen problemen.

BEWEGING
Deze weinig eisen stellende hond past zich moeiteloos aan uw omstandigheden aan, maar mocht het eens nodig zijn, dan kan hij urenlang lopen.

Keeshonden van het oerhondtype

Basenji

LAND VAN HERKOMST
Afrika.

AANLEG
Jachthond en gezelschapshond.

GROOTTE
De ideale schouderhoogte voor reuen is 43 cm, voor de teven is de ideale afmeting 40 cm.

VACHT
De vacht is kortharig, dicht en fijn van structuur. Basenji's komen het meeste voor in rood met wit, maar zwart met wit en zwart met tan en wit mogen ook ('tri colour'). De gestroomde variant wordt niet in alle landen erkend.

VERZORGING
Borstel de vacht zo nu en dan met een grove rubberen borstel of met een glanshandschoen. Basenji's zijn van nature erg schoon op zichzelf.

AARD
Dit merkwaardige ras heeft veel katachtige trekken. Zo likken deze honden regelmatig hun eigen vacht schoon. Blaffen kunnen ze niet, ze stoten een soort 'gejodel' uit. Basenji's zijn onafhankelijke en eigenzinnige honden, maar tegelijkertijd ook zeer gehecht aan hun baas en zeer op zijn aanwezigheid gesteld. De meeste Basenji's hebben een hekel aan regen en kunnen niet zo goed tegen kou en tocht.

OPVOEDING
Wanneer u een perfect luisterende gezinshond wilt, kunt u beter uitkijken naar een ander ras. Basenji's zijn onafhankelijke stijfkoppen die

Basenji, kopstudie

Basenji, kopstudie

niet eenvoudig op te voeden zijn. Het vergt heel veel inlevingsvermogen en slimmigheid van een toekomstige eigenaar om hem goed te laten luisteren, en zo nu en dan kan een correctie op z'n plaats zijn. U doet er trouwens ook geen goed aan deze hond te willen omvormen tot een perfect luisterend dier, omdat u daarmee het karakter van de hond geweld aan doet.

SOCIALE AANLEG
Tot op zekere hoogte gaan deze honden redelijk goed om met kinderen, al zullen ze de hond in zijn waarde moeten laten, maar Basenji's zullen zich nooit ontpoppen tot echte speelkameraadjes. Van nature zijn Basenji's tegenover vreemden wat gereserveerd en hebben ze een grote drang hun baas te beschermen. De omgang met andere honden verloopt in de regel probleemloos. Vergeet niet dat de Basenji van oorsprong een jachthond op klein wild is en dat het daarom verstandig is de hond al vroeg met katten en andere huisdieren vertrouwd te maken.

BEWEGING
Dit ras past zich aan uw omstandigheden aan, wat betekent dat de hond goed op een flat kan leven, mits u vaak genoeg met hem gaat wandelen.

Basenji

BIJZONDERHEDEN
Teven van dit ras worden in de regel slechts één maal per jaar loops.

Pharaohond

LAND VAN HERKOMST
Malta.

AANLEG
Jachthond (op zicht, gehoor en reuk) en gezinshond.

GROOTTE
Voor reuen geldt een ideale schouderhoogte van 56 cm, terwijl voor teven 53 cm perfect is.

VACHT
Deze hond heeft een korte, glanzende vacht. De kleur loopt van licht tot donker roodbruin, waarbij een witte staartpunt zeer gewenst is. Wit op de borst en tenen en een smalle witte bles zijn toegestaan.

Pharaohond

Cirneco dell'Etna

VERZORGING
De Pharaohond heeft weinig vachtverzorging nodig. Het enige wat u zo nu en dan moet doen, is het met een rubberen borstel verwijderen van de dode en losse haren.

AARD
Redelijk zelfstandig, speels, moedig en evenwichtig, niet opdringerig, waaks, aanhankelijk en trouw aan zijn gezin, rustig in huis, vriendelijk, intelligent en redelijk gehoorzaam. De Pharaohond heeft een groot uithoudingsvermogen en een diep geworteld jachtinstinct.

OPVOEDING
De opvoeding stelt u niet voor grote problemen. De toekomstige eigenaar moet veel inzicht in het karakter van de hond hebben en daarnaast moet hij consequent kunnen zijn.

SOCIALE AANLEG
De reuen van dit ras kunnen zich soms wat dominant gedragen ten opzichte van andere reuen. Met kinderen kunnen ze over het algemeen goed opschieten, terwijl vreemden wat gereserveerd worden bejegend. Katten en andere kleinere huisdieren zijn niet de geschiktste huisgenoten voor een Pharaohond, omdat de hond deze dieren als een prooi ziet. Maar met een goede begeleiding kunt u de hond ondanks zijn jachtinstinct best leren samen te leven met uw huiskat, op voorwaarde dat u al heel vroeg met dit socialisatieproces begint.

BEWEGING
De Pharaohond heeft veel beweging nodig. Trek dagelijks minstens een uur uit om met de hond te gaan fietsen. Coursing is een ideaal alternatief wanneer u niet met uw hond kunt of wilt jagen. Pharaohonden kunnen er wel eens vandoor gaan als ze wild ruiken of zien – het blijven nu eenmaal zelfstandige jachthonden. Wilt u dit buiten voorkomen, zorg dan voor een degelijke, hoge omheining rond uw tuin, want Pharaohonden kunnen erg hoog springen.

BIJZONDERHEDEN
De Pharaohond wordt ook wel een halfwindhond genoemd omdat hij niet alleen op zicht, maar ook op neus en gehoor jaagt.

Jagende keesachtigen van het oerhondtype

Cirneco dell'Etna

LAND VAN HERKOMST
Sicilië.

AANLEG
Jachthond, gezinshond.

GROOTTE
Reuen 46-50 cm, teven 42-46 cm.

VACHT
De vacht van deze Siciliaanse hond is kortharig. Alle tinten rood zijn toegestaan, evenals een witte aftekening. Ook een witte hond met rode platen wordt geaccepteerd, al komt deze combinatie weinig voor.

VERZORGING
Dit vacht van dit ras heeft niet veel verzorging nodig. Zo nu en dan borstelt u de hond met een glanshandschoen. Controleer regelmatig of de gehoorgang schoon is en houd de nagels kort.

AARD
Vriendelijk, beweeglijk, waaks, intelligent, zeer trouw aan zijn baas en diens gezin, erg aanhankelijk. De meeste Cirneco's gebruiken hun stem graag en veel; ze eisen veel aandacht op.

OPVOEDING
De Cirneco dell'Etna is relatief gemakkelijk op te voeden, mits de baas consequent is.

SOCIALE AANLEG
De hond kan ten opzichte van soortgenoten wat gereserveerd zijn, maar gaat over het algemeen erg goed om met exemplaren van zijn eigen ras. De omgang met uw huiskat zal geen problemen opleveren, maar vreemde katten zullen doorgaans worden nagejaagd. Dit ras is lief en geduldig met kinderen. Vreemden worden in de regel wel aangekondigd, maar vervolgens blijft het daar dan ook bij.

Cirneco dell'Etna, kopstudie

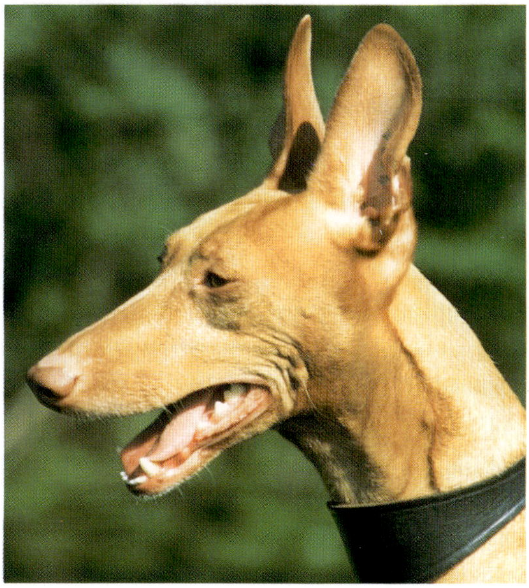

BEWEGING
Omdat de Cirneco veel behoefte aan beweging heeft, moet u hiervoor minimaal een uur per dag uittrekken. Lopen naast de fiets is een goede manier van lichaamsbeweging, evenals coursing.

BIJZONDERHEDEN
De Cirneco dell'Etna wordt ook wel een halfwindhond genoemd, aangezien hij niet alleen op zijn neus, maar ook op zijn gehoor en zicht jaagt. Laat dit ras alleen onaangelijnd rondlopen als u er zeker van bent dat er geen wild in de buurt is, anders steekt het jachtinstinct van de hond de kop op en gaat hij zelfstandig op strooptocht. Cirneco's kunnen erg hoog springen en daarom doet u er verstandig aan uw tuin van een degelijke, hoge omheining te voorzien. Deze hond vertoeft graag in de buurt van zijn baas – als kennelhond is hij dus volledig ongeschikt.

Podenco Ibicenco

Podenco Ibicenco

LAND VAN HERKOMST
Spaanse eilanden.

AANLEG
Jachthond (op zicht, gehoor en reuk) en gezinshond.

GROOTTE
Reuen hebben een schouderhoogte variërend van 66 tot 72 cm. Bij teven ligt deze hoogte tussen de 60 en 67 cm.

Podenco Ibicenco, kopstudie

VACHT
De Podenco Ibicenco komt voor in kortharige, langharige en ruwharige variëteiten. De kortharige zien we het meest, terwijl de langharige zeer zeldzaam is. Deze laatste heeft in principe wat langer ruw haar dat zachter van textuur is. Veel voorkomende kleuren zijn rood of wit of een combinatie hiervan.

VERZORGING
De kortharige Podenco kan zo nu en dan met een rubberen borstel geborsteld worden. De ruwharige variant hoeft niet geplukt te worden, ook hier volstaat zo nu en dan borstelen.

AARD
Rustig en aanhankelijk, zeer trouw aan zijn gezin, redelijk zelfstandig, waaks, alert, leergierig, redelijk gehoorzaam, groot uithoudingsvermogen, energiek, intelligent, moedig, evenwichtig. De Podenco Ibicenco heeft een sterk ontwikkeld jachtinstinct.

OPVOEDING
Deze hond leert graag en snel. U kunt de hond aan de verschillende takken van de hondensport laten deelnemen, mits u de hond op een juiste manier hebt opgevoed en begeleid. De dieren zijn erg gevoelig voor de stem van hun baas en een vriendelijk verzoek zal dan ook meer effect hebben dan een nors commando.

SOCIALE AANLEG
Deze honden gaan erg goed om met kinderen, maar ten opzichte van vreemden zal de Podenco een wat afwachtende houding aannemen. Als hij echter in de gaten heeft dat de vreemde geen kwaad in de zin heeft, is het ijs al snel gebroken. Podenco-reuen kunnen soms wat dominant zijn tegenover andere reuen. Met uw huiskat zullen ze geen probleem hebben, mits u de hond al op jonge leeftijd met deze dieren gesocialiseerd hebt.

BEWEGING
Ondanks het grote aanpassingsvermogen van dit ras –u kunt de hond zelfs op een flat houden– heeft het toch erg veel beweging nodig. U kunt de hond naast de fiets laten lopen, maar niet voordat de hond volledig is uitgegroeid! Sommige Podenco's willen nog wel eens hun neus of oog achterna gaan als ze iets interessants ontdekken – het blijven tenslotte jachthonden. Voorkom dit door een goede en vooral hoge omheining rond uw tuin te bouwen, want dit ras springt vanuit stand moeiteloos 2 meter hoog; ze schijnen zelfs over een omheining heen te kunnen klimmen. De meeste Podenco's apporteren graag, en ook coursing is een geschikte sport voor dit ras.

BIJZONDERHEDEN
Gezien zijn karakter hoort deze hond niet thuis in een kennel. De Podenco Ibicenco wordt ook wel een halfwindhond genoemd vanwege het feit dat hij niet alleen op zicht, maar ook op neus en gehoor jaagt.

Thai Ridgeback Dog

Thai Ridgeback Dog

LAND VAN HERKOMST
Thailand.

AANLEG
Jachthond en waakhond.

GROOTTE

De schouderhoogte ligt bij reuen tussen de 53 en 61 cm en bij teven tussen de 48 en 56 cm.

VACHT

De vacht is zeer kortharig en zacht, met de typische 'ridge' op de rug (een strook haar die in tegenovergestelde richting van de rest van de vacht groeit). Thai Ridgeback Dogs kunnen blauw, zilverkleurig, kastanjebruin of zwart zijn.

VERZORGING

Deze Ridgeback heeft een minimum aan vachtverzorging nodig. Als u de vacht zo nu en dan borstelt, blijft deze in prima conditie.

AARD

Waaks, intelligent, soms wat eigenzinnig, groot uithoudingsvermogen, actief, beweeglijk, terughoudend in de buurt van vreemden.

OPVOEDING

De opvoeding van de Thai Ridgeback Dog moet met zachte, maar zeer consequente hand plaatsvinden.

SOCIALE AANLEG

De omgang met andere huisdieren levert geen enkel probleem op, maar dan moet de hond wel met deze dieren zijn grootgebracht. Ten opzichte van vreemden stelt de Thai zich enigszins terughoudend op.

BEWEGING

Dit Thaise ras heeft redelijk wat beweging nodig. Lopen naast de fiets of het geregeld maken van langere wandelingen zijn beslist noodzakelijk om de hond geestelijk en lichamelijk in goede conditie te houden. Er zijn voorbeelden bekend van honden van dit ras die met goed gevolg verschillende cursussen hebben volbracht.

BIJZONDERHEDEN

De Thai Ridgeback Dog is buiten het land van herkomst een zeldzame verschijning.

Thai Ridgeback Dog

6. Drijvende honden

Drijvende honden

Basset Artesien Normand

LAND VAN HERKOMST
Frankrijk.

AANLEG
Jachthond en gezinshond.

GROOTTE
De schouderhoogte ligt voor reu en teef tussen de 30 en 36 cm.

VACHT
De vacht is kortharig en zeer dicht. Alleen een driekleurige vacht of een wit met oranje vacht is toegestaan. Witte voeten zijn gewenst.

VERZORGING
Zo nu en dan haalt u een rubberen borstel over de vacht om de losse haren te verwijderen. Houd de oren schoon en gebruik hiervoor eventueel kwalitatief goede oorcleaner – gebruik nooit wattenstaafjes, die het vuil alleen maar verder de gehoorgang in proppen. De nagels houdt u kort door ze wanneer dat nodig is wat bij te vijlen.

AARD
Sociaal en vriendelijk, gezellig en zachtaardig, zelfstandig, goede neus. De Basset Artesien Normand heeft een zware blaf en kan die zo nu en dan laten horen, al valt het wel mee als de hond in huis gehouden wordt.

OPVOEDING
Hoewel deze Basset een beetje eigenzinnig is, kunt u hem met veel geduld, liefde en volharding best het een en ander bijbrengen. Wees wel consequent.

SOCIALE AANLEG
Deze hond leeft in zijn land van herkomst voornamelijk in een meute en kan het dan ook prima vinden met andere honden. Als u hem al vroeg socialiseert met katten en andere huisdieren, zal de omgang met deze dieren later geen problemen geven. Hoewel bezoekers luid worden aangekondigd, kunnen ze rekenen op een warm onthaal.

Petit Bleu de Gascogne

Basset Artesien Normand

Basset Artesien Normand

BEWEGING
Ga met deze Basset regelmatig wat langere stukken wandelen, maar pas op: als hij een wildspoor ontdekt, kan er wel eens vandoor gaan – wat eigenlijk voor de meeste honden uit deze groep geldt. Mocht dit onverhoopt toch eens gebeuren, leg dan op de plaats waar u de hond bent kwijtgeraakt een kledingstuk of iets anders neer waar uw geur aan zit. Tien tegen een dat u de hond de volgende morgen of na een aantal uren weer op die plaats vindt.

Basset Bleu de Gascogne

Basset Bleu de Gascogne

LAND VAN HERKOMST
Frankrijk.

AANLEG
Jachthond en gezinshond.

GROOTTE
De schouderhoogte ligt tussen de 34 en 40 cm.

VACHT
De kortharige en zeer dichte vacht heeft een witte, zwartgespikkelde ondergrond, met zwarte vlekken of een mantel en tankleurige aftekeningen.

VERZORGING
In principe heeft de vacht van de Basset Bleu de Gascogne niet veel verzorging nodig. Zo nu en dan haalt u een rubberen borstel over zijn vacht om de losse haren te verwijderen. De oren mogen daarentegen nooit verwaarloosd worden. Controleer regelmatig of ze schoon zijn en gebruik zo nu en dan een goede oorcleaner om de gehoorgang schoon te houden. De nagels houdt u kort door ze wat bij te vijlen.

Basset Bleu de Gascognes

AARD
Sociaal, vriendelijk, gevoel voor humor, zachtaardig, zelfstandig, goede neus. De Basset Bleu de Gascogne heeft een luide stem die jagers als muziek in de oren klinkt. In zijn rol als huishond wordt deze stem echter wat minder gewaardeerd, maar gelukkig valt het in de praktijk allemaal reuze mee. De Basset verwelkomt gewenst, maar ook ongewenst bezoek.

OPVOEDING
Deze hond is een beetje eigenwijs, een eigenschap die dit ras van nature eigen is. Dit wil echter niet zeggen dat het onmogelijk is hem het een en ander bij te brengen. Als u hem niet al te hard opvoedt, maar zijn karakter in banen leidt, is deze Fransoos een heel prettige huisgenoot.

SOCIALE AANLEG
Deze hond leeft in zijn land van herkomst voornamelijk in een meute. Hij kan het dan ook prima vinden met andere honden. Maar ook kinderen en/of bezoek zorgen zelden of nooit voor problemen. Laat de hond al vroeg wennen aan katten en andere huisdieren, dan zal hij ook hun gezelschap probleemloos verdragen.

BEWEGING
Ga regelmatig wat langere stukken met deze hond lopen, maar pas op: als hij met zijn uitmuntende neus een spoor van wild ontdekt, kan hij wel eens de benen nemen.

Basset Fauve de Bretagne

LAND VAN HERKOMST
Frankrijk.

AANLEG
Jachthond op klein wild, gezinshond.

GROOTTE
De schouderhoogte varieert van 32 tot 38 cm, maar een afwijking van 2 cm naar boven of naar beneden is toegestaan.

VACHT
De vacht bestaat uit harde, dichte, bijna korte haren. Goudkleurig of een donkere rossige tint komt het meeste voor. Kleine witte vlekjes zijn niet gewenst.

VERZORGING
Verwijder het teveel aan haar in de gehoorgang en houd de nagels kort. Kam de vacht regelmatig en laat de vacht ongeveer twee keer per

Bassets Fauve de Bretagne

jaar (afhankelijk van de vachtkwaliteit) plukken (wat u wellicht ook zelf kunt doen). De vacht mag nooit geschoren worden!

AARD
Vrolijk, tikje eigenwijs, intelligent, vriendelijk, dapper, actief, goede neus.

OPVOEDING
De Basset Fauve de Bretagne is met zijn uitstekende neus een jachthond in hart en nieren. Om te voorkomen dat hij deze kwaliteiten gaat gebruiken op een boswandeling, leert u hem al op jonge leeftijd dat hij op uw bevel naar u toe moet komen.

SOCIALE AANLEG
Met kinderen kan deze hond prima opschieten, en harmonieus samenleven met andere honden en huisdieren is ook geen enkel probleem. Zoals voor bijna alle honden geldt, moet ook de Basset Fauve de Bretagne al op jonge leeftijd gesocialiseerd worden met katten en andere huisdieren.

BEWEGING
Dit ras heeft een gemiddelde hoeveelheid lichaamsbeweging nodig. Laat de hond regelmatig lekker rennen en spelen. In onder andere Frankrijk wordt deze Basset voornamelijk als meutehond gehouden en ingezet voor de konijnenjacht.

Basset Fauve de Bretagne

Basset Griffon Vendéen (Petit en Grand)

LAND VAN HERKOMST
Frankrijk.

AANLEG
Jachthond (meutehond voor het opjagen van wild) en gezinshond.

Petit Basset Griffon Vendéen

Petit Basset Griffon Vendéen, puppy

GROOTTE
De Petit Basset Griffon Vendéen heeft een schouderhoogte die varieert van 34 tot 38 cm. De Grand Basset Griffon Vendéen meet 38 tot 42 cm.

VACHT
De ruwharige, harde en niet al te lange vacht is een beetje los en heeft geen krullen. Deze honden zijn eenkleurig (haaskleurig of grijs/wit), tweekleurig (wit met grijze, rode, oranje of zwarte vlekken) of driekleurig (wit-zwart-rood, wit met haaskleur, wit-grijs-rood). Eenkleurig vaalrood ziet men liever niet.

VERZORGING
U zult de vacht van deze hond regelmatig moeten kammen en borstelen. Houd de oren en vooral de gehoorgang schoon. Te lange nagels kunnen gevijld worden en het teveel aan haar tussen de voetzolen knipt u weg, zodat daar geen klitten kunnen ontstaan of tussen de voetzolen doornen en dergelijke kunnen blijven vastzitten. Ongeveer één keer per jaar kunt u

deze hond met de hand (laten) plukken om het dode en losse haar uit de vacht te verwijderen. Wilt u met uw Grand Basset een tentoonstelling bezoeken, dan kunt u zijn hals wat beter laten uitkomen door hier wat extra beharing weg te halen. Volgens de standaard behoort de Petit kleine oren en een korte staart te hebben. Voor tentoonstellingen worden oren en staart geaccentueerd door hier het teveel aan beharing weg te knippen.

Aard
Opgewekt, levendig, sociaal, lief, gevoelig, pienter, tikje eigenzinnig, beweeglijk, ongecompliceerd.

Opvoeding
Dit ras is wat eigenzinnig van aard, wat wil zeggen dat u niet de illusie mag koesteren er ooit een perfect luisterende hond van te maken. Toch kunt u de hond met de juiste aanpak en veel geduld best het een en ander leren.

Sociale aanleg
Honden en andere huisdieren, maar ook kinderen en visite worden over het algemeen probleemloos geaccepteerd onder het motto 'hoe meer zielen hoe meer vreugd'.

Beweging
Omdat deze Bassets redelijk veel beweging nodig hebben, moet u ze regelmatig meenemen op lange wandelingen. In hun land van herkomst worden ze voornamelijk als meutehond voor de jacht gehouden. De Grand Basset Griffon Vendéen wordt gebruikt voor de jacht op haas en ree, terwijl de Petit Basset voor de jacht op het konijn wordt ingezet. De honden passen zich in de regel erg goed aan als u ze als gezinshond wilt houden.

Grand Bassets Griffon Vendéen

Basset Hound, tweekleurige reu

Basset Hound

LAND VAN HERKOMST
Engeland.

AANLEG
Jacht- en gezinshond.

GROOTTE
De schouderhoogte ligt tussen de 33 en 38 cm. Bassets zijn zware honden voor hun grootte.

VACHT
De vacht van deze Basset is kortharig, glad en dicht. De kleurcombinatie die het meeste voorkomt is bruin, zwart en wit. Daarnaast zien we ook rood met wit, maar eigenlijk zijn bijna alle houndkleuren toegestaan.

VERZORGING
De vachtverzorging van de Basset Hound heeft niet veel om handen. Met een rubberen handschoen verwijdert u in de ruiperiode de dode en losse haren. Ongeveer één keer per week moet u de oren goed schoonmaken, zowel in- als uitwendig. Ook voor deze hond geldt dat u zijn nagels kort moet houden. Wanneer dat nodig is, moet u de huidplooien schoonmaken. Geef deze Basset niet te veel tussendoortjes, hij heeft namelijk nogal de aanleg dik te worden. Bij Bassets met sterk hangende oogleden is het verstandig zo nu en dan de ogen te druppelen. Omdat dit ras erg snel groeit, is het af te raden op de voeding te beknibbelen, zeker als de hond nog in de groei is.

AARD
Eigenzinnig, zacht, sociaal, lief, rustig, speels, geduldig, houdt van gezelschap, heeft gevoel voor humor, een echte 'persoonlijkheid' die uw stemmingen perfect aanvoelt. De Basset Hound heeft een zeer goede neus.

OPVOEDING
Basset Hounds zijn eigenzinnige dieren, wat wil zeggen dat ze nu niet direct uitmunten in het opvolgen van commando's. Maar met een consequente aanpak en veel geduld kunt u deze honden zeker het een en ander bijbrengen. Een jonge Basset mag u nooit uitputten door hem bijvoorbeeld te lange wandelingen te laten maken. De jonge hond heeft namelijk al zijn energie nodig om een goed en sterk gestel op te bouwen.

SOCIALE AANLEG
Deze honden zijn prima kameraadjes voor kinderen, en gelukkig kunnen ze ook goed opschieten met soortgenoten en andere dieren. Tegen vreemden zijn ze vriendelijk, maar als ze onraad ruiken, zult u zeer zeker hun zware blaf kunnen horen. Deze bijzondere honden kunnen niet zo goed tegen alleen zijn. Wanneer u van tevoren al weet dat u uw hond elke dag meerdere malen alleen moet laten, doet u er goed aan twee Bassets te nemen.

BEWEGING
Het ras heeft relatief maar weinig beweging nodig. Ze zijn al tevreden met driemaal daags een blokje om, en als u daarnaast nog wat met ze speelt en dolt in de tuin, zijn ze helemaal gelukkig. Zorg ervoor dat uw tuin een goede omheining heeft, want de meeste Bassets kunnen de verleiding niet weerstaan op eigen houtje de wereld te ontdekken.

Basset Hound, teef

Beagles

Beagle

Beagle

LAND VAN HERKOMST
Engeland.

AANLEG
Jacht- en gezinshond.

GROOTTE
De schouderhoogte van een Beagle ligt tussen de 33 en 41 cm en de hond weegt ongeveer 15 kilo.

VACHT
De vacht is kort en weerbestendig. De driekleurige Beagle komt het meeste voor, dat wil zeggen een witte ondergrond, een bruine kop en rug, en een zwart zadel. Daarnaast is elke erkende brakkenkleur toegestaan. Een leverkleurige Beagle is ongewenst.

VERZORGING
Borstel de vacht dagelijks om dode en losse haren te verwijderen. Zoals bij alle rassen met hangende oren moet u de gehoorgang heel regelmatig nakijken op vuil.

AARD
Levendig, sociaal, vrolijk, eigenzinnig, moedig, intelligent, vastberaden en waaks. Beagles hebben nog wel eens de neiging hun neus achterna te gaan.

OPVOEDING
De Beagle is nu niet meteen het gehoorzaamste hondenras. In de eerste plaats is hij een vrij zelfstandige jachthond, die daarnaast ook als huishond geschikt is. We raden u aan met een Beagle naar een gehoorzaamheidscursus te gaan.

SOCIALE AANLEG
Beagles gaan in de regel erg goed om met andere honden en kinderen, maar ook onbekende mensen worden vriendelijk bejegend. Wen dit ras al op jonge leeftijd aan katten en andere huisdieren.

BEWEGING
Dit hondenras heeft nog redelijk veel lichaamsbeweging nodig. Een goed omheinde tuin voorkomt dat uw Beagle aan de wandel gaat. Neem hem regelmatig mee op langere wandelingen, maar laat hem niet eerder onaangelijnd rondlopen totdat u er zeker van bent dat de hond goed onder appel staat, anders is de kans groot dat hij op eigen houtje achter wild aan gaat.

BIJZONDERHEDEN
Voor sportieve mensen is deze gezinshond een prima keuze, maar op een flat is hij minder op zijn plaats. Dit ras is graag buiten en kan prima met meerdere soortgenoten in een buitenkennel gehouden worden.

Bloedhond of Sint-Hubertushond

LAND VAN HERKOMST
België.

AANLEG
Jachthond (speurhond) en gezinshond.

GROOTTE
Reuen hebben een schouderhoogte die tussen de 63 en 69 cm ligt, teven zijn wat kleiner: 58 tot 63 cm.

VACHT
De Bloedhond heeft een glad aanliggende, kort-

harige vacht. Zij komen voor in zwart en rood, lever en rood, en effen rood. Een klein beetje wit op de borst, de voeten en de punt van de staart is toegestaan.

VERZORGING
De vachtverzorging van een Bloedhond heeft weinig te betekenen. Zo nu en dan borstelt u de vacht door om de dode en losse haren te verwijderen. De oren hebben wat meer aandacht nodig. Kijk ze geregeld na op vuil, zodat u eventuele ontstekingen kunt voorkomen, en het kan zeker geen kwaad de oren eens goed te wassen (bijvoorbeeld nadat ze in de etensbak hebben gehangen). De meeste exemplaren hebben hangende oogleden. Mocht het nodig zijn, dan kunt u de ogen druppelen met vitamine A.

AARD
Zachtaardig en aanhankelijk, onstuimig op jonge leeftijd, zeer goede neus, vriendelijk, vasthoudend, zwaar stemgeluid, geen blaffer, zelfstandig. Als een Bloedhond ergens zijn zinnen op heeft gezet, is hij moeilijk op andere gedachten te brengen.

Bloedhond of Sint-Hubertushond

Bloedhond of Sint-Hubertushond

OPVOEDING
De nieuwbakken Bloedhond-eigenaar heeft veel geduld en tact nodig om de opvoeding te laten slagen. Het belangrijkste is echter dat u altijd consequent blijft – de Bloedhond weet namelijk zelf heel goed dat hij u kan inpalmen met zijn melancholieke blik en hij maakt hier dan ook graag gebruik van om zijn zin door te drijven. Verlang op het gebied van gehoorzaamheid niet te veel van hem. Het is en blijft een zachtaardig, eigenzinnig dier dat er van nature niet voor is bestemd om uw bevelen op te volgen. Belast de hond niet te zwaar, bijvoorbeeld door lange wandelingen met hem te gaan maken, voordat hij volledig is uitgegroeid. De Bloedhond is een hond van formaat die erg snel groeit en hij heeft dan ook al zijn energie nodig om sterke botten, pezen en gewrichten op te bouwen.

SOCIALE AANLEG
Over het algemeen gaan Bloedhonden erg goed met kinderen om. Let erop dat de kinderen de hond niet al te erg pesten, want deze hond is zo goedaardig dat hij alles maar lijdzaam over zich heen laat komen. Bezoekers, gewenste of ongewenste, worden begroet onder het motto 'hoe meer zielen, hoe meer vreugd'. Bloedhonden kunnen heel harmonisch samenleven met honden en andere huisdieren.

BEWEGING
Dit ras heeft een gigantisch uithoudingsvermogen en de hond kan uren achtereen lopen. Wanneer u deze hond als huishond wilt houden, zult u er regelmatig op uit moeten trekken. In eerste instantie is een Bloedhond een speurhond, die wanneer hij een 'interessant' luchtje ruikt er het zijne van wil weten. Zorg er daarom voor dat uw tuin goed omheind is. Overweeg eens met de hond te gaan jagen of hem een opleiding tot speurhond te laten volgen. Daarnaast wordt er met Bloedhonden ook veelvuldig cleanboot en zweetwerk gedaan. Het ras kan prima tegen kou en met voldoende aandacht en beweging kunt u ze dan ook prima in een kennel houden.

Franse Hoogbenige Drijvende Brakken

Laagbenige Brakken als de Basset Bleu de Gascogne, de Basset Fauve de Bretagne en de Griffons kunnen prima als huishond worden gehouden en worden in veel landen ook als zodanig bestempeld. De Hoogbenige Franse Brakken daarentegen worden bijna uitsluitend in een meute (kennel) gehouden en voor de

Petit Bleu de Gascogne

Porcelaine

jacht gebruikt. Tot deze categorie honden behoren onder andere de Poitevin, Billy, (Grand) Anglo Français Blanc et Noir, Blanc et Orange, Tricolore, Beagle Harrier, Anglo Français de Petite Vénerie, Briquet Griffon Vendéen, Hoogbenige Griffons, Petit en Grand Bleu de Gascogne en Porcelaine. Al deze honden hebben met elkaar gemeen dat ze in een meute een prooi (in dit geval groot wild) zoeken en deze achtervolgen terwijl ze luidkeels aan de jager(s) laten weten waar het wild zich bevindt. Dergelijke honden hebben een diep geworteld jachtinstinct en een zeer goede neus. Het spreekt voor zich dat deze meutehonden erg goed met soortgenoten om kunnen gaan, maar ook tegen mensen en kinderen zijn ze vriendelijk, al kunnen ze wat onstuimig zijn in de omgang. Doordat ze zelfstandig jagen in een groep, zonder commando's van een eigenaar, zijn ze in sterke mate onafhankelijk van karakter, erg sociaal en zeer moedig. Deze honden komen buiten Frankrijk niet veel voor. Vanwege hun zeer zelfstandige karakter en hun luide stem (die ze graag laten horen), zijn deze honden in de regel minder geschikt als huishond dan bijvoorbeeld de Laagbenige of de Franse Staande Brakken. Een uitzondering vormt echter de Petit Bleu de Gascogne, die zich met de juiste begeleiding redelijk goed kan aanpassen als gezinshond.

Porcelaine

Anglo Français de Petite Vénerie

Jura Laufhund

Drijvende Zwitserse Brakken

Tot deze categorie behoren de Niederlaufhund en de Laufhund. In totaal zijn er acht variëteiten: de Berner, de Jura, de Luzerner en de Schwyzer Niederlaufhund, en de Berner, de Jura, de Luzerner en de Schwyzer Laufhund. De beide groepen verschillen van elkaar in grootte, maar voor de rest lijken ze sprekend op elkaar. De Niederlaufhund heeft een schouderhoogte variërend van 33 tot 41 cm, met een ideale hoogte tussen de 36 en 38 cm. De Laufhund heeft een schouderhoogte hoger dan 40 cm. Daarnaast hebben de honden verschillende kleuren: de Berner-variëteit is wit met zwart, de Jura-variëteit is eenkleurig lichtbruin of bruin met een zwart zadel, de Luzerner-variëteit is blauw of grijsgespikkeld, en de Schwyzer-variëteit is wit en geelbruin. Deze Zwitserse Brakken zijn speciaal gefokt om in een meute wild te zoeken. Wanneer de honden een wildspoor hebben gevonden, zullen ze dit volgen terwijl ze de jager(s) luidkeels laten weten wat ze aan het doen zijn. In de regel zijn dergelijke honden goed als huishond te houden, mits u er 'iets' mee gaat doen, bijvoorbeeld iets in de vorm van zweetproeven of iets op het gebied waarvoor ze zijn gefokt. In Zwitserland worden met name de Jura- en Luzerner-variëteit als eenling gehouden voor zweetwerk, maar voor alle rassen geldt in wezen dat ze erg graag gezelschap hebben van andere honden en moeilijk alleen kunnen zijn.

Jura Laufhund, kopstudie

Duitse Brak

Duitse Brak

LAND VAN HERKOMST
Duitsland.

AANLEG
Jacht- en gezinshond.

GROOTTE
De schouderhoogte ligt tussen de 40 en 53 cm.

VACHT
Het gladde haar van de vacht voelt wat stug aan. De kleur loopt meestal van rood tot geel, met een zwart zadel of een zwarte mantel met

een witte bles, halsring en borst, en witte aftekeningen aan de voeten en de punt van de staart. De ondervacht is licht van kleur. Een vleeskleurige streep op de neus behoort altijd aanwezig te zijn, want deze streep is een raskenmerk.

VERZORGING
De Duitse Brak heeft relatief weinig vachtverzorging nodig. Haal zo nu en dan een rubberen borstel over de vacht om de dode en losse haren te verwijderen. Controleer regelmatig of de gehoorgang schoon is en vergeet niet bij de verzorging van de nagels dat Duitse Brakken vrij lange nagels behoren te hebben.

AARD
Vriendelijk, sociaal, groot uithoudingsvermogen, aanhankelijk en gevoelig, verlegen, nieuwsgierig, redelijk gehoorzaam, maar ook zelfstandig en waaks. De Duitse Brak heeft een zeer goede neus en is een voortreffelijke jachthond.

OPVOEDING
Deze hond is niet zo heel erg moeilijk op te voeden. De honden hebben redelijk snel door wat er van ze verwacht wordt. Ze mogen nooit gedrild worden, want dan verpest u hun open en vriendelijke karakter. Met geduld, liefde en begrip, en een consequente handelwijze komt de eigenaar een heel eind.

Duitse Brakken

SOCIALE AANLEG
Duitse Brakken zijn sociale honden en in gezelschap van soortgenoten zullen ze zelden of nooit voor problemen zorgen. Ook met kinderen kunnen ze prima overweg. Komt er vreemd bezoek of ruikt hij onraad, dan zal de Duitse Brak zich laten horen. Socialiseer dit ras goed met katten en andere huisdieren. Bij vreemd bezoek kijken ze de kat uit de boom.

BEWEGING
Het ras is uitermate geschikt voor zweetwerk en de jacht op haas, konijn en vos. De meeste exemplaren zwemmen graag. Bent u niet van plan met deze hond gaan jagen, zorg er dan voor dat er op een andere manier aan zijn bewegingsbehoefte voldaan kan worden. Ook de Duitse Brak heeft de neiging zijn neus achterna te gaan als hij een interessant spoor oppikt. Laat hem daarom niet zomaar onaangelijnd rondlopen.

Otterhounds

Otterhound

LAND VAN HERKOMST
Groot-Brittannië.

AANLEG
Jacht- en gezinshond.

GROOTTE
Reuen hebben een schouderhoogte van ongeveer 67 cm, teven zijn wat kleiner: ongeveer 63 cm.

VACHT
De vacht is ruw en weerbestendig. Alle erkende brakkenkleuren zijn toegestaan, onder andere effen grijs, blauw, rood, tarwekleurig, zandkleurig, black and tan en blue and tan.

VERZORGING
De Otterhound wordt niet getrimd, hij moet er natuurlijk uitzien. U mag de vacht daarom maar mondjesmaat borstelen. Controleer regelmatig of de gehoorgang schoon is.

AARD
Vriendelijk, vrolijk, onstuimig, intelligent, zelfstandig en eigenwijs, aanhankelijk en evenwichtig. Otterhounds zijn in huis rustig, mits ze voldoende beweging krijgen.

OPVOEDING
De Otterhound is nu niet echt de gehoorzaamste hond die u zich kunt wensen, maar natuurlijk betekent dat niet dat u hem niet het een en ander kunt bijbrengen. De beste resultaten worden bereikt wanneer u de hond met een zachte, maar uitermate consequente hand opvoedt. De liefhebbers van de Otterhound noemen dit 'opvoeden met een ijzeren vuist in een fluwelen handschoen'. Het ras heeft een zeer goede neus en is bij uitstek geschikt voor cleanboot en zweetwerk.

SOCIALE AANLEG
Soortgenoten, andere huisdieren, kinderen... het maakt niet uit, de Otterhound gaat met iedereen goed om en hij is een echte mensenvriend.

BEWEGING
Het ras heeft redelijk veel beweging nodig, waarbij u niet mag vergeten dat deze hond soms alles om zich heen kan vergeten als hij een wildspoor of een ander interessant luchtje ruikt. Laat uw Otterhound dan ook alleen los op veilig terrein en onder toezicht, en zorg ervoor dat uw tuin een stevige omheining heeft.

BIJZONDERHEDEN
Otterhounds kunnen zowel binnens- als buitenshuis (in een kennel) gehouden worden.

Dalmatische Hond

LAND VAN HERKOMST
Kroatië.

AANLEG
Gezinshond. Dalmatiërs werden vroeger gefokt om met de koets mee te lopen (om esthetische redenen) en om de stallen te bewaken.

GROOTTE
Reuen mogen een schouderhoogte hebben die tussen de 56 en 61 cm ligt, terwijl teven wat kleiner zijn: tussen de 54 en 59 cm.

VACHT
De vacht is altijd kortharig. Het mooiste is als de vlekken niet in elkaar overlopen. De ideale afmeting van de vlekken op het lichaam bedraagt een doorsnee van 2 tot 3 cm. De Dalmaat komt voor in wit met zwart, en wit met leverkleur.

VERZORGING
De Dalmatiër verliest relatief veel haar in huis. Met een rubberen handschoen is het mogelijk in de ruiperiode dagelijks de losse haren te verwijderen.

AARD
Opgewekt, vriendelijk, aanhankelijk, groot aanpassingsvermogen, intelligent, waaks, nieuwsgierig, evenwichtig, sociaal.

OPVOEDING
Deze hond is absoluut geen moeilijke leerling. Als u hem uitbundig beloont wanneer hij iets goed heeft gedaan, zal hij al snel begrijpen wat u bedoelt. De Dalmatiër kan zich Oost-Indisch doof houden als u hem iets beveelt waar hij geen zin in heeft. Houd in een dergelijk geval voet bij stuk en laat u niet vermurwen.

SOCIALE AANLEG
Voor kinderen zijn deze honden prima speelkameraadjes, al kunnen ze soms wat te onstuimig zijn in gezelschap van kleine kinderen. Ook met honden en andere huisdieren hebben ze normaal gesproken geen enkel probleem. Afhankelijk van het individuele karakter van de hond treedt hij waaks of eerder wat laconiek op bij vreemd bezoek.

BEWEGING
De Dalmatiër past zich aan uw gezinssituatie aan, maar u doet hem zeker te kort als u met hem driemaal daags een ommetje maakt. Lopen naast de fiets, zwemmen, spelen en los rennen door de bossen of op de heide doen hem goed. Vermijd al te zware belasting tot de hond volledig is uitgegroeid.

BIJZONDERHEDEN
Het is erg moeilijk goede tentoonstellingsexemplaren te fokken. Dalmatiërs worden wit geboren en krijgen in de loopt der tijd hun tekeningen. Sommige puppy's worden doof geboren en we raden u daarom aan uw puppy alleen bij een betrouwbare fokker te kopen.

Dalmatische Hond

Dalmatische Hond, puppy

7. Staande honden

Continentale staande honden

Bracco Italiano

LAND VAN HERKOMST
Italië.

AANLEG
Jacht- en gezinshond.

GROOTTE
De schouderhoogte van de reuen varieert van 58 tot 67 cm en die van de teven van 55 tot 62 cm.

VACHT
De Bracco Italiano heeft kort, dik en glanzend haar. Toegestane kleuren zijn wit, wit met min of meer grote oranje, barnsteen- of kastanjekleurige vlekken, en wit met lichtoranje of kastanjebruine spikkels.

VERZORGING
De vacht van deze hond heeft niet veel verzorging nodig. In de ruiperiode verwijdert u met een rubberen borstel het dode en losse haar eenvoudig uit de vacht. Houd de gehoorgang schoon.

AARD
Evenwichtig, meegaand, intelligent, gevoel voor humor, bedachtzaam, zachtaardig, rustig in huis, aanhankelijk en gevoelig. Deze hond is geestelijk pas volwassen wanneer hij 2,5 tot 3 jaar oud is. Hij wordt gebruikt als all-round jachthond voor gevederd wild.

OPVOEDING
De Bracco Italiano moet consequent, maar met zachte hand worden opgevoed. Dit ras is zeer gevoelig en reageert erg sterk op uw stem. Laat het hem duidelijk merken (horen) als hij iets goed doet. Wanneer u hond op de juiste manier begeleidt, pakt hij snel dingen op. Bedenk dat een harde aanpak averechts werkt. Het enige wat u ermee bereikt, is dat de hond zijn vertrouwen in u kwijtraakt. Probeer het gestel van een hond die in de groei is niet te zwaar te belasten – vermijd dus uitputtende wandelingen en traplopen.

Drentse Patrijshond

Bracco Italiano

Bracco Italiano

SOCIALE AANLEG
Bracco Italiano's kunnen prima overweg met hun soortgenoten, maar ook de omgang met andere huisdieren zal in de regel probleemloos verlopen. Met kinderen zijn ze de beste maatjes. Bij onraad zullen de honden altijd aanslaan.

BEWEGING
Het is belangrijk dat deze hond voldoende vrije beweging krijgt. Ideaal zou zijn als zijn toekomstige eigenaar over een ruime tuin beschikt, want eigenlijk hoort dit ras niet thuis op een flat. Zwemmen en apporteren zijn geliefde bezigheden en wanneer de hond lichamelijk is uitgegroeid (ongeveer op 1,5-jarige leeftijd), kunt u hem gedoseerd laten beginnen met het lopen naast de fiets. Tijdens de jacht blijken Bracco Italiano's volhardende werkers te zijn met een uitstekend reukvermogen.

Cesky Fousek

Cesky Fousek

LAND VAN HERKOMST
Tsjechië.

AANLEG
Jacht- en gezinshond.

GROOTTE
De schouderhoogte bij reuen varieert van 60 tot 66 cm en bij teven van 58 tot 62 cm.

VACHT
De vacht is ruwharig en bruinschimmel is de meest voorkomende kleur (met of zonder platen), maar ook effen bruin of bruin met een witte voorborst is mogelijk.

VERZORGING
De kwaliteit van de vacht bepaalt hoe vaak een Cesky Fousek geplukt moet worden: nooit, één keer per jaar of meerdere malen per jaar, waarbij het garnituur (baard, snor en wenkbrauwen) gespaard blijft. Tussen de trimbeurten door borstelt u de hond zo nu en dan en knipt u het teveel aan haar tussen de voetzolen weg. Controleer regelmatig of er in de gehoorgang ook haren groeien. Zo ja, verwijder deze dan.

AARD
Vriendelijk, intelligent, zachtaardig, aanhankelijk, volgzaam en gehoorzaam, waaks. Binnenshuis rustig, buitenshuis actief en hard voor zichzelf. De Cesky Fousek is een all-round jachthond met als specialisatie het voorstaan (het onbeweeglijk blijven staan als de hond de op de wind overgebrachte reuk van wild in zijn neus krijgt).

OPVOEDING
Omdat deze honden snelle en leergierige leerlingen zijn, is de opvoeding niet bijzonder moeilijk. Let er wel op dat de training afwisselend is; wanneer de hond constant hetzelfde moet doen, zal hij gaan protesteren.

SOCIALE AANLEG
Cesky Fouseks gaan prima om met honden en andere huisdieren, al kan hun jachtinstinct voor enkele problemen zorgen met bijvoorbeeld katten. Ook het gezelschap van kinderen kunnen ze prima verdragen, mits de kinderen de hond in zijn waarde laten.

BEWEGING
Deze jachthonden in hart en nieren hebben veel beweging nodig om hun energie kwijt te kunnen raken. Bent u niet in de gelegenheid met de hond te gaan jagen of hebt u absoluut geen ambities in die richting, dan is het noodzakelijk de hond regelmatig naast de fiets te laten draven en hem onaangelijnd te laten rennen en spelen. Zo blijft de hond geestelijk en lichamelijk in goede conditie.

Drentse Patrijshond

Drentse Patrijshond

LAND VAN HERKOMST
Nederland.

AANLEG
Jacht- en gezinshond.

GROOTTE
De schouderhoogte ligt tussen de 55 en 63 cm. Als de hond mooi en evenwichtig gebouwd is, mogen deze maten 1 cm naar boven of naar beneden afwijken.

VACHT
De Drentse Patrijs heeft een dichte, halflangharige vacht. De kleuren zijn wit met bruine of

oranje platen, eventueel met tankleurige aftekeningen of spikkels. Een manteltekening (waarbij het bruin als een mantel over het lichaam ligt) is wel toegestaan, maar absoluut niet gewenst.

VERZORGING
Eens per week borstelt u vooral de wat langer behaarde gedeelten van de vacht met bijvoorbeeld een herderharkje. De gehoorgang moet zo nu en dan nagekeken worden op vuil en het teveel aan haar tussen de voetzolen knipt u weg.

AARD
Attent, aanhankelijk, zacht, waaks, intelligent, nieuwsgierig, gehoorzaam, evenwichtig. Een Drentse Patrijshond kan niet goed tegen het leven in een kennel. De hond blaft in principe alleen als hij onraad bespeurt.

OPVOEDING
Voed Drentse Patrijshonden consequent, maar met zachte hand op. Omdat ze redelijk snel in de gaten hebben wat er van ze verlangd wordt, zijn ze gemakkelijke leerlingen.

SOCIALE AANLEG
Doorgaans is de omgang met kinderen zeer goed, maar ook met soortgenoten en andere huisdieren is het samenleven geen probleem. De Drentse Patrijs is waaks, maar niet vervelend ten opzichte van vreemden.

BEWEGING
Dit ras heeft relatief veel beweging nodig. U kunt ze laten zwemmen of naast de fiets laten lopen, maar ook apporteerspelletjes en wat langere wandelingen stellen ze op prijs. Hebt u een bepaalde week eens wat minder tijd, dan hoeft u niet bang te zijn dat deze Drent vervelend gaat doen, als hij maar deel mag uitmaken van het gezin.

Drentse Patrijshonden

Duitse Staande Hond, draadhaar

Duitse Staande Hond, draadhaar

LAND VAN HERKOMST
Duitsland.

AANLEG
Jacht- en gezinshond.

GROOTTE
De schouderhoogte varieert bij reuen van 60 tot 67 cm en bij teven van 56 tot 62 cm.

VACHT
De ruwe, draadharige vacht is aanliggend en dicht, met een dichte ondervacht. De kleuren zijn: bruinschimmel, bruin met of zonder wit, en wit met een bruine kop en bruine aftekeningen. Daarnaast is ook zwartschimmel toegestaan.

VERZORGING
De vacht behoort zo hard mogelijk te zijn en mag er niet rommelig uitzien. Afhankelijk van de kwaliteit van de vacht zal deze nooit of zo nu en dan geplukt moeten worden. Tussen de plukbeurten door moet u de hond ongeveer eens per week goed borstelen. Uiteraard controleert u ook nu weer regelmatig of de gehoorgang goed schoon is.

AARD
Aanhankelijk, actief, intelligent en leergierig, goede neus, trouw aan zijn eigen gezin, evenwichtig, waaks, soms dominant.

OPVOEDING
Draadharige Duitse Staanders zijn intelligent en leren redelijk snel, al hebben ze wel een eigenaar met een consequente aanpak nodig. Net als hun kortharige familieleden zijn ze graag bezig en vinden ze werken voor hun baas

heerlijk. Het zijn uitstekende all-round jachthonden. Draadharige exemplaren zijn doorgaans wat dominanter dan de korthatige variant.

Sociale aanleg
Dit ras kan het over het algemeen prima vinden met andere honden en huisdieren. Ten opzichte van kinderen stellen ze zich in de regel geduldig op. Bekenden van het gezin worden vriendelijk begroet, maar deze hond kan ook waaks zijn als dat nodig mocht zijn.

Beweging
De Duitse Staande Hond draadhaar komt het beste tot zijn recht in een sportief gezin. Dit ras neemt geen genoegen met driemaal daags een ommetje, maar heeft veel beweging nodig. De meeste zwemmen en apporteren graag. Wanneer de hond voldoende beweging en bezigheden krijgt, is hij in huis rustig.

Duitse Staande Hond, korthaar

Duitse Staande Hond, korthaar

Land van herkomst
Duitsland.

Aanleg
Jacht- en gezinshond.

Grootte
Voor reuen geldt een schouderhoogte van tussen de 62 en 66 cm en voor teven geldt een hoogte van 58 tot 63 cm.

Vacht
De kortharige vacht komt voor in bruin (met of zonder witte aftekeningen), donker bruinschimmel, licht bruinschimmel, wit met bruine aftekeningen op de kop of met bruine platen of vlekken. Zwart komt voor in dezelfde aftekeningen en combinaties als bij de bruine exemplaren. Ook gele aftekeningen zijn toegestaan.

Verzorging
Deze hond heeft niet veel vachtverzorging nodig. Zo nu en dan borstelen is voldoende om de vacht in een goede conditie te houden. Controleer af en toe of de oren schoon zijn.

Aard
Volgzaam, intelligent en leergierig, trouw, actief, spontaan, moedig, goede neus, waaks, speels en vriendelijk.

Opvoeding
Gezien de intelligentie en werkwilligheid van deze hond is hij niet moeilijk op te voeden, al heeft hij wel een eigenaar met een consequente aanpak nodig. Deze honden zijn graag bezig en vinden werken voor hun baas heel plezierig. Het zijn uitstekende all-round jachthonden.

Sociale aanleg
Duitse Staanders kunnen het over het algemeen prima vinden met soortgenoten, andere huisdieren en kinderen. Hoewel ze eigenlijk tegenover iedereen vriendelijk zijn, kunnen ze ook zeer waaks zijn.

Beweging
Deze kortharige Duitse Staander komt het beste tot zijn recht binnen een sportief gezin. Houd er rekening mee dat deze hond in eerste instantie een jachthond is die graag bezig is en zich niet wil of kan aanpassen aan een gezapig leven.

Duitse Staande Hond, langhaar, kopstudie

De meeste zwemmen en apporteren graag. Bent u niet in de gelegenheid met de hond te gaan jagen, dan moet u regelmatig lange wandelingen met hem maken, waarbij u de hond onaangelijnd laat rennen en spelen. Wanneer de Duitse Staander op deze manier voldoende beweging krijgt, is hij in huis rustig.

Duitse Staande Hond, langhaar

Duitse Staande Hond, langhaar

LAND VAN HERKOMST
Duitsland.

AANLEG
Jacht- en gezinshond.

GROOTTE
Bij reuen ligt de schouderhoogte tussen de 63 en 66 cm en bij teven tussen de 60 en 63 cm.

VACHT
De langharige vacht kan effen bruin zijn, maar ook bruin met een witte bef of wit met een bruine kop en bruine aftekeningen.

VERZORGING
De langharige Duitse Staander heeft niet veel vachtverzorging nodig. Borstel de vacht regelmatig uit en knip het teveel aan haar tussen de voetzolen weg. Zo nu en dan is het nodig het

Duitse Staande Hond, langhaar

oude (bruine) haar uit de vacht te plukken. Dit haar is eenvoudig te herkennen omdat het lichter is dan de rest van de vacht.

AARD
Aanhankelijk, levendig, trouw aan zijn gezin, zacht en evenwichtig, zeer goede neus, intelligent en leergierig.

OPVOEDING
Deze honden kunnen en willen veel leren, en dat maakt de opvoeding een stuk gemakkelijker. Door deze eigenschap is de hond ook een prima keuze voor mensen die met honden niet zo ervaren zijn. Het zijn uitstekende all-round jachthonden.

SOCIALE AANLEG
De Duitse Staande Hond langhaar is erg sociaal en kan het goed vinden met honden en andere huisdieren. De meeste zijn erg lief en geduldig met kinderen.

BEWEGING
Dit ras is in eerste instantie een jachthond, die graag zwemt en speurt. U kunt hem geen groter plezier doen dan met hem de vrije natuur in te trekken. De hond hoort thuis bij sportieve mensen die zelf ook graag buiten zijn. Wanneer deze langharige viervoeter voldoende beweging en bezigheid krijgt, zal hij in huis rustig zijn.

BIJZONDERHEDEN
De langharige Duitse Staande wordt vooral door jagers gewaardeerd, die in hem een zeer betrouwbare werker vinden. De hond functioneert echter ook prima als gezinshond, mits hij de ruimte heeft en voldoende beweging en bezigheid krijgt.

Epagneul Bleu de Picardie

LAND VAN HERKOMST
Frankrijk.

AANLEG
Jacht- en gezinshond.

GROOTTE
De schouderhoogte bij reuen varieert van 57 tot 60 cm, teven zijn wat kleiner.

VACHT
De vacht is gematigd lang en glad of enigszins licht gegolfd. De kleuren zwart en wit zijn zodanig geschakeerd dat de vacht wel blauw lijkt.

VERZORGING
Dit ras heeft relatief weinig vachtverzorging nodig. Zo nu en dan kammen en borstelen, met name op de dichter behaarde plaatsen, is voldoende om de vacht in goede conditie te houden. Controleer regelmatig of de gehoorgang wel goed schoon is.

AARD
Zachtaardig, sociaal, intelligent en gehoorzaam, meegaand, trouw, aanhankelijk en vriendelijk, goede neus, evenwichtig en rustig, maar ook waaks. De Epagneul Bleu de Picardie is een allround jachthond met een groot uithoudingsvermogen.

OPVOEDING
Deze hond leert relatief snel en probleemloos. Hij reageert goed op de stem en heeft in principe geen harde woorden of correcties nodig. Omdat de Epagneul Bleu de Picardie het zijn baas graag naar de zin maakt, is hij bijzonder geschikt voor mensen die niet zo veel ervaring hebben met honden.

SOCIALE AANLEG
Deze Epagneul heeft een groot aanpassingsvermogen en gaat goed om met soortgenoten en andere huisdieren. Met kinderen zijn ze in de regel erg lief en geduldig. De honden zijn ook zeker waaks, want vreemden worden altijd aangekondigd, en wanneer de nood aan de man is, zal dit ras 'zijn' mensen beschermen.

BEWEGING
Deze oorspronkelijke jachthond kan ook gelukkig zijn in zijn rol van gezinshond, maar dat betekent niet dat hij genoegen neemt met driemaal daags een blokje om. Trek er regelmatig met hem op uit en laat hem zodra daar gelegenheid voor is lekker los rondrennen en spelen. Honden van dit ras zijn normaal gesproken ook erg dol op water en apporteren graag.

Epagneul Bleu de Picardie

Epagneul Breton

Epagneul Breton

LAND VAN HERKOMST
Frankrijk.

AANLEG
Jacht- en gezinshond.

GROOTTE
De ideale hoogte voor reuen ligt tussen de 48 en 50 cm, terwijl voor teven de ideale hoogte varieert van 47 tot 49 cm geldt. De hond weegt ongeveer 15 kilo.

VACHT
De vacht bestaat uit fijn haar dat steil of zeer licht gegolfd is. De Epagneul Breton komt voor in wit en oranje, wit en kastanjebruin, wit en zwart, driekleurig of in een van deze kleuren gestroomd. De meest voorkomende kleur is echter wit met rood.

VERZORGING
De verzorging van deze hond stelt u niet voor grote problemen. Zo nu en dan borstelen, met name op de dichter behaarde plaatsen waar zich gemakkelijk klitten kunnen vormen, is voldoende om de vacht in goede conditie te houden. Kijk geregeld na of de gehoorgang wel schoon is.

AARD
Levendig, intelligent, apporteert graag, soms wat eigenwijs, blaft weinig, zachtaardig en aanhankelijk, gehoorzaam. Deze uitstekende en onvermoeibare all-round jachthond is zeer geliefd bij jagers in het land van herkomst.

OPVOEDING
Epagneul Bretons zijn niet moeilijk op te voeden omdat ze intelligente, snelle en gehoorzame leerlingen zijn. Houd er wel rekening mee dat ze gevoelig zijn voor harde woorden en bepaalde stemmingen in huis.

SOCIALE AANLEG
Een welopgevoede Epagneul Breton is lief voor kinderen en gaat goed om met soortgenoten en andere huisdieren. Bij onraad zal de Breton zijn stem laten horen.

BEWEGING
Ondanks het feit dat hij zich als gezinshond bijzonder goed aanpast, blijft de Epagneul Breton een jachthond in hart en nieren. Hij neemt dan ook geen genoegen met driemaal daags een blokje om. U zou kunnen overwegen met de hond te gaan jagen, daarmee komt u niet alleen tegemoet aan zijn behoefte om te werken, maar ook aan zijn behoefte om te bewegen. Alternatieve bezigheden kunnen zijn behendigheid en fly-ball, maar ook zwemmen en apporteren behoren tot zijn geliefde activiteiten.

Epagneul Français

LAND VAN HERKOMST
Frankrijk.

AANLEG
Jacht- en gezinshond.

Epagneul Français

GROOTTE
Bij reuen varieert de schouderhoogte van 55 tot 61 cm en bij teven van 54 tot 59 cm.

VACHT
De vacht bestaat uit halflang steil of golvend fijn haar. De kleur is altijd wit met bruine vlekken, met of zonder bruine stippen.

VERZORGING
De Epagneul Français moet ongeveer eens per week goed geborsteld en gekamd worden. Controleer regelmatig of de gehoorgang schoon is en knip het teveel aan haar tussen de voetzolen weg.

AARD
Lief, intelligent en leergierig, gehoorzaam, energiek, aanhankelijk, rustig in huis, goede neus, groot uithoudingsvermogen. De Epagneul Français blaft over het algemeen erg weinig.

OPVOEDING
Deze hond moet u met zachte, maar wel consequente hand opvoeden. Doorgaans wil dit ras het u erg graag naar de zin maken, dus zou de opvoeding niet al te moeilijk moeten zijn.

SOCIALE AANLEG
Of het nu soortgenoten, andere huisdieren of kinderen zijn, de honden zijn vriendelijk voor iedereen, maar als ze onraad bespeuren, zullen ze zeker hun stem laten horen.

BEWEGING
Deze jachthond bij uitstek hoort natuurlijk niet dagenlang bij de kachel te liggen. Bent u niet in de gelegenheid om te gaan jagen met deze hond, of hebt u wellicht helemaal geen ambities in die richting, zorg er dan voor dat de hond op een manier zijn lichaamsbeweging krijgt. De meeste honden van dit ras apporteren en zwemmen graag.

Epagneul Français

Grote Munsterlander

LAND VAN HERKOMST
Duitsland.

AANLEG
Jacht- en gezinshond.

GROOTTE
Reuen hebben een schouderhoogte variërend van 60 tot 65 cm. Teven zijn wat kleiner en bij hen varieert de hoogte van 58 tot 63 cm.

VACHT
De langharige en sluike vacht mag wit zijn, met zwarte platen en stippen, maar zwartschimmel is ook toegestaan.

VERZORGING
Deze hond heeft weinig vachtverzorging nodig. Borstel en kam de vacht regelmatig en kijk goed na of de gehoorgang schoon is.

AARD
Intelligent, lief, aanhankelijk, waaks, moedig,

werkwillig, soms wat dominant, goede neus, gehecht aan zijn gezin.

OPVOEDING
De Grote Munsterlander is niet moeilijk op te voeden omdat hij intelligent en leergierig is en graag werkt. Sommige Munsterlanders zijn wat dominanter en vragen om een baas die wat doortastender te werk gaat.

SOCIALE AANLEG
Het ras heeft geen enkel probleem met de omgang met soortgenoten en andere huisdieren. De meeste Grote Munsterlanders zijn erg lief en geduldig met kinderen. In principe gedragen ze zich tegenover iedereen vriendelijk, al zullen ze zich beslist als waakhond opwerpen als de nood aan de man is.

BEWEGING
Deze hond wordt in eerste instantie als jachthond gebruikt, maar dat betekent niet dat hij geen gezinshond kan zijn. Als u ervoor zorgt dat hij voldoende beweging krijgt, voelt hij zich in huis prima op zijn plek. De meeste exemplaren zijn dol op zwemmen en apporteren.

Grote Munsterlander

Grote Munsterlanders

Kleine Munsterlander

Kleine Munsterlander of Heidewachtel

LAND VAN HERKOMST
Duitsland.

AANLEG
Jacht- en gezinshond.

GROOTTE
Teven hebben een schouderhoogte van 50 tot 54 cm, bij reuen varieert deze van 52 tot 56 cm. Afwijkingen van 2 cm naar boven of naar beneden zijn toegestaan.

VACHT
De Kleine Munsterlander heeft een langharige, sluik tot licht golvende, gesloten vacht. De kleur van de vacht is bruin met wit, maar bruinschimmel is ook mogelijk.

VERZORGING
Kijk de gehoorgang zo nu en dan na op vuil, verwijder wanneer dat nodig is het teveel aan

Kleine Munsterlanders

haar uit de gehoorgang en knip het teveel aan haar tussen de voetzolen weg. De vacht moet ongeveer twee keer per week geborsteld en gekamd worden. Af en toe verschijnen er op de bruingekleurde stukken vacht wat lichtbruine haren. Deze haren moet u uit de vacht (laten) plukken. De hond is pas op 3-jarige leeftijd lichamelijk volwassen.

AARD
De Kleine Munsterlander (of Heidewachtel) zwemt graag, is gehoorzaam, intelligent, slim, zacht en vrolijk en vrij hard voor zichzelf.

OPVOEDING
Deze fijne gezinshonden willen het hun eigenaar maar al te graag naar de zin maken. Voed ze met zachte hand op, maar blijf altijd consequent.

SOCIALE AANLEG
De honden van dit ras staan erom bekend dat ze goed met kinderen overweg kunnen, ook het samenleven met soortgenoten en andere huisdieren verloopt probleemloos.

BEWEGING
De Heidewachtel is en blijft een jachthond met een enorm groot uithoudingsvermogen. Bent u niet in de gelegenheid met de hond te gaan jagen, zoek dan naar alternatieven, zoals behendigheids- en gehoorzaamheidscursussen of flyball – alle zeer geschikte sporten voor deze honden. Ga regelmatig met de hond naar bos en hei en laat hem daar voorwerpen uit het water apporteren, dat vindt hij heerlijk.

Korthals Griffon

Korthals Griffon, kopstudie

Korthals Griffon

LAND VAN HERKOMST
Frankrijk.

AANLEG
Jacht- en gezinshond.

GROOTTE
De schouderhoogte bij de reuen ligt tussen de 55 en 60 cm, bij de teven tussen de 50 en 55 cm.

VACHT
De harde en ruige beharing mag nooit wollig aanvoelen. De ondervacht is zacht en dicht. Blauwgrijs, grijs met bruine platen en effen bruin (vaak met grijze haren doorschoten) zijn veel voorkomende kleuren. Wit met bruin is ook toegestaan.

VERZORGING
De Korthals Griffon moet geregeld goed en grondig geborsteld en gekamd worden. Controleer tijdens zo'n borstelbeurt ook of de gehoorgang schoon is en knip het teveel aan haar tussen de voetzolen weg.

AARD
Intelligent en leergierig, aanhankelijk, sociaal, vriendelijk, waaks en beschermend, moedig en hard voor zichzelf, trouw, groot uithoudingsvermogen.

OPVOEDING
Honden van dit ras zijn doorgaans niet moeilijk op te voeden, al moet de nieuwbakken Korthals-eigenaar wel consequent zijn. De hond is intelligent genoeg om snel te begrijpen wat er van hem verlangd wordt.

SOCIALE AANLEG
Doorgaans gaat dit ras erg goed met kinderen om en ook met soortgenoten doen zich geen problemen voor. Als u de honden goed socialiseert, zullen ze katten en andere huisdieren prima verdragen. Bekenden van de familie worden uitbundig begroet, maar mensen die kwaad in de zin hebben, worden tot staan gebracht.

BEWEGING
Deze jachthond in hart en nieren heeft veel beweging en bezigheden nodig om zich lichamelijk en geestelijk goed te voelen. Het is een betrouwbare all-round jachthond, maar als u niet van plan bent met hem te gaan jagen, moet u regelmatig langere stukken met de hond gaan lopen. Eenmaal uitgegroeid kan deze hond ook heel goed naast de fiets lopen, en daarnaast behoren apporteren en zwemmen tot zijn favoriete bezigheden.

Spinone

Spinone

LAND VAN HERKOMST
Italië.

AANLEG
Jacht- en gezinshond.

GROOTTE
De schouderhoogte bij de reuen ligt tussen de 60 en 70 cm, teven zijn wat kleiner en variëren van 58 tot 65 cm. Het gewicht ligt tussen de 28 en 37 kilo.

VACHT
De ruwe, dikke, draadachtige vacht is redelijk vlak aanliggend. Toegestane kleuren zijn effen wit, wit met oranje aftekeningen of spikkels, wit met bruine aftekeningen, of bruinschimmel met of zonder grotere bruine aftekeningen.

Spinone, kopstudie

VERZORGING
Kam de Spinone zo nu en dan met een grove kam. De hond trimmen is echter ten strengste verboden. Kijk de gehoorgang regelmatig na op vuil en knip het teveel aan beharing tussen de voetzolen weg.

AARD
Evenwichtig en vriendelijk, zeer zachtaardig en aanhankelijk, eigenzinnig, zeer goede neus, dol op water. De Spinone is een all-round jachthond.

OPVOEDING
Verwacht van deze hond geen wonderen op het gebied van gehoorzaamheid, het is namelijk een wat eigenzinnig ras. Desondanks zijn ze van nature zeer zachtaardig en aanhankelijk genoeg om het u naar de zin te willen maken, maar stel uw verwachtingen niet te hoog. Houd er rekening mee dat de Spinone nog wel eens zijn neus achterna gaat als hij een interessant luchtje oppikt. Zorg voor een goede omheining rond de tuin en laat de hond nooit zonder toezicht onaangelijnd rondlopen.

SOCIALE AANLEG
Dit ras gaat erg goed om met soortgenoten en andere huisdieren, maar ook voor kinderen zijn het uitstekende maatjes. Ongewenst of gewenst bezoek wordt door de Spinone onder het mom 'hoe meer zielen, hoe meer vreugd' getrakteerd op een warm onthaal.

BEWEGING
De Spinone heeft veel beweging nodig. Het is in eerste instantie een jachthond die veel ruimte nodig heeft en hij past dan ook niet in een drukke woonwijk of op een flat. Zwemmen vindt hij heerlijk en u doet hem een groot plezier als u hem (wanneer hij eenmaal is uitgegroeid) naast de fiets laat lopen. Overweeg eens met deze hond te gaan jagen.

Braque de Bourbonnais

Staande Franse Brakken

Tot de Staande Franse Brakken behoren onder andere de Braque d'Auvergne, de Braque de Bourbonnais, de Braque Saint-Germain en de Braque Français. Deze kortharige rassen worden in het land van herkomst voornamelijk voor de jacht gebruikt. Afhankelijk van het ras ligt de schouderhoogte tussen de 48 en 68 cm. Het feit dat deze honden zeer prettige huishonden zijn, is nog maar bij weinigen bekend. Hun karakter wordt omschreven als vriendelijk, meegaand, aanhankelijk, intelligent en gehoorzaam. Deze snelle leerlingen hebben niet veel baat bij een harde aanpak, maar eerder bij een consequente en liefdevolle opvoeding. Met soortgenoten kunnen ze prima overweg en tegen kinderen zijn ze erg vriendelijk. Als u de hond al vroeg laat wennen aan katten en andere huisdieren, voorkomt u later problemen. Over het algemeen hebben alle rassen zeer veel behoefte aan beweging en bezigheden. Ga eens met deze honden jagen, dat vinden ze heerlijk, maar maak u niet ongerust als dat niet tot de mogelijkheden behoort. Als u de hond regelmatig op een andere manier voldoende beweging en bezigheden biedt, zullen ze zich in huis prima aanpassen.

Braque d'Auvergne

Braque d'Auvergne

Stabyhoun of Friese Stabij

LAND VAN HERKOMST
Nederland.

AANLEG
Jacht- en gezinshond.

GROOTTE
Als ideale hoogte voor reuen wordt een schouderhoogte van 53 cm aangehouden; voor teven is 50 cm de ideale hoogte.

VACHT
De vacht is lang en sluik. De meest voorkomende kleur is zwartbont, maar ook zwartschimmel, bruinbont en bruinschimmel komen voor.

VERZORGING
De Stabyhoun heeft niet veel vachtverzorging nodig. Borstel en kam regelmatig de plaatsen waar klitten kunnen ontstaan, zoals de borst, de staart en tussen de poten. Knip het teveel aan haar tussen de voetzolen weg.

AARD
Aanhankelijk, intelligent en leergierig, rustig, groot uithoudingsvermogen, waaks, soms eigenwijs.

Stabyhoun (Friese Stabij)

Opvoeding
Deze intelligente hond doet graag iets voor zijn baas, maar kan soms ook wat eigenzinnig zijn. Tijdens de opvoeding, die zeer consequent moet zijn, moet u er rekening mee houden dat de hond sterk reageert op uw stem. Het is verstandig een puppy- en/of gehoorzaamheidscursus met de hond te volgen.

Sociale aanleg
Honden van dit ras kunnen over het algemeen uitzonderlijk goed opschieten met soortgenoten, andere huisdieren en kinderen. Bij onraad zal de hond luidkeels zijn stem laten horen.

Beweging
Stabyhouns zijn van oorsprong jachthonden en hebben veel beweging nodig. Elke Stabyhoun loopt warm voor lange wandelingen in de natuur, waarbij u de hond zo nu en dan de gelegenheid geeft onaangelijnd te rennen en te spelen. Apporteren en zwemmen zijn geliefde bezigheden van dit ras, en wanneer de hond voldoende beweging krijgt, is hij in huis redelijk rustig.

Jonge Stabyhoun

Vizsla, korthaar en draadhaar

Land van herkomst
Hongarije.

Aanleg
Jacht- en gezinshond.

Grootte
De kortharige Vizsla-reuen hebben een ideale schouderhoogte van 56 tot 61 cm, terwijl voor de teven van dit ras een hoogte van tussen de 52 en 57 cm ideaal is. Een afwijking van 4 cm naar boven of naar beneden is toegestaan, mits de hond er evenwichtig uit blijft zien.
Voor draadharige Vizsla-reuen varieert de ideale schouderhoogte van 58 tot 62 cm en bij de teven van 54 tot 58 cm. Afwijkingen van 3 cm naar boven of naar beneden zijn toegestaan, mits de hond er evenwichtig uit blijft zien.

Vizsla, korthaar

Vacht
De kortharige Vizsla komt voor in effen donker tarwegeel of donker goudkleurig.
De draadharige Vizsla zien we meestal in verschillende nuances zandgeel. Een kleine witte vlek op de borst is bij beide variëteiten toegestaan.

Verzorging
De kortharige vacht heeft relatief weinig verzorging nodig. In de ruiperiode kunt u het beste een rubberen borstel gebruiken om het losse en dode haar uit de vacht verwijderen.
De draadharige vacht moet zo nu en dan geplukt worden, waarbij de oude en dode haren met de hand worden verwijderd. Knip bij deze honden ook het teveel aan beharing tussen de voetzolen weg.

Aard
Evenwichtig, intelligent en leergierig, sportief, apporteert graag, goede neus, groot uithoudingsvermogen, aanhankelijk en trouw.

Opvoeding
Over het algemeen zijn Vizsla's niet zo moeilijk op te voeden omdat ze graag iets voor hun baas

Vizsla, korthaar, kopstudie

doen. Belangrijk is dat u te allen tijde consequent blijft.

SOCIALE AANLEG
Met zowel soortgenoten als andere huisdieren en kinderen gaat de Vizsla in het algemeen goed om. Vreemd bezoek zal worden aangekondigd, maar daar blijft het over het algemeen wel bij.

BEWEGING
Dit energieke ras heeft veel beweging en bezigheden nodig om zich lichamelijk en geestelijk prettig te voelen. U zou bijvoorbeeld eens kunnen overwegen met de hond te gaan jagen. Hebt u geen ambities in deze richting, laat de hond

Vizsla draadhaar

dan regelmatig onaangelijnd rennen en spelen. De meeste Vizsla's apporteren graag en houden van water.

Weimaraner

Weimaraner, kopstudie

Weimaraner

LAND VAN HERKOMST
Duitsland.

AANLEG
Jacht- en gezinshond.

GROOTTE
Reuen hebben een schouderhoogte variërend van 59 tot 70 cm. Teven zijn kleiner en hun schouderhoogte ligt tussen de 57 en 65 cm.

VACHT
Er zijn twee verschillende soorten vachten: de kortharige en de langharige, die beide zilver-, ree- of muiskleurig zijn. Kleine witte aftekeningen op borst en voeten zijn toegestaan.

VERZORGING
De kortharige Weimaraner heeft relatief weinig vachtverzorging nodig. Zo nu en dan gebruikt u een rubberen borstel om het dode haar te verwijderen. De langharige variëteit kunt u het beste met een haren borstel borstelen, eventueel gevolgd door een kambeurt. Controleer regelmatig of de oren goed schoon zijn.

AARD
Vriendelijk, intelligent en werkwillig, groot uithoudingsvermogen, energiek, waaks en beschermend. De Weimaraner is een goede jachthond.

OPVOEDING
Weimaraners zijn snelle leerlingen die graag iets voor hun baas doen en intelligent genoeg zijn om te begrijpen wat er van ze verlangd wordt. De toekomstige eigenaar moet stevig in zijn schoenen staan, want Weimaraners kunnen soms wat dominant zijn.

Langharige Weimaraners

SOCIALE AANLEG

Voor kinderen zijn deze honden in de regel erg vriendelijk en wanneer u de hond al vroeg socialiseert met katten en andere huisdieren, zal ook hun gezelschap geen problemen opleveren. Met soortgenoten gaan Weimaraners eveneens goed om. Het ras is redelijk waaks, maar niet uitgesproken onvriendelijk tegen onbekenden. Maar wees gerust, als de nood aan de man is, zal deze hond er zijn.

BEWEGING

U kunt overwegen met de hond te gaan jagen. Hebt u echter totaal geen ambities in deze richting, dan zult u regelmatig langere stukken met de hond moeten gaan lopen, want de Weimaraner neemt absoluut geen genoegen met driemaal een daags ommetje. De honden hebben veel beweging en bezigheden nodig om zich gelukkig te voelen, en bij voldoende beweging is de hond in huis erg rustig. Dit ras, dat graag apporteert en zwemt, kunt u prima in een buitenkennel houden, maar dan moet u het voldoende aandacht en beweging bieden.

Jonge langharige Weimaraner-teef

Engelse Setters

Engelse Setters

Engelse staande honden

Engelse Setter

LAND VAN HERKOMST
Engeland.

AANLEG
Jacht- en gezinshond.

GROOTTE
Reuen hebben een schouderhoogte tussen de 65 en 68 cm; bij teven ligt deze tussen de 61 en 65 cm.

VACHT
De vacht is lang, zijdeachtig en golvend. Engelse Setters komen voor in de volgende kleurslagen: blue belton (wit met blauwzwart), orange belton (wit met oranje), lemon belton (wit met citroen) en liver belton (wit met leverkleur). Daarnaast zien we ook driekleurige Setters.

VERZORGING
Zo nu en dan zal deze Setter getrimd moeten worden, waarbij het teveel aan (oud) haar uit de vacht wordt gehaald. Wilt u echter met uw Setter naar tentoonstellingen, dan verdient de verzorging veel meer aandacht. De vacht van hushonden houdt u tussen de trimbeurten door in goede conditie door het teveel aan haar tussen de voetzolen en het teveel aan haar onder de oren weg te knippen. Dit laatste is noodzakelijk om de gehoorgang te laten 'ademen', zodat ontstekingen voorkomen kunnen worden.

AARD
Vriendelijk, zachtaardig, gevoelig, levendig, gehecht aan zijn gezin, intelligent, sociaal, voorzichtig.

OPVOEDING
De Engelse Setter is niet moeilijk op te voeden, als u er maar rekening mee houdt dat hij soms wat eigenzinnig kan zijn. De hond reageert het beste op een consequente, maar liefdevolle aanpak. In sommige gevallen is het volgen van een puppycursus aan te bevelen.

SOCIALE AANLEG
Het ras gaat van nature prima om met soortgenoten en andere huisdieren, en ook het gezelschap van kinderen vormt eigenlijk nooit een probleem. Omdat Engelse Setters echte mensenvrienden zijn, wordt iedereen door hen vriendelijk bejegend.

BEWEGING
De Engelse Setter heeft redelijk wat beweging nodig. Neem hem daarom regelmatig mee op lange wandelingen of laat hem, wanneer de hond voldoende is uitgegroeid, naast de fiets lopen. Het ras is doorgaans niet bijzonder erfvast, dus zorg ervoor dat uw tuin goed omheind is.

Gordon Setter

Gordon Setter

LAND VAN HERKOMST
Schotland.

AANLEG
Jacht- en gezinshond.

GROOTTE
Reuen hebben een schouderhoogte van ongeveer 66 cm en teven van ongeveer 62 cm.

Jonge Ierse Setter

VACHT
De vacht, die nooit mag krullen, bestaat uit gematigd lang haar met bevedering. De kleur is altijd zwart met warme kastanjebruine aftekeningen. Een klein wit borstvlekje is toegestaan.

VERZORGING
Borstel de Gordon Setter regelmatig en controleer regelmatig of de gehoorgang goed schoon is. Het teveel aan haar onder het oor moet u wegknippen, zodat de gehoorgang vrij kan 'ademen' en eventuele oorontstekingen voorkomen kunnen worden. Het haar op de buitenkant van het oor mag nooit weggeknipt worden – iets wat bij andere Setters wel is toegestaan. Wilt u met uw Gordon Setter naar tentoonstellingen, dan moet u de hond met veel zorg toilleteren.

AARD
Lief, vriendelijk, intelligent, sociaal, zachtaardig en gevoelig, maar ook eigenzinnig.

OPVOEDING
De opvoeding van deze hond is absoluut niet moeilijk, als u er maar rekening mee houdt dat hij soms wat eigenzinnig kan zijn. De Gordon Setter vraagt dan ook om een baas die liefdevol, maar ook consequent kan zijn. Een puppycursus wordt aanbevolen

SOCIALE AANLEG
Al op jonge leeftijd moet u dit ras op een positieve manier ervaring laten opdoen met allerlei mensen, dieren, dingen en situaties. Alleen dan groeit de hond evenwichtig op. Over het algemeen gaat de Gordon Setter goed om met soortgenoten en ook met kinderen zijn er geen problemen, want het zijn echte mensenvrienden. Een goede socialisatie in zijn jeugd voorkomt dat de hond later niet met katten en andere huisdieren kan opschieten. Komt er vreemd bezoek, dan nemen ze in eerste instantie een wat afwachtende houding aan.

BEWEGING
Dit ras heeft redelijk wat beweging nodig. Het lopen naast de fiets is een uitstekende manier om de hond zijn portie lichaamsbeweging te geven, maar wacht hiermee tot de Setter volledig is uitgegroeid. Een Gordon Setter die buitenshuis voldoende beweging krijgt, is in huis rustig. Honden van dit ras zijn niet bijzonder erfvast en een goede omheining rond uw tuin is dan ook geen overbodige luxe.

Ierse Setter

Ierse Setter

LAND VAN HERKOMST
Ierland.

AANLEG
Jacht- en gezinshond.

GROOTTE
De schouderhoogte wordt niet omschreven in de standaard. Meestal is de hond ongeveer 65 cm hoog, maar er komen ook beduidend grotere en kleinere exemplaren voor.

VACHT
De vacht is tamelijk lang en vlak, met zo weinig mogelijk krullen of golven. De kleur is rijk kastanjebruin zonder een spoortje zwart. Klei-

ne witte aftekeningen aan de borst, keel, kin of tenen, een kleine ster op het voorhoofd of een smalle witte bles leiden niet tot diskwalificatie maar zijn niet gewenst. Er is ook een rood-witte Ierse Setter bekend. Deze heeft een hoofdzakelijk witte vacht met rode aftekeningen.

VERZORGING
De Ierse Setter moet zo nu en dan getrimd worden, waarbij het teveel aan haar uit de vacht wordt gehaald. Wilt u met uw Ierse Setter tentoonstellingen bezoeken, dan moet u veel meer aandacht aan de verzorging besteden. De vacht van huishonden kunt u tussen de trimbeurten door in conditie houden door het teveel aan haar tussen de voetzolen en onder de oren weg te knippen. Dit laatste is noodzakelijk om de gehoorgang te laten 'ademen', waardoor ontstekingen kunnen worden voorkomen.

AARD
Levendig, lief, zacht, eigenzinnig, gehecht aan zijn gezin, vrolijk en speels. In de regel blaffen Ierse Setters weinig.

OPVOEDING
Over het algemeen zijn deze honden niet erg moeilijk op te voeden. Ze zijn namelijk intelligent genoeg om snel door te hebben wat er van ze verlangd wordt. Maar aangezien ze ook een behoorlijke portie eigenzinnigheid bezitten, vragen ze wel om een consequente, maar liefdevolle aanpak. Een puppycursus kan in sommige gevallen verstandig zijn.

SOCIALE AANLEG
Ierse Setters zijn in de regel voor iedereen lief, dus ook ongewenst bezoek wordt enthousiast onthaald. Doorgaans kondigt de Setter bezoek wel aan. Ten opzichte van kinderen stelt dit ras zich vriendelijk en geduldig op, en ook met soortgenoten verloopt het samenleven harmonieus. De omgang met andere huisdieren levert geen enkel probleem op wanneer u de hond al vroeg met deze dieren vertrouwd hebt gemaakt.

BEWEGING
Omdat het ras redelijk veel beweging nodig heeft, moet u de hond regelmatig meenemen op lange wandelingen. De hond naast de fiets laten lopen is ook een goede vorm van lichaamsbeweging, maar doe dat pas wanneer de hond is uitgegroeid. Houd er rekening mee dat sommige Ieren hun neus achterna gaan wanneer ze menen iets interessants te ruiken. De meeste exemplaren zijn in zo'n geval Oost-Indisch doof voor het geroep van hun baas. Leer de hond daarom al op jonge leeftijd dat hij op uw bevel terug moet komen.

Pointer

LAND VAN HERKOMST
Engeland.

AANLEG
Staande vogelhond, gezinshond.

GROOTTE
Reuen hebben een schouderhoogte variërend van 63 tot 69 cm, teven zijn wat kleiner: 61 tot 66 cm.

VACHT
De bovenvacht is kortharig en de ondervacht kort en glad. Pointers komen voor in de volgende combinaties: wit-geel, wit-leverkleurig, wit-zwart. Ook driekleurige combinaties zijn toegestaan.

VERZORGING
De verzorging van deze hond is erg eenvoudig. Het enige wat u moet doen, is in de ruiperiode met een rubberen borstel alle dode en losse haren uit de vacht halen.

AARD
Vriendelijk, sportief, intelligent en gehoorzaam, lief en aanhankelijk, evenwichtig. Het zijn uitstekende voorstaande honden. (Voorstaan: onbeweeglijk blijven staan als de hond de op de wind meegebrachte reuk van wild in de neus krijgt.)

OPVOEDING
De Pointer is een redelijk snelle leerling aangezien de hond intelligent genoeg is om snel te begrijpen wat u bedoelt.

SOCIALE AANLEG
Honden van dit ras gaan goed om met soortgenoten en andere huisdieren. Met kinderen stellen ze zich in de regel lief en geduldig op en tegenover zowel bekende als onbekende mensen gedragen ze zich vriendelijk. Ook de omgang met katten en andere huisdieren zal probleemloos verlopen, mits u de hond al vroeg aan deze dieren laat wennen.

BEWEGING
Omdat Pointers in eerste instantie jachthonden zijn, worden ze dan ook meestal door jagers gehouden. Ze hebben veel beweging nodig. Overweeg daarom met dit ras te gaan jagen. Ziet u hier echt geen mogelijkheid toe, dan is het noodzakelijk dat de hond minstens anderhalf uur per dag de gelegenheid krijgt zich uit te leven.

Pointer, kopstudie

Pointer aan het werk

8. Opjagende en apporterende vogel- en waterhonden

Retrievers

Chesapeake Bay Retriever

LAND VAN HERKOMST
Verenigde Staten.

AANLEG
Jacht- en gezinshond.

GROOTTE
Doorgaans hebben reuen een schouderhoogte tussen de 58 en 66 cm; bij teven varieert deze hoogte van 53 tot 61 cm. Op tentoonstellingen wordt echter een evenredige bouw belangrijker gevonden dan de hoogte.

VACHT
De vacht is het handelsmerk van de Chesapeake; deze is dik en kort met dik, wollig onderhaar. De vacht mag op sommige plaatsen golven, maar nooit krullen, en voelt olieachtig en hard aan. De kleur ligt tussen geelbruin en donkerbruin. De donkere kleuren komen het meeste voor.

VERZORGING
De Chesapeake Bay Retriever heeft relatief weinig vachtverzorging nodig. Wanneer de hond in de rui is, moet u hem wel borstelen, maar pas op: te veel borstelen kan de vachtstructuur bederven. Om deze reden wordt ook afgeraden de hond te wassen.

AARD
Vriendelijk, intelligent en gehoorzaam, eigenzinnig, dol op water, hard voor zichzelf en moedig, onstuimig, vol energie, waaks. Met name de reuen kunnen soms wat dominanter zijn.

OPVOEDING
Dit ras is niet echt aan te bevelen als u met het opvoeden van honden nog niet zo veel ervaring hebt. De nieuwbakken Chesapeake-eigenaar moet stevig in zijn schoenen staan vanwege het toch wat eigenzinnige karakter. Het ras is ook wat harder van karakter dan bijvoorbeeld de Golden Retriever. Een consequente, maar liefdevolle aanpak is het succesvolst en het volgen van een gehoorzaamheidscursus wordt aanbevolen. De hond wordt in de regel pas laat volwassen.

SOCIALE AANLEG
De omgang met een reeds aanwezige huiskat zorgt eigenlijk zelden of nooit voor problemen, al zal de hond katten buitenshuis wel najagen. Met name de reuen kunnen zich ten opzichte van andere reuen toe wat dominant gedragen, maar een en ander is sterk afhankelijk van de socialisatie. Zorg er daarom voor dat u de jonge hond zo veel mogelijk meeneemt en hem kennis laat maken met mensen en andere honden, zodat hij de kans krijgt sociaal en evenwichtig op te groeien. Chesapeake Bay Retrievers gaan doorgaans erg goed met kinderen om en nemen tegenover vreemden een enigszins gereserveerde houding aan.

BEWEGING
Dit ras heeft veel beweging nodig. Als de honden niet genoeg beweging krijgen, gaan ze zich vervelen en worden ze lastig. Zwemmen en apporteren zijn geliefde bezigheden van de Chesapeake, en dat geldt ook voor het jagen. Echt snelle leerlingen zijn het echter niet.

Chesapeake Bay Retriever

Golden Retrievers

Curly Coated Retriever

Curly Coated Retriever

LAND VAN HERKOMST
Engeland.

AANLEG
Jacht- en gezinshond.

GROOTTE
De schouderhoogte van reuen meet ongeveer 68,5 cm, die van teven ongeveer 63,5 cm.

VACHT
De Curly Coated Retriever heeft een gekrulde, waterdichte vacht. Op de kop en de poten is het haar kort en zonder krullen. Ze komen voor in twee kleuren: leverkleurig en zwart.

VERZORGING
De vacht van deze hond moet zo weinig mogelijk geborsteld worden, anders trekt u de vacht uit model, maar in de ruiperiode ontkomt u niet aan borstelen. Na een borstelbeurt moet de vacht natgemaakt worden door de hond bijvoorbeeld te laten zwemmen of door de vacht af te sponsen. Hierdoor komt de krul weer terug in de vacht. Krijgt deze Retriever te veel vacht, dan mag u de vacht hier en daar met de schaar wat fatsoeneren.

AARD
Intelligent, soms dominant, onstuimig, actief, vriendelijk, zelfstandig, waaks, goede neus. De Curly Coated Retriever doet graag wat voor zijn baas en leert relatief snel nieuwe commando's. Desondanks kan hij tamelijk eigenzinnig zijn. Reuen van dit ras zijn in de regel wat dominanter dan teven.

OPVOEDING
De Curly Coated Retriever is intelligent genoeg om snel te begrijpen wat u bedoelt. Het is belangrijk dat de training afwisseling en uitdaging biedt, want eentonige oefeningen zorgen er alleen maar voor dat deze hond zijn interesse verliest. Daarnaast is het ook belangrijk dat u te allen tijde consequent blijft.

SOCIALE AANLEG
Normaal gesproken gaan Curly Coated Retrievers goed om met honden en andere huisdieren. Met kinderen zijn ze meestal zeer geduldig, mits de kinderen de hond niet pesten. Komt er vreemd bezoek, dan kijken ze eerst de kat uit de boom, maar wanneer de nood echt aan de man is, staan ze zeker hun mannetje.

BEWEGING
Deze Retriever is in de eerste plaats een werkhond die graag apporteert en van zwemmen houdt. U zou een jachttraining kunnen overwegen, maar er zijn ook voorbeelden bekend van honden die het in andere takken van hondensport goed doen. Wat u besluit, maakt niet uit, als u de hond maar voldoende beweging en bezigheden geeft. Een Curly Coated Retriever die niet beweegt en/of werkt, wordt ronduit lastig.

Curly Coated Retriever

Flat Coated Retriever

LAND VAN HERKOMST
Engeland.

AANLEG
Jacht-, water- en gezinshond.

GROOTTE
Bij reuen varieert de schouderhoogte van 58 tot 61 cm en bij teven van 55 tot 58 cm.

VACHT
Het gladde, halflange haar van de Flat Coated Retriever kan zwart of leverkleurig zijn. Zo nu en dan zien we ook een blonde vacht, maar deze kleur wordt niet erkend.

VERZORGING
Borstel en kam de vacht tweemaal per week goed door, voornamelijk op plaatsen waar gemakkelijk klitten ontstaan. Controleer dan ook meteen of de gehoorgang goed schoon is en knip een eventueel teveel aan haar tussen de voetzolen weg. Mocht u dat nodig vinden, dan kunt u uw Flat Coated Retriever naar de trimsalon brengen om de hond in model te laten trimmen.

AARD
Intelligent, vriendelijk, evenwichtig, wil graag werken voor zijn baas, volgzaam, trouw, maar soms ook een tikje eigenwijs, dol op zwemmen, groot aanpassingsvermogen. De meeste honden van dit ras zijn niet bijzonder waaks en blaffen weinig.

OPVOEDING
Deze hond is redelijk gemakkelijk op te voeden. Hij leert relatief snel en is intelligent genoeg

Flat Coated Retrievers

Flat Coated Retrievers

om uw commando's vlot te begrijpen. Flat Coated Retrievers kunnen soms wat eigenwijs zijn. Probeer deze karaktertrek voor te zijn door altijd consequent te handelen.

SOCIALE AANLEG
De omgang met soortgenoten en andere huisdieren stuit nooit op problemen en ook voor kinderen zijn de honden betrouwbare speelkameraadjes, mits de kinderen de hond niet pesten. Vreemden worden wel aangekondigd, maar daar blijft het dan vervolgens ook wel bij.

BEWEGING
Het ras heeft veel beweging nodig en vindt het dan ook heerlijk om te zwemmen en te apporteren. Hebt u eens een dag geen tijd, dan past deze Retriever zich moeiteloos aan u aan, maar als hij langere tijd aan zijn lot wordt overgelaten, wordt hij zonder meer vervelend. Hij blijft hoe dan ook een werkhond.

Golden Retriever

LAND VAN HERKOMST
Engeland.

AANLEG
Jacht- en gezinshond.

GROOTTE
Reuen hebben een schouderhoogte van 56 tot 61 cm, terwijl teven wat kleiner zijn: 51 tot 56 cm.

Golden Retriever

VACHT
De vacht is glad of golvend met een weerbestendige ondervacht. De vacht mag goud- tot crèmekleurig zijn. Een enkele kleine witte aftekening op de borst is toegestaan.

VERZORGING
Kam en borstel de vacht regelmatig, knip het teveel aan haar tussen de voetzolen weg en controleer op gezette tijden of de oren schoon zijn. Mocht u dat nodig vinden, dan kunt u de hond naar een trimsalon brengen, waar hij weer een goed verzorgd uiterlijk krijgt.

AARD
Lief, intelligent, sociaal, zelfverzekerd, gevoelig, goed geheugen, groot aanpassingsvermogen, niet blafferig.

OPVOEDING
De Golden Retriever leert vrij snel en blijft datgene wat hij geleerd heeft zijn hele leven onthouden. Pak deze Retriever nooit met te harde hand aan, want daar doet u zijn gevoelige en meegaande aard alleen maar geweld mee aan. Het is verstandig de training zo veel mogelijk af te wisselen en een gehoorzaamheidscursus wordt ten zeerste aanbevolen.

SOCIALE AANLEG
Honden van dit ras gaan erg goed om met soortgenoten, andere huisdieren en kinderen, al verdient het aanbeveling de hond ten opzichte van de kinderen in bescherming te nemen. In de regel zijn Golden Retrievers echte mensenvrienden, ook al kunnen sommige exemplaren wat waaks zijn en wat terughoudend reageren in de buurt van onbekende bezoekers.

BEWEGING
Ook al zal de Golden Retriever zich aanpassen aan u en uw gezin, vergeet niet dat deze hond meer beweging nodig heeft dan een gemiddelde hond. Is de hond eenmaal uitgegroeid, dan kunt u hem naast de fiets laten lopen. De meeste exemplaren houden van zwemmen en apporteren en gooien hoge ogen op een gehoorzaamheidscursus, maar ook voor fly-ball en behendigheid komen ze graag uit hun mand.

BIJZONDERHEDEN
De Golden Retriever is een erg populaire hond. Koop alleen een puppy bij een zeer betrouwbaar fokker.

Labrador Retriever

LAND VAN HERKOMST
Engeland.

AANLEG
Onder andere jacht-, blindengeleide-, drug- en gezinshond.

GROOTTE
Bij reuen varieert de schouderhoogte van 56 tot 57 cm en bij teven van 54 tot 56 cm.

VACHT
De vacht is kort en dik met een waterafstotende ondervacht. De Labrador komt voor in effen zwart, geel of chocoladekleurig (lever). Een kleine witte borstvlek is toegestaan.

VERZORGING
De vacht is niet moeilijk te verzorgen. Borstel haar eens in de week goed uit en besteed er tijdens de ruiperiode wat meer aandacht aan.

AARD
Vriendelijk en goedmoedig, intelligent en werkwillig, gehoorzaam, sociaal, aanhankelijk en meegaand, verstandig en bedachtzaam, trouw, een uitstekende neus. Labradors worden geestelijk en lichamelijk pas laat volwassen.

Labrador Retriever

Jonge Golden en Labrador Retriever

Opvoeding
De Labrador Retriever is een intelligente hond die niet moeilijk is op te voeden omdat hij leergierig is en graag voor zijn baas werkt. Het is voor een hond met zo veel mogelijkheden eigenlijk jammer wanneer u van plan bent hem voornamelijk als huishond te houden. De Labrador is een uitstekende jacht- en speurhond, maar ook op gehoorzaamheidswedstrijden doet hij het erg goed. U zult zien dat u de hond een groot plezier doet wanneer u iets met hem gaat ondernemen.

Sociale aanleg
Labrador Retrievers gaan in de regel goed om met soortgenoten en andere huisdieren. Ten opzichte van kinderen stellen ze zich doorgaans geduldig en goedmoedig op, maar dat is niet vreemd, want deze honden zijn echte mensenvrienden en als gevolg daarvan niet bijzonder waaks.

Beweging
Als gezinshond zal de Labrador Retriever zich prima aanpassen, maar vergeet niet dat de hond toch redelijk veel beweging nodig heeft. Maak regelmatig lange wandelingen met hem en laat hem dan onaangelijnd rennen en spelen. Labradors zijn dol op water en apporteren.

Nova Scotia Duck Tolling Retriever

Nova Scotia Duck Tolling Retriever

Land van herkomst
Canada.

Aanleg
Jacht- en gezinshond.

Nova Scotia Duck Tolling Retriever

GROOTTE
Reuen hebben een schouderhoogte die tussen de 48 en 51 cm ligt; bij teven varieert de hoogte van 45 tot 48 cm.

VACHT
De Nova Scotia Duck Tolling Retriever heeft een dubbele, waterafstotende vacht met middelmatig lang en zacht dekhaar. De kleur houdt het midden tussen rood en oranje, gewoonlijk met een bles en een witte aftekening op de staartpunt, de voeten en de borst.

VERZORGING
De vacht van dit ras vraagt niet veel verzorging. Eén maal per week goed borstelen is voldoende. In de rui heeft de verzorging van de vacht echter wat meer aandacht nodig.

AARD
De Toller is opgewekt, vriendelijk, attent, intelligent en gehoorzaam, levendig en sociaal.

OPVOEDING
De opvoeding stelt u niet voor grote problemen omdat de honden snelle leerlingen zijn en relatief snel nieuwe commando's onthouden. Daarnaast vinden ze het prettig om voor hun baas te werken.

SOCIALE AANLEG
Nova Scotia Duck Tolling Retrievers zijn fijne gezinshonden die goed omgaan met soortgenoten en andere huisdieren en zich in gezelschap van kinderen erg geduldig gedragen. Bij onraad zullen ze nog wel hun stem laten horen, maar daar laten ze het dan ook bij.

BEWEGING
Dit ras heeft redelijk veel beweging nodig en apporteren en zwemmen zijn dan heel geschikte activiteiten, want de honden zijn er dol op. Met een juiste begeleiding kan deze Retriever goed meedraaien in hondensporten als fly-ball, behendigheid en gehoorzaamheid.

Amerikaanse Cocker Spaniel

Opjagende honden

Amerikaanse Cocker Spaniel

LAND VAN HERKOMST
Verenigde Staten.

AANLEG
Van oudsher een jachthond, tegenwoordig vooral een gezinshond.

GROOTTE
De schouderhoogte van reuen is ongeveer 38 cm en van teven 35,5 cm.

VACHT
Het haar op de kop is kort en fijn en het haar op het lichaam is middelmatig van lengte. Oren, borst, buik en poten zijn zeer goed bevederd; het haar is daar zijdeachtig en glad van structuur. Deze lange vacht is het handelsmerk de Amerikaanse Cocker Spaniel. Bijna alle kleuren zijn toegestaan, zoals zwart, reerood, beigeblond, black and tan en bont.

VERZORGING
De verzorging van de vacht is erg belangrijk. Als u deze Spaniel aanschaft, zult u zijn vacht elke dag moeten borstelen en kammen. Daarnaast moet u hem, om de vacht optimaal en rastypisch te houden, om de vier weken naar een trimsalon brengen. Uiteraard moeten ook de oren regelmatig worden nagekeken en knipt

u het teveel aan haar tussen de voetzolen, onder het oor en bij de gehoorgang weg. Wanneer u geen tijd hebt om de vacht zo uitvoerig te verzorgen en geen geld hebt om de maandelijkse gang naar de trimsalon te maken, kunt u beter geen Amerikaanse Cocker Spaniel nemen.

AARD
Lief, intelligent en gehoorzaam, vrolijk, speels, zacht.

OPVOEDING
De opvoeding van de Amerikaanse Cocker Spaniel geeft zelden problemen. Voed de hond met zachte hand op en houd er rekening mee dat hij gevoelig is voor de intonatie van uw stem en voor bepaalde stemmingen in huis.

SOCIALE AANLEG
De honden van dit ras zijn erg sociaal en kunnen dan ook prima opschieten met soortgenoten en andere huisdieren. Omdat deze honden zich werkelijk alles lijdzaam laten welgevallen, doet u er verstandig aan ze tegen al te ruwe kinderspelletjes te beschermen.

BEWEGING
Deze Cocker speelt en ravot graag. Als u hier rekening mee houdt, is er geen reden waarom u deze hond niet op een flat kunt houden. Er wordt op zeer kleine schaal met Amerikaanse Cockers gejaagd. De meeste zijn dol op apporteren en zwemmen.

BIJZONDERHEDEN
Gezien de populariteit van dit ras is het raadzaam de pup bij een bekende, betrouwbare fokker aan te schaffen.

Clumber Spaniel

LAND VAN HERKOMST
Engeland.

AANLEG
Jacht- en gezinshond.

GEWICHT
Reuen wegen ongeveer 36 kilo, teven zo'n 30 kilo.

Clumber Spaniel

VACHT
De Clumber Spaniel heeft een dichte, zijdeachtige, halflangharige vacht. De kleur is wit met citroengele aftekeningen. Sinaasappelkleurige aftekingen zijn ook toegestaan.

VERZORGING
De vacht moet regelmatig geborsteld en gekamd worden en de gehoorgang moet erg goed schoon gehouden worden. Sommige Clumbers hebben wel eens last van oogirritatie, maar een speciaal daarvoor bestemde lotion biedt verlichting. Soms is het nodig de Clumber Spaniel in model te laten trimmen, waarbij de slordige en uitstekende haren uit de vacht verwijderd worden. Na zo'n behandeling ziet hij er weer piekfijn uit. Groeit er onder het oor te veel haar, dan kunt u dat tussen de trimbeurten door gerust wegknippen.

AARD
Zachtaardig, vrolijk, evenwichtig, groot uithoudingsvermogen, goed geheugen, waardig, rustig in huis en gehoorzaam.

OPVOEDING
Zijn goede geheugen en het feit dat hij graag iets voor zijn baas doet, maken van hem een vrij probleemloze leerling.

SOCIALE AANLEG
Clumbers gaan prima met andere honden om, en dat geldt in wezen ook voor katten en andere huisdieren. Met kinderen zijn Clumbers in de regel goed te vertrouwen, maar vreemden zullen ze ontwijken – de hond is geen allemansvriend.

BEWEGING
In de eerste plaats is de Clumber een jachthond, maar hij heeft er geen enkel probleem mee zich aan u en uw gezin aan te passen waar het beweging betreft. Let echter wel op zijn dieet als de hond niet veel beweging krijgt.

Clumber Spaniel

Engelse Cocker Spaniel

Engelse Cocker Spaniel

LAND VAN HERKOMST
Engeland.

AANLEG
Jacht- en gezinshond.

GROOTTE
Reuen hebben een schouderhoogte variërend van 39 tot 41 cm. Bij teven ligt deze tussen de 38 en 39 cm. Het gewicht is ongeveer 13 kilo.

VACHT
De vacht is glad, zijdeachtig, gematigd lang en nooit gekruld. De volgende kleuren worden het meest gesignaleerd: roodbruin, leverkleurig, zwart, black and tan, wit met zwarte, rode of leverkleurige vlekken (al dan niet met tankleurige aftekeningen), blauwschimmel, oranjeschimmel en leverschimmel (al dan niet met tankleurige aftekeningen).

VERZORGING
De vacht van de Cocker Spaniel begint snel te klitten als u deze niet zeer regelmatig grondig kamt en borstelt. Vergeet vooral het haar tussen de achter- en voorpoten en het haar op de oren niet. Houd de gehoorgang schoon en verwijder het overtollige haar. De Cocker Spaniel moet regelmatig worden geplukt, waarbij vooral het overtollige haar bovenop de kop, onder de oren en in de nek moet worden geëffileerd (uitdunnen). Afhankelijk van de kwaliteit van de vacht laat u dit twee tot vier keer per jaar bij een trimsalon doen.

AARD
Vrolijk, zacht, meegaand, intelligent, aanhankelijk, levendig. Cocker Spaniels hebben een goede neus en zijn over het algemeen dol op water.

Engelse Cocker Spaniel

Opvoeding
Van nature is een Cocker Spaniel een meegaande hond die snel in de gaten heeft wat u van hem verlangt. Voed hem met veel begrip, maar wel zeer consequent op. Wanneer u zich alles maar laat welgevallen, zal de Engelse Cocker zeker een loopje met u nemen.

Sociale aanleg
De honden van dit ras kunnen in het algemeen goed opschieten met huisdieren, andere honden en kinderen. Let er wel op dat de kinderen niet te ruw met de hond omgaan, want de Cocker laat zich niet als speelgoed gebruiken.

Beweging
In principe is deze hond tevreden met driemaal daags een blokje om. Maar dat neemt niet weg dat hij erg graag buiten is en u doet hem dan ook een groot plezier als u hem regelmatig los laat rennen in de vrije natuur. De meeste Cockers zijn dol op zwemmen.

Engelse Springer Spaniel

Land van herkomst
Engeland.

Aanleg
Jacht- en gezinshond.

Grootte
De schouderhoogte is ongeveer 51 cm.

Vacht
De vacht is dicht, glad en water- en vuilafstotend. Toegestane kleurcombinaties zijn leverkleur met wit, en zwart met wit, eventueel met tankleurige aftekeningen.

Verzorging
De Engelse Springer Spaniel moet regelmatig goed geborsteld worden. Haal het teveel aan haar uit de gehoorgang weg en verwijder wanneer nodig ook de beharing onder de oren en het teveel aan haar in de buurt van de gehoorgang, zodat het oor vrij kan 'ademen'. Vergeet ook niet het teveel aan haar dat tussen de voetzolen groeit weg te knippen. Deze Spaniel zal in principe twee tot vier keer per jaar de trimsalon moeten bezoeken.

Aard
Zachtaardig, intelligent, vriendelijk en slim, actief, gezellig, meegaand, gehoorzaam, evenwichtig.

Opvoeding
De opvoeding van de Engelse Springer Spaniel verloopt normaal gesproken probleemloos. Het zijn intelligente en leergierige honden die het u graag naar de zin willen maken.

Engelse Springer Spaniel

Sociale aanleg
De honden van dit ras staan bekend om hun vriendelijke karakter. Met soortgenoten, andere huisdieren, kinderen en mensen zullen ze harmonisch en probleemloos samenleven.

Beweging
Over het algemeen kost het de Engelse Springer Spaniel niet veel moeite zich aan u aan te

passen, maar met slechts driemaal daags een korte wandeling doet u hem echt te kort. Dit ras apporteert en zwemt erg graag. Maak regelmatig langere wandelingen met de hond en geef hem dan de gelegenheid onaangelijnd te rennen en spelen. Op het gebied van behendigheid en gehoorzaamheid doen deze honden het erg goed.

Field Spaniel

Field Spaniel

Land van herkomst
Engeland.

Aanleg
Jacht- en gezinshond.

Grootte
De schouderhoogte ligt rond de 46 cm.

Vacht
De glanzende en waterafstotende vacht is glad of golvend en van een fijne, zijdeachtige structuur. De Field Spaniel komt voor in leverkleur, geelbruin, mahonierood, 'roan' of zwart, eventueel in combinatie met witte of tankleurige aftekeningen.

Field Spaniel

Verzorging
In de regel moet de Field Spaniel viermaal per jaar getrimd worden. De dode haren worden dan uit de vacht geplukt en het haar op de oren, poten en hals wordt uitgedund. Houd de oren goed schoon.

Aard
Dit ras is zachtaardig, aanhankelijk, intelligent, een tikje eigenwijs, temperamentvol en speels, maar in huis rustig. Er wordt beweerd dat de Field Spaniel de neiging heeft zich binnen het gezin aan één bepaalde persoon te hechten.

Opvoeding
Deze vlotte leerling reageert erg sterk op uw stem. Voed de hond liefdevol, maar consequent op. Harde woorden en een te strenge aanpak verpesten zijn gevoelige karakter. De Field Spaniel heeft veel behoefte aan contact met mensen en wordt beslist neurotisch wanneer hij zijn dagen in een kennel moet slijten.

Sociale aanleg
Eigenlijk is dit ras voor iedereen vriendelijk. In de regel zijn ze met kinderen erg geduldig, maar wanneer het ze te bar wordt, trekken ze zich terug. Let erop dat de hond niet door de kinderen geplaagd wordt. Voorkom op latere leeftijd problemen in de omgang met andere dieren door de hond al jong kennis met ze te laten maken.

Beweging
De Field Spaniel past zich moeiteloos aan aan uw gezinssituatie, maar toch blijft hij in eerste instantie een jachthond. Dat betekent dat hij veel beweging nodig heeft en een sportief ingesteld gezin zou voor hem een goede stek zijn. Vanwege hun diep gewortelde jachtinstinct doet u er goed aan rond uw tuin een degelijke omheining neer te zetten, want anders nemen ze zeker de benen als ze een interessant luchtje ruiken.

Kooikerhondje

LAND VAN HERKOMST
Nederland.

AANLEG
Jachthond, ongediertebestrijder en gezelschapshond.

GROOTTE
De schouderhoogte ligt tussen de 35 en 40 cm en het gewicht rond de 10 kilo.

VACHT
De middelmatig lange vacht heeft licht golvend haar. De kleur is meestal wit met oranje platen en de oorpunten behoren zwart te zijn – dit noemt men binnen dit ras 'oorbellen'.

VERZORGING
Het Kooikerhondje heeft weinig vachtverzorging nodig. Borstel de vacht regelmatig en houd de oren schoon. Mocht het nodig zijn, dan knipt u het haar dat tussen de voetzolen uitgroeit weg.

AARD
Vriendelijk, vrolijk, attent, moedig en zelfverzekerd, sportief en intelligent, geen allemansvriend, blaft zelden. Hecht zich sterk aan eigen mensen en kan als het nodig is goed waken. Het Kooikerhondje is soms vanwege zijn gevoelige aard wat lichtgeraakt en daardoor niet altijd zo geschikt als speelkameraadje voor kinderen.

OPVOEDING
Zoals bij alle honden behoort ook de opvoeding van het Kooikerhondje in eerste instantie consequent te zijn. Kooikers zijn intelligent en leergierig – eigenschappen die resulteren in een gemakkelijk lerende hond. Het ras is gevoelig voor de intonaties van uw stem en heeft beslist geen harde aanpak nodig. Toch moet de toekomstige baas van het Kooikerhondje wel wat doortastend zijn, want een al te toegeeflijke baas haalt de dominante trekjes in dit ras naar boven.

SOCIALE AANLEG
De omgang met andere honden en katten is goed, mits de hond al op jonge leeftijd met deze dieren vertrouwd is geraakt. Het Kooikerhondje is geen allemansvriend en stelt zich dan ook ten opzichte van vreemden terughoudend op. Bekenden van de familie worden daarentegen enthousiast begroet.

BEWEGING
Rennen en ravotten vindt dit hondje heerlijk. Veroordeel hem dus niet tot driemaal daags een

blokje om. De meeste Kooikers zwemmen en apporteren ook graag. Op gehoorzaamheids- en behendigheidswedstrijden scoort de Kooiker goed, en dat geldt ook voor fly-ball.

Kooikerhondje

Rhodesian Ridgeback of Pronkrug

LAND VAN HERKOMST
Afrika.

AANLEG
Jachthond op met name leeuwen, daarnaast waak- en gezinshond.

GROOTTE
Reuen hebben een schouderhoogte die ligt tussen de 64 en 69 cm, bij teven varieert de hoogte van 61 tot 66 cm.

VACHT
De vacht is kortharig, met een karakteristieke 'pronk' op de rug, oftewel een strook haar die in tegengestelde richting van de rest van de vacht groeit, waardoor het haar hier donkerder van kleur lijkt te zijn. De kleur is licht tot rood tarwekleurig; een donker masker en een klein beetje wit op de borst zijn toegestaan.

VERZORGING
De vachtverzorging van de Rhodesian Ridgeback heeft weinig om handen. Borstel de hond regelmatig en gebruik in de ruiperioden een rubberen borstel om de dode haren te verwijderen.

AARD
Intelligent, slim, terughoudend voor vreemden, eerlijk, trouw aan het gezin, tikje eigenzinnig, moedig, waaks, groot uithoudingsvermogen.

OPVOEDING
Op een evenwichtige en zeer consequente opvoeding reageert deze hond het beste. Ridgebacks zijn intelligent en leren vrij vlot, maar ze zijn ook erg sterk en soms wat eigenzinnig. De toekomstige eigenaar moet dan ook redelijk stevig in zijn schoenen staan.

Rhodesian Ridgeback (Pronkrug)

SOCIALE AANLEG
Als u deze hond al op jeugdige leeftijd kennis laat maken met katten en andere huisdieren, voorkomt u later veel problemen. Rhodesian Ridgebacks zijn in de regel lief voor kinderen, maar alleen op voorwaarde dat zij de hond niet pesten of hem het leven op een andere manier zuur maken. Ook de omgang met soortgenoten verloopt in de regel probleemloos. De meeste Ridgebacks zijn ten opzichte van onbekenden wat terughoudend.

BEWEGING
Deze hond is van oudsher een jager en zijn uithoudingsvermogen is dan ook enorm groot. Het is in dit opzicht dus ook niet vreemd dat dit ras veel beweging nodig heeft. Laat hem naast de fiets lopen of maak regelmatig lange wandelingen met hem.

Rhodesian Ridgeback (Pronkrug)

Sussex Spaniel

LAND VAN HERKOMST
Engeland.

AANLEG
Jacht- en gezinshond.

GROOTTE
De schouderhoogte van de hond is ongeveer 30 cm en het gewicht ligt tussen de 18 en 21 kilo. Naar verhouding is de Sussex een zware hond.

VACHT
De Sussex Spaniel heeft een halflangharige, zachte, gladde vacht zonder krullen. De kleur is altijd een goudglanzende levertint.

VERZORGING
Borstel en kam de vacht regelmatig, houd de

Sussex Spaniel

oren goed schoon en knip het teveel aan haar tussen de voetzolen aan de onderkant van de voet weg. De plukjes haar die tussen de teentjes aan de bovenkant van de voet groeien, moet u laten zitten. Let er bij het wisselen van de tanden op dat de nieuwe tanden de oude niet verdrukken, anders kan er een blijvend scheef gebit ontstaan. Mocht het nodig zijn, dan kunt u de lichter gekleurde oude haren uit de vacht laten plukken. Het teveel aan haar onder de oren bij de gehoorgang moet u ook op gezette tijden wegknippen.

AARD
Lief en slim, eigenzinnig, aanhankelijk, vrolijk, blaft graag, aangename huisgenoot. Sommige Sussex Spaniels zijn wat jaloers van aard en willen hun baas graag voor zichzelf houden.

OPVOEDING
De hond is een snelle leerling die soms wat eigenzinnig kan zijn. Het is daarom belangrijk dat u altijd consequent blijft. Omdat deze Spaniels graag blaffen, doet u er verstandig aan het hondje al vroeg te leren dat het maar één keer achter elkaar mag blaffen, bijvoorbeeld als de bel gaat, maar dat het daarna over moet zijn.

SOCIALE AANLEG
Deze in de regel zeer sociale honden kunnen prima overweg met kinderen, katten en andere honden.

BEWEGING
Een Sussex wordt al snel te zwaar wanneer hij te weinig beweging krijgt. Hij is graag buiten in velden en bossen, maar houd er rekening mee dat hij nog wel eens de neiging heeft zijn neus achterna te gaan. Daarnaast zijn zwemmen en apporteren geliefde bezigheden van de Sussex Spaniel.

BIJZONDERHEDEN
Dit ras is bijna zeldzaam te noemen. Hebt u interesse en wilt u deze hond aanschaffen, ga dan naar een grote internationale tentoonstelling, waar u meestal wel een of enkele exemplaren aantreft. Het is moeilijk een goed tentoonstellingsexemplaar uit te zoeken omdat er in het ras veel verscheidenheid voorkomt.

Sussex Spaniel

Welsh Springer Spaniel

LAND VAN HERKOMST
Wales.

AANLEG
Jacht- en gezinshond.

GROOTTE
Reuen mogen een schouderhoogte van maximaal 48 cm hebben; voor teven geldt een maximum van 46 cm.

VACHT
De vacht bestaat uit halflang, zijdeachtig, sluik haar. Krullen zijn niet toegestaan en de kleur is altijd rood-wit.

VERZORGING
Haal heel regelmatig het teveel aan haar uit de gehoorgang, anders kunnen er ontstekingen ontstaan. Knip het teveel aan beharing tussen de voetzolen weg en kam en borstel de hond op gezette tijden. De Welsh Springer zal in de regel twee tot vier keer per jaar de trimsalon moeten bezoeken.

AARD
Zachtaardig, intelligent, gezellig, evenwichtig, volgzaam en gehoorzaam, maar soms ook wat eigenzinnig. Dit ras is dol op water en heeft een uitstekend reukvermogen.

OPVOEDING
Over het algemeen zijn deze honden niet moeilijk op te voeden, al kunnen ze zo nu en dan wel eens eigenwijs zijn. De honden leren vrij snel. Gebruik uw stem goed, beloon de hond veel, maar wees bovenal consequent, dan bereikt u het beste resultaat. De Welsh Springer Spaniel bezit een grote passie voor de jacht en daarom is het verstandig de hond al vroeg te leren dat hij op uw commando onmiddellijk terug moet komen.

SOCIALE AANLEG
Welsh Springer Spaniels zijn over het algemeen probleemloos in de omgang met andere honden en kinderen. In principe geldt dat ook voor de omgang met katten en andere huisdieren, maar dan moet u de hond al op jonge leeftijd op een positieve manier hebben laten kennismaken met deze dieren. Tegen mensen in het algemeen zijn Welsh Springer Spaniels altijd vriendelijk.

BEWEGING
Als dit ras de gelegenheid krijgt zich uit te leven, zal hij zich in huis voorbeeldig gedragen.

Welsh Springer Spaniel

Waterhonden

Barbet

LAND VAN HERKOMST
Frankrijk.

AANLEG
Jacht- en gezinshond.

GROOTTE
Voor reuen geldt een minimale schouderhoogte van 54 cm; bij teven is 50 cm het minimum.

VACHT
De vacht is waterafstotend, lang, zacht, wollig en golvend of krullend. Toegestane kleuren zijn zwart, wit, fawn, grijs of kastanje.

VERZORGING
De vacht moet zeer regelmatig goed geborsteld en gekamd worden, anders ontstaan er klitten die maar moeilijk ontward kunnen worden.

AARD
Evenwichtig, meegaand, zeer aanhankelijk en trouw, levendig, vriendelijk, vrolijk, intelligent en leergierig, hard voor zichzelf, evenwichtig en ongecompliceerd.

OPVOEDING
De Barbet leert relatief snel, is gevoelig voor de stem van zijn baas, die hij het graag naar de zin wil maken. Het is ook bij dit ras van belang dat u consequent bent tijdens de opvoeding, want een baas die alles goed vindt en weinig gezag uitstraalt, wordt door de Barbet op den duur niet meer serieus genomen.

SOCIALE AANLEG
Barbets gaan goed om met soortgenoten en andere huisdieren, en ook de omgang met kinderen zal in de regel op weinig of geen problemen stuiten. Bij onraad zal de Barbet zeker zijn stem verheffen, maar verdere actie zal hij niet ondernemen.

Barbet, kopstudie

BEWEGING
Deze hond is van oorsprong een werkhond die dol op water is en graag apporteert. Hij past zich prima aan als huishond en is graag bij zijn gezin. Dit ras mag u dan ook niet wegstoppen in een kennel, daar zouden ze zich niet gelukkig voelen. Ga regelmatig langere stukken met de hond lopen en geef hem tijdens zo'n wandeling volop de gelegenheid zich onaangelijnd uit te kunnen leven.

Barbet

Ierse Waterspaniel

LAND VAN HERKOMST
Ierland.

AANLEG
Jacht- en gezinshond.

GROOTTE
Bij reuen varieert de schouderhoogte van 53 tot 59 cm en bij teven van 51 tot 56 cm.

VACHT
De olieachtige vacht van de Ierse Waterspaniel bestaat uit dichte, vaste krullen die nooit pluizig mogen zijn. De enige erkende kleur is een donkere levertint.

VERZORGING
Borstel de vacht niet te veel, want hier wordt de vacht wollig en pluizig van. Na een grondige borstelbeurt moet u de hond eigenlijk wassen of even laten zwemmen, zodat de vacht weer goed in de krul komt. Waarschijnlijk moet u zo af en toe de vacht wat bij te knippen om deze weer in model te krijgen. Het grote voordeel van deze vacht is dat losse haren erin blijven zitten, waar-

door er weinig tot geen haren op het tapijt achterblijven. Voor tentoonstellingen wordt de Ierse Waterspaniel getoilleteerd.

AARD
Karaktervol, levendig en vrolijk, groot uithoudings- en doorzettingsvermogen, zeer goede neus, intelligent en slim, evenwichtig, hard voor zichzelf. De Ierse Waterspaniel is tamelijk eigenzinnig.

OPVOEDING
Met de opvoeding van deze hond moet u al op zeer jonge leeftijd beginnen. Dit snel lerende ras vraagt om een baas met een consequente aanpak. Als u alles maar op zijn beloop laat en in de ogen van de hond te toegeeflijk bent, zult u uiteindelijk uit de strijd komen met een hond die zijn eigen gang gaat. Wissel de trainingen af en zorg ervoor dat het voor de hond leuk blijft. De Ierse Waterspaniel is soms onderhevig aan recalcitrante buien en levert geen continue prestaties.

SOCIALE AANLEG
Het ras gaat in de regel redelijk goed om met kinderen. Ook de omgang met katten en andere huisdieren ondervindt geen problemen, mits de hond al op zeer jonge leeftijd goed gesocialiseerd is. Bij onraad zal de hond zijn stem laten horen, maar daar blijft het vervolgens bij. Ten opzichte van onbekende mensen stelt de Ierse Waterspaniel zich wat afwachtend op.

Ierse Waterspaniel

BEWEGING
De Ierse Waterspaniel is een jachthond met een gigantisch uithoudingsvermogen. Hij is dol op apporteren en op water, dus laat hem –als het klimaat het toelaat– regelmatig zwemmen. Ook voor langere wandelingen komt deze hond graag zijn mand uit.

Ierse Waterspaniel

Perro de Agua Espanol

LAND VAN HERKOMST
Spanje.

AANLEG
Waterhond en herdershond, gezinshond.

GROOTTE
Reuen hebben een schouderhoogte tussen de 40 en 50 entimeter; bij teven ligt deze hoogte tussen de 38 en 45 cm.

VACHT
De krullige, wollige en weerbestendige vacht zal draden vormen als ze langer wordt. Bruin, zwart, wit, zwart-wit of bruin-wit zijn de meest voorkomende kleuren.

Perro de Agua Espanol

Verzorging
Deze hond heeft weinig vachtverzorging nodig. Anders dan bij de Puli of Komondor, die een gelijksoortige vervilte vacht hebben, vormen de draden van deze vacht zich als vanzelf. Het is toegestaan de draden kort te knippen.

Aard
Actief, intelligent, vriendelijk, leergierig, speels, initiatiefrijk, sociaal en waaks.

Opvoeding
Honden van dit ras leren relatief snel nieuwe commando's. De opvoeding hoeft dan ook geen onoverkomelijk probleem te zijn.

Sociale aanleg
In de regel gaan deze honden goed om met soortgenoten, en dat geldt ook voor kinderen en andere huisdieren. Met katten moet u ze al vroeg vertrouwd maken, dan zal ook het gezelschap van deze dieren niet voor problemen zorgen. Bij onraad zal de Perro aanslaan, maar verwacht verder niet te veel actie.

Beweging
De Perro de Agua Espanol heeft redelijk veel behoefte aan beweging. Ze zwemmen graag, houden van apporteren en presteren meestal goed op gehoorzaamheidswedstrijden en bij flyball.

Perro de Agua Espanol

Portugese Waterhond

Land van herkomst
Portugal.

Aanleg
Helper van vissers en gezinshond.

Grootte
Reuen mogen een schouderhoogte hebben van 50 tot 57 cm, maar het liefste ziet men een schouderhoogte van 54 cm. Bij de teven is de ideale hoogte 46 cm, maar tussen de 43 en 52 cm mag ook.

Vacht
De vacht is dik en golvend ('wavy coat') of gekruld en langharig ('curly coat'). Zwart, bruin, wit, zwart-wit en bruin-wit zijn de meest voorkomende kleuren (-combinaties).

Portugese Waterhond, 'wavy coat'

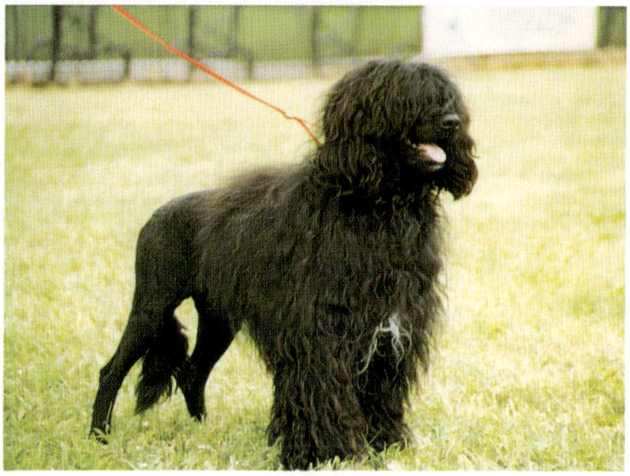

Verzorging
In de regel wordt de vacht van de 'wavy coat' op het achterlijf en op de snuit kort geschoren, maar bij 'curly coat' gaat men (met name in Amerika) steeds vaker over op een 'working retriever clip', waarbij alleen de staart kort wordt geschoren. Kam en borstel de vacht regelmatig.

Aard
Opgewekt, vriendelijk, intelligent, werkwillig, snel van begrip, erg slim, gehoorzaam en sociaal. De Portugese Waterhond heeft een goede neus.

Opvoeding
Als u enig inzicht in het karakter van de hond hebt, is de opvoeding niet moeilijk. Deze hond, die graag hard werkt, is intelligent en snel van begrip. De hond is gevoelig voor de intonatie van uw stem. Wissel oefeningen regelmatig af met spelen en houd er rekening mee dat deze hond uiterst intelligent is en een loopje met u zal nemen wanneer u denkt de opvoeding wel even tussen de bedrijven door te doen. Blijf altijd consequent.

Sociale aanleg
Het gezelschap van honden en andere huisdieren accepteert deze hond probleemloos en voor kinderen zijn ze de vriendelijkheid zelve.

Portugese Waterhond, puppy met 'curly coat'

BEWEGING
De Portugese Waterhond is, zijn naam zegt het al, dol op zwemmen. U doet hem dan ook geen groter plezier dan hem stokken of ballen uit het water te laten apporteren. Daarnaast is dit ras ook geschikt voor behendigheid en vele andere takken van de hondensport.

Wetterhoun

LAND VAN HERKOMST
Nederland.

AANLEG
Jacht-, waak-, boerenerf- en gezinshond.

GROOTTE
Als ideale schouderhoogte voor reuen geldt 58 cm; voor teven is 55 cm ideaal.

VACHT
De vacht van de Wetterhoun is krullerig en vet, en mag absoluut niet wollig zijn. Toegestane kleuren zijn effen zwart of bruin, zwartwit of bruinwit gevlekt en schimmel.

VERZORGING
De vachtverzorging van deze hond heeft niet veel om handen. Kam zo nu en dan zijn vacht en controleer ook hier weer de oren om te zien of ze schoon zijn. De Wetterhoun kan prima in een kennel of buiten gehouden worden, maar alleen als u voldoende contact met hem houdt en als hem zijn dagelijkse portie lichaamsbeweging niet ontzegd wordt.

AARD
Lichamelijk hard voor zichzelf, soms ook gevoelig, intelligent, maar ook onafhankelijk tot zelfs eigenwijs, zeer waaks, goede neus, moedig en betrouwbaar. De Wetterhoun zwemt graag.

OPVOEDING
Als u een beginner bent, raden we u af deze hond aan te schaffen. Dit intelligente ras leert snel, maar is ook eigenzinnig genoeg om uw bevelen te negeren. Een consequente, maar liefdevolle opvoeding is dan ook een eerste vereiste. Afhankelijk van de hond kan een correctie hier en daar op z'n plaats zijn.

SOCIALE AANLEG
Voor zijn eigen mensen is de Wetterhoun een goedaardige en vriendelijke hond, en dit geldt ook voor kinderen, mits ze de hond in zijn waarde laten. Onbekende visite is echter een ander verhaal. In dit geval neemt hij een afwachtende houding aan en tegen indringers zal hij zelfs uw huis verdedigen. Bekenden van de familie krijgen daarentegen een hartelijke begroeting. Soortgenoten en andere huisdieren accepteren ze zonder morren.

BEWEGING
De Wetterhoun heeft veel beweging nodig. Het zou voor deze hond dan ook ideaal zijn als hij op een groot erf kon rondlopen, dat hij overigens met verve zal bewaken en vrij zal houden van ongedierte. De hond is redelijk erfvast omdat het niet in de aard van het ras zit te gaan zwerven.

BIJZONDERHEDEN
De Wetterhoun zou wegkwijnen op een flat of in een drukbevolkte wijk, daar heeft hij niet de juiste instelling voor. Buiten het land van herkomst zien we de Wetterhoun maar zelden.

Wetterhoun

Bruine Wetterhoun, kopstudie

9. Gezelschaps- en dwerghonden

Bichons

Bichon Frisé

LAND VAN HERKOMST
België/Frankrijk.

AANLEG
Gezinshond.

GROOTTE
De schouderhoogte mag niet hoger dan 30 cm zijn en het gewicht bedraagt ongeveer 4 kilo.

VACHT
De zijdeachtige vacht bestaat uit losjes hangende spiraalvormige haren. De hond heeft geen ondervacht en zijn kleur is altijd zuiver wit.

VERZORGING
U moet elke dag de vacht grondig uitkammen en daarnaast moet het haar regelmatig bijgeknipt worden omdat het anders te lang wordt. Net als veel andere honden met een bewerkelijke vacht wordt ook de Bichon Frisé in een bepaald toilet geknipt. Deze toiletten kunnen per land verschillen. Wilt u de vacht mooi wit houden, dan moet u de Bichon Frisé regelmatig met een goede hondenshampoo wassen. Controleer op gezette tijden of de haren rond de ogen de oogbol niet irriteren en gebruik zo nu en dan een goede lotion om traanstrepen tegen te gaan. Knip het teveel aan haar tussen de voetzolen weg en verwijder losse haren en vuil uit de gehoorgang. De Bichon Frisé verhaart niet – de dode haren blijven in de borstel achter.

AARD
Zeer gehecht aan zijn baas, kan soms moeilijk alleen gelaten worden, meegaand, vrolijk, beweeglijk, speels, intelligent, gezellig en gevoelig.

OPVOEDING
Aangezien het hier om slimme hondjes gaat die al snel in de gaten hebben wat er van ze verwacht wordt, zal de opvoeding u niet voor grote problemen stellen.

Maltezer

SOCIALE AANLEG
Bichons zijn van nature sociale honden die zich het prettigst voelen als ze deel uitmaken van een gezin en overal mee naartoe mogen. Vanwege hun sociale aard gaan ze goed om met zowel soortgenoten, andere huisdieren als kinderen.

BEWEGING
De Bichon past zich qua beweging aan aan uw situatie.

BIJZONDERHEDEN
Mensen die zich storen aan een onverzorgd uiterlijk en niet genoeg tijd hebben voor de intensieve vachtverzorging, kunnen beter een ander ras aanschaffen.

Bichon Frisé

Bolognezer

LAND VAN HERKOMST
Italië.

AANLEG
Gezinshond.

GROOTTE
De schouderhoogte varieert van 25 tot 30 cm en het gewicht ligt tussen de 2,5 en 4 kilo.

Bolognezer

VACHT
De in lokken liggende vacht is altijd wit, lang, zeer dicht en wat uitstaand en heeft geen ondervacht.

VERZORGING
De snel klittende vacht moet elke dag uitgekamd worden, vooral het haar op de buik, achter de oren en tussen de poten. Daarnaast zal de Bolognezer regelmatig in bad moeten, zodat zijn vacht stralend wit blijft. Een voordeel van deze vacht is dat ze niet verhaart, want eventuele dode haren blijven in de borstel achter. In de gehoorgang, die goed schoon moet zijn, mag geen los haar zitten. Als dat nodig is, knipt u het teveel aan haar dat tussen de voetzolen groeit, weg.

AARD
Vrolijk, intelligent, gehoorzaam, gezellig, erg aanhankelijk, rustig, waaks.

OPVOEDING
De opvoeding van de Bolognezer verloopt in het algemeen probleemloos. Het zijn hondjes die gemakkelijk leren en daarnaast graag iets voor hun baas doen.

SOCIALE AANLEG
De Bolognezer gaat goed om met andere honden, katten en kinderen. Hij stelt erg veel aandacht op prijs en sommige exemplaren kunnen daarom moeilijk alleen thuis worden gelaten. Ten op zichte van vreemden neemt de Bolognezer een afwachtende houding aan.

BEWEGING
Het ras is tevreden met een gemiddelde lichaamsbeweging, maar dat betekent niet dat hij een urenlange wandeling afwijst.

BIJZONDERHEDEN
Wanneer u de intensieve vachtverzorging niet kunt opbrengen, doet u er beter aan een ras te zoeken met een minder bewerkelijke vacht.

Coton de Tuléar

Coton de Tuléar

LAND VAN HERKOMST
Madagaskar.

AANLEG
Gezinshond.

GROOTTE
Bij reuen varieert de schouderhoogte van 25 tot 32 cm en bij teven van 22 tot 28 cm.

VACHT
De fijne lange vacht heeft een katoenachtige, krullerige structuur en geen ondervacht. De kleur is altijd wit met enkele gele tot donkergrijze vlekken (voornamelijk bij de oren).

VERZORGING
De vacht moet meerdere malen per week geborsteld en gekamd worden. Dit ras verhaart niet en daarom moet u tijdens de borstelbeurt de dode haren verwijderden. Haal het teveel aan haar tussen de voetzolen en uit de gehoorgang weg. De Coton de Tuléar hoeft niet zo vaak in

bad – een of twee keer per jaar is ruim voldoende om de vacht schoon te houden.

AARD
Vriendelijk, intelligent, waaks, speels, soms een tikje eigenzinnig.

OPVOEDING
De Coton de Tuléar leert vrij snel. Vergeet echter niet dat ze ondanks hun intelligentie en werkwilligheid toch wat eigenzinnige trekjes kunnen vertonen. Dit ras doet het goed in de diverse takken van de hondensport, zoals behendigheid en fly-ball.

SOCIALE AANLEG
De honden van dit ras zijn zeer sociaal en ze leven dan ook vreedzaam samen met andere honden en huisdieren. Voor kinderen zijn ze over het algemeen de beste speelmaatjes.

BEWEGING
Qua beweging past dit ras zich soepel aan aan de gezinssituatie. De honden zwemmen over het algemeen graag en ze zijn gek op balspelletjes.

Coton de Tuléar

Havanezer

LAND VAN HERKOMST
Cuba.

AANLEG
Gezinshond.

Havanezer met puppy's

Havanezer

GEWICHT
De Havanezer mag niet meer dan 6 kilo wegen.

VACHT
De langharige vacht heeft geen ondervacht. Alle kleuren zijn toegestaan, maar zwart wordt niet in alle landen erkend.

VERZORGING
De vacht van de Havanezer heeft veel verzorging nodig. U moet de hond minimaal tweemaal per week zorgvuldig borstelen en kammen. Hiervoor kunt u het beste een grove kam gebruiken. Een lotion kan helpen het haar tegen afbreken te beschermen. Knip het teveel aan haar tussen de voetzooltjes weg. De voetjes zelf mogen rond geknipt worden, zodat het hondje niet met 'flosjes' rondloopt. Kijk ook geregeld de ogen na. De Havanezer verhaart niet – dode haren vallen niet uit de vacht, maar blijven tijdens een borstelbeurt in de borstel achter.

AARD
Vrolijk, zeer aanhankelijk, hoogst intelligent, leergierig, speels, zachtaardig, gezellig, gevoelig.

OPVOEDING
De Havanezer leert erg snel en vindt het leuk om iets voor u te doen – ze werden vroeger niet voor niets veelvuldig als circushondje gebruikt. Dit ras is erg gevoelig voor de intonatie van uw stem en met harde woorden bereikt u dan ook weinig, behalve dat het hondje onnodig wordt gekwetst. Sommige exemplaren willen wel eens meer blaffen dan nodig is. Leer ze dit zo vroeg mogelijk af, zodat het geen gewoonte wordt.

SOCIALE AANLEG
Of het nu honden, katten of andere huisdieren zijn, het maakt niet uit, de Havanezer gaat met alle goed om. Ook kinderen kunnen ze prima verdragen, maar houd er wel rekening mee dat de hond het niet op prijs stelt als ze hem plagen. Gebeurt dat toch, dan zal hij zich lange(re) tijd terugtrekken.

BEWEGING
Dit ras heeft een gemiddelde behoefte aan beweging. Met driemaal daags een ommetje is deze hond al zeer tevreden.

Leeuwhondje

LAND VAN HERKOMST
Frankrijk.

AANLEG
Gezinshond.

GROOTTE
De schouderhoogte ligt tussen de 20 en 35 cm.

Leeuwhondje

Leeuwhondje

VACHT
De vacht is lang en golvend en mag niet krullen. Leeuwhondjes hebben geen ondervacht. Alle kleuren zijn toegestaan.

VERZORGING
Kam en borstel het Leeuwhondje regelmatig, zodat er geen klitten kunnen ontstaan. Het Leeuwhondje wordt, ook als het niet naar een tentoonstelling gaat, in model geschoren. Op de achterhand, de staartaanzet en een gedeelte van de voorpootjes wordt de vacht geschoren. De vacht verhaart niet; eventuele dode haren vindt u in de borstel terug.

AARD
Vrolijk, intelligent, leergierig, speels, gezellig, zachtaardig, gevoelig.

OPVOEDING
Leeuwhondjes zijn in de regel snelle leerlingen en daarom zal de opvoeding zelden of nooit op problemen stuiten.

SOCIALE AANLEG
De omgang met kinderen en andere huisdiern levert geen enkel probleem op.

BEWEGING
Het ras heeft een gemiddelde bewegingsbehoefte en past zich in de regel aan uw situatie aan. Maar wanneer u graag langere stukken wandelt, zal dit hondje u graag vergezellen.

Maltezer

LAND VAN HERKOMST
Italië/Malta.

AANLEG
Gezinshond.

GROOTTE
De schouderhoogte bij de reuen ligt tussen de 21 en 25 cm en bij teven tussen de 20 en 23 cm.

VACHT
De Maltezer bezit een witte, lange, zijdeachtige vacht zonder ondervacht die in een scheiding op de rug gedragen wordt.

VERZORGING
De verzorging van de vacht is intensief, want ze moet elke dag goed gekamd en regelmatig gewassen worden. Met een speciaal daarvoor bestemde lotion kunt u lelijke traanstrepen voorkomen. Soms groeien er haren in de ooghoeken die de oogbol kunnen irriteren. Voorkom dit door deze haren te verwijderen. Maltezers verharen niet – tijdens een borstelbeurt blijven de dode haren in de borstel achter. De vacht behoort lang te zijn, tot op de grond, met een duidelijke scheiding op de rug. De haren voor de ogen worden meestal samengebonden met een elastiekje. Het is erg moeilijk de vacht van een showhond in goede conditie te houden. Eigenaars van show-Maltezers oliën de vacht en draaien deze in papillotjes om het haar tegen afbreken te beschermen.

Maltezer

Maltezer-puppy

AARD
Vriendelijk, lief, speels, gezellig, leergierig en gevoelig. Kan prima opschieten met kinderen. Hecht zich sterk aan zijn baas.

OPVOEDING
De opvoeding is vrij gemakkelijk omdat Maltezers graag bij hun gezin zijn en zich vrijwel altijd moeiteloos aanpassen aan de omstandig-

heden. Ze zijn erg gevoelig voor harde woorden en mogen dan ook nooit met harde hand opgevoed worden.

SOCIALE AANLEG
De Maltezer is geen ruziezoeker en kan over het algemeen goed opschieten met zowel honden en andere huisdieren als kinderen. Ook als er visite komt, doen ze niet moeilijk.

BEWEGING
Met een Maltezer hoeft u niet per se urenlange wandelingen te maken, maar als u een fervent wandelaar bent, zal dit hondje u met plezier vergezellen.

Poedels

Poedels

Dwergpoedel en Toypoedel

LAND VAN HERKOMST
Frankrijk.

AANLEG
Gezinshond.

GROOTTE
Bij de Toypoedel ziet men het liefste een schouderhoogte van 25 cm, maar in elk geval niet hoger dan 28 cm. De Dwergpoedel heeft een schouderhoogte variërend van 28 tot 35 cm.

VACHT
Een fijne, wollige vacht van kroeshaar. Toegestane kleuren zijn eenkleurig wit, zwart, abrikoos, bruin en grijs. Erg zeldzaam is de Koordenpoedel, waarvan de vacht na verloop van tijd koorden begint te vormen.

VERZORGING
Op tentoonstellingen is het verplicht de Poedel in een passend toilet te brengen. Het toiletteren vereist veel vakkennis en ervaring en kan dan ook het beste in een gespecialiseerde trimsalon gedaan worden. Het in model houden van een dergelijk toilet kost niet alleen veel aandacht en tijd, maar ook veel geld. Van de poedel wordt gezegd dat het een van de moeilijkste, zo niet de moeilijkste hond is om goed getoiletteerd op een tentoonstelling te showen en de concurrentie is in de regel erg groot. Poedels die als huishond worden gehouden, worden normaal gesproken geschoren, waarbij het haar op de kop, de poten en de oren wat langer gelaten wordt. Deze huishonden hebben vanzelfsprekend veel minder vachtverzorging nodig dan de honden die tentoonstellingen bezoeken. De Poedel verhaart niet. Kijk zo nu en dan de tandjes na op tandsteen en maak de oren regelmatig schoon. Poedels mogen regelmatig gewassen worden.

AARD
Levendig, speels, intelligent, leergierig, gevoelig, voorzichtig, zeer gehecht aan zijn baas en diens gezin.

OPVOEDING
Dwerg- en Toypoedels zijn zeer intelligente honden die, als u ze goed aanpakt, al snel leren wat er van ze verlangd wordt. Met een consequente, maar zachte hand bereikt u de meeste resultaten.

SOCIALE AANLEG
Over het algemeen zijn Dwerg- en Toypoedels probleemloze hondjes die erg goed met honden en andere huisdieren kunnen opschieten. Visite wordt aangekondigd, maar daar blijft het dan ook bij.

BEWEGING
Hoewel Poedels heel goed op een flat kunnen worden gehouden, moet u ze wel voldoende lichaamsbeweging geven.

Bruine Toypoedel

Zwarte Grote Poedel in leeuwtoilet

Grijze Dwergpoedel

Grote Poedel

LAND VAN HERKOMST
Frankrijk.

AANLEG
Oorspronkelijk jachthond, nu gezinshond.

GROOTTE
De Grote Poedel heeft een schouderhoogte tussen de 45 en 58 cm.

VACHT
Een fijne, wollige vacht van kroeshaar. Toegestane kleuren zijn eenkleurig wit, zwart, abrikoos, bruin en grijs. Erg zeldzaam is de Koordenpoedel, waarvan de vacht na verloop van tijd koorden begint vormen.

Zwarte Grote Poedel met koordvacht

VERZORGING
Zie Dwerg- en Toypoedel.

AARD
Opgewekt, schrander, sportief, gezellig, intelligent en leergierig, trouw, volgzaam, waaks, beweeglijk, voorzichtig, nieuwsgierig.

OPVOEDING
De Grote Poedel leert relatief snel en graag en daarom zal de opvoeding voor weinig problemen zorgen. Wees altijd duidelijk tegen de hond en blijf consequent. Poedels zijn zeer gevoelig voor de intonatie van uw stem.

SOCIALE AANLEG
Dit ras is van nature erg sociaal en kan goed opschieten met honden en andere huisdieren. De omgang met kinderen zal evenmin problemen geven. Grote Poedels zijn in de regel waaks, maar niet onvriendelijk tegen onbekenden.

BEWEGING
De honden van dit ras hebben redelijk veel beweging nodig. Doe daarom regelmatig een balspelletje met ze in de tuin of maak lange wandelingen om de Poedel in goede conditie houden. Poedels doen het over het algemeen erg goed in de verschillende takken van de hondensport, zoals fly-ball, behendigheid en gehoorzaamheid. De Grote Poedel is een van de intelligentste hondenrassen ter wereld.

Grijze Middenslagpoedel

Middenslagpoedel

LAND VAN HERKOMST
Frankrijk.

AANLEG
Van oorsprong jachthond, nu gezinshond.

GROOTTE
De schouderhoogte ligt tussen de 35 en 45 cm.

VACHT
Een fijne, wollige vacht van kroeshaar. Toegestane kleuren zijn eenkleurig wit, zwart, abrikoos, bruin en grijs. Erg zeldzaam is de Koordenpoedel, waarvan de vacht na verloop van tijd koorden begint te vormen.

VERZORGING
Zie Dwerg- en Toypoedel.

AARD
Uiterst intelligent, opgewekt, levendig, aanhankelijk, sociaal met andere dieren, trouw aan zijn baas. De meeste Poedels zwemmen graag.

OPVOEDING
De Middenslagpoedel kan relatief gemakkelijk worden opgevoed omdat hij een snelle leerling is. Deze hond kan hoge ogen gooien in de verschillende takken van de hondensport, zoals fly-ball en behendigheid.

SOCIALE AANLEG
Dit ras gaat goed om met soortgenoten en andere huisdieren, en met kinderen veroorzaken ze zelden problemen. Visite wordt altijd aangekondigd.

BEWEGING
De Middenslagpoedel heeft redelijk wat beweging nodig. De meeste zwemmen en apporteren graag.

Belgische dwerghonden

Griffon Bruxellois, Griffon Belge en Petite Brabançon

LAND VAN HERKOMST
België.

AANLEG
Gezinshond.

GEWICHT
Deze hondjes wegen ongeveer 5 kilo.

VACHT
De Brusselse Griffon en de Belgische Griffon zijn ruwharig. De Brusselse Griffon is roodrossig van kleur, eventueel met wat zwart aan snor en kin. De Belgische Griffon is geheel zwart,

Griffons en Petite Brabançons

Griffon Belge (Belgische Griffon)

black and tan of rood. De Petite Brabançon is kortharig en mag dezelfde kleuren hebben als beide Griffons.

VERZORGING
De ruwharige Griffon wordt over het algemeen regelmatig geplukt, waarbij het garnituur wordt ontzien. Kam de baard regelmatig om etensresten en dergelijke te verwijderen en klitten tegen te gaan. De haren in de ooghoeken moeten indien nodig weggehaald worden, anders kunnen ze tegen de oogbol prikken en irritaties veroorzaken.

AARD
Nieuwsgierig, ondeugend, speels, ongecompliceerd, rustig, leergierig en goed met kinderen. Griffons waken goed en vertoeven graag dicht in de buurt van hun baas.

OPVOEDING
De opvoeding zal in principe probleemloos verlopen omdat de Griffons en de Petite Brabançons erg intelligent en leergierig zijn. Ze doen het goed in de verschillende takken van de hondensport.

Griffon Bruxellois (Brusselse Griffon)

Petite Brabançon

SOCIALE AANLEG
Deze rassen gaan goed om met kinderen, honden en katten omdat ze van nature erg sociaal zijn en gesteld zijn op gezelschap.

BEWEGING
Hoewel Griffons prima op een flat gehouden kunnen worden, vinden ze het heerlijk als u ze meeneemt naar de bossen en de heide. Doe dit dan ook regelmatig met de hond, ook al passen ze zich vrij gemakkelijk aan in een stadse omgeving.

Naakthonden

Chinese Naakthond

LAND VAN HERKOMST
China.

AANLEG
Gezelschapshond.

GROOTTE
Reuen hebben een schouderhoogte van 28 tot 33 cm, terwijl deze bij teven varieert van 23 tot 30 cm.

VACHT
Er zijn twee soorten Chinese Naakthonden. De ene soort heeft geen haar op het lichaam, alleen op de kop, de oren, de punt van de staart en de voeten zit wat. De naakte huid voelt zacht aan. De andere soort is de zogenaamde Powder Puff. Deze honden hebben een ondervacht en een sluierachtige, langharige bovenvacht van een zijdeachtige structuur. Alle kleuren zijn toegestaan en de twee soorten worden gewoonlijk door elkaar gefokt.

VERZORGING
De huid van de Chinese Naakthond moet zeer goed verzorgd worden. Eigenaren van een hond die tentoonstellingen bezoekt, scrubben de huid regelmatig (met een voor mensen bestemde scrubcrème) om de dode huidcellen te verwijderen en de huid zacht te houden. Het belangrijkste is dat de huid veerkrachtig en egaal blijft en tegen uitdroging beschermd wordt. Met een goede lotion of crème gaat dit uitstekend. Met name de ongepigmenteerde delen van de huid zijn gevoelig voor zonlicht en we raden dan ook aan de hond hier niet al te lang aan bloot te stellen of een goede zonnebrandcrème te

Chinese Naakthond, Powder Puff

gebruiken. De Powder Puff moet zo nu en dan geborsteld worden en mag wat vaker in bad. In de regel wordt bij deze hond het haar op zijn gezicht in een punt naar beneden geschoren – zo krijgt het dier zijn typische uiterlijk.

AARD
Opgewekt, slim, speels, gevoelig, waaks, erg levendig en beweeglijk. Wat terughoudend tegenover mensen die hij niet kent.

OPVOEDING
De Chinese Naakthonden zijn niet moeilijk op te voeden omdat ze intelligent zijn en snel begrijpen wat er van ze verlangd wordt.

SOCIALE AANLEG
Als kinderen de hond in zijn waarde kunnen laten, is de omgang met hem geen enkel probleem. Ook in het gezelschap van soortgenoten en andere huisdieren zorgen ze zelden of nooit voor problemen.

BEWEGING
Dit ras past zich qua beweging aan aan uw gezinssituatie.

BIJZONDERHEDEN
Bij behaarde honden vallen beschadigingen van de huid amper op, maar dit geldt niet voor de Chinese Naakthonden. Integendeel, hier zijn beschadigingen juist erg goed te zien. Een voordeel van dit ras is echter dat het erg schoon is en geen losse haren in huis achterlaat.

Chinese Naakthond

Chinese Naakthond, kopstudie

Mexicaanse Naakthond of Xoloitzcuintle

Mexicaanse Naakthond of Xoloitzcuintle

Mexicaanse Naakthond of Xoloitzcuintle

LAND VAN HERKOMST
Mexico.

AANLEG
Waakhond en gezinshond.

GROOTTE
Mexicaanse Naakthonden zijn er in twee grootten: een met een schouderhoogte van 25 tot 33 cm en een met een schouderhoogte van 33 tot 56 cm.

VACHT
Dit ras heeft geen vacht. Het lichaam is volstrekt kaal, met uitzondering van een stugge, kortharige kuif op de voorkop en wat langere haren op de staartpunt. De honden komen voor in diverse kleuren, waaronder zwart, olifantsgrijs, donkerbrons of grijszwart.

VERZORGING
Dat de Mexicaanse Naakthond geen vacht heeft, betekent niet dat u zijn huid niet goed hoeft te verzorgen! In eerste instantie moet u de huid zo goed mogelijk tegen de zon beschermen, anders kan deze verbranden. Eigenaren die met de honden naar tentoonstellingen gaan, scrubben de huid regelmatig (met een voor mensen bestemde scrubcrème) om de dode huidcellen te verwijderen en de huid zacht te houden. Het belangrijkste is dat de huid veerkrachtig en egaal blijft en tegen uitdroging beschermd wordt. Met een goede lotion of crème gaat dit uitstekend. Soms wordt de huid met olie ingewreven.

AARD
Aanhankelijk ten opzichte van zijn eigen mensen, gaat goed om met kinderen, intelligent, groot aanpassingsvermogen, rustig en waardig. Het ras kan niet blaffen, maar stoot een soort gehuil uit.

OPVOEDING
De Mexicaanse Naakthond (of Xolo) is niet moeilijk op te voeden.

SOCIALE AANLEG
Deze opvallende honden gaan in de regel goed om met soortgenoten en alle andere huisdieren en kinderen.

BEWEGING
Het ras heeft niet erg veel beweging nodig. Laat de hond regelmatig wat dollen en spelen en hij

voelt zich prima op zijn gemak. Ook gaat hij graag aangelijnd met zijn baasje overal naartoe.

BIJZONDERHEDEN
De Xolo is een uiterst zeldzame en bijzondere hond, die wat meer bekendheid en liefhebbers kan gebruiken om het ras tegen uitsterving te behoeden.

Tibetaanse rassen

Lhasa Apso

LAND VAN HERKOMST
Tibet.

AANLEG
Gezinshond.

GROOTTE
De schouderhoogte is ongeveer 25 cm.

VACHT
De zeer lange bovenvacht heeft geen krullen en is vrij hard. De ondervacht is middelmatig lang en iets zachter van structuur. Bijna alle kleuren zijn toegestaan, zoals blauw, zwart, allerlei tinten beige, rood, grijs, wit, bruin en bont.

VERZORGING
De intensieve verzorging vereist dat u de vacht wekelijks uitgebreid borstelt en kamt. Dit moet zorgvuldig gebeuren, dus niet alleen de bovenvacht, maar vooral ook de ondervacht moet worden ontdaan van (beginnende) klitten. Trek tijdens het kammen niet te hard aan de vacht en gebruik eventueel een lotion om het afbreken van de haren te voorkomen. Kijk de ogen regelmatig na op vuil of irritante haren, knip het teveel aan haren tussen de voetzolen weg en houd de gehoorgang schoon. De vacht is moeilijk in showconditie te brengen en te houden. Bij huishonden wordt de vacht nog wel eens kortgeknipt, en hoewel dit door de echte liefhebber afkeurend wordt bekeken, is het nog altijd beter dan een langharige hond die vol klitten en onverzorgd het leven door moet.

AARD
Rustig, trouw, lief, evenwichtig, niet luidruchtig, zelfstandig, wantrouwend ten op zichte van onbekenden, vrolijk. De Lhasa Apso zal zich niet aan u opdringen, al houdt hij wel van gezelschap.

OPVOEDING
Zoals alle oosterse hondenrassen is ook de Lhasa Apso wat eigenwijs. Verwacht van hem geen kunstjes en leid zijn karakter in de juiste banen door hem te belonen wanneer hij iets goed doet. Harde woorden kunnen hem diep in zijn ziel raken, waarna de hond zich beledigd en zwaar ontdaan zal terugtrekken. Hij is intelligent genoeg om uw regels te begrijpen.

SOCIALE AANLEG
De Lhasa Apso gaat goed om met soortgenoten, andere huisdieren en kinderen. Ten opzichte van vreemden stelt de Lhasa zich wat gereserveerd op.

BEWEGING
De Lhasa Apso heeft een normale behoefte aan beweging. Hij is vrij huiselijk van aard en lange wandelingen hoeft u niet per se met hem te maken.

BIJZONDERHEDEN
Als u het onderhouden van de vacht niet als een karweitje tussendoor ziet, is de Lhasa Apso een erg fijne gezinshond.

Shih Tsu

Shih Tsu

Shih Tsu's

Shih Tsu

LAND VAN HERKOMST
Tibet.

AANLEG
Gezinshond.

GROOTTE
De schouderhoogte is ongeveer 25 cm en het gewicht bedraagt ongeveer 5 tot 6 kilo.

VACHT
De langharige vacht wordt in alle kleuren toegestaan, waaronder beige, zwart en rood, vaak met wit.

VERZORGING
Een Shih Tsu heeft veel vachtverzorging nodig. Kam de vacht elke dag grondig uit om klitten te voorkomen. Om de haren uit de ogen te houden, is een elastiekje noodzakelijk. Omdat de ogen een gevoelig punt zijn van de Shih Tsu, moet u ervoor zorgen dat deze goed schoon

blijven. Bedruppel de ogen daarom als dat nodig is met een daarvoor bestemde lotion. Maak ook regelmatig de gehoorgang schoon. Als u geen tijd hebt de vacht goed te verzorgen, moet u deze eens in de twee maanden bij een trimsalon kort laten knippen, want daarmee bespaart u de hond en uzelf veel ellende.

AARD
Intelligent, lief, niet kleinzerig, vrolijk, sociaal, aanhankelijk, maar tegelijkertijd ook zelfstandig en geen allemansvriend. De Shih Tsu blaft weinig.

OPVOEDING
Als u dit wat eigenzinnige ras met veel geduld en heel consequent opvoedt, kunt u de hond best het een en ander bijbrengen.

SOCIALE AANLEG
Honden van dit ras kunnen in de regel goed opschieten met andere huisdieren en kinderen, maar in wat voor gezelschap ze zich ook bevinden, ze blijven zich waardig gedragen.

BEWEGING
De Shih Tsu is tevreden met korte wandelingetjes.

BIJZONDERHEDEN
De schoonheid van dit hondenras komt pas goed tot haar recht als de vacht tot in de puntjes verzorgd wordt. Het is erg moeilijk een Shih Tsu-vacht in showconditie te krijgen en te houden.

Tibetaanse Spaniel

LAND VAN HERKOMST
Tibet.

AANLEG
Gezinshond.

GROOTTE
De schouderhoogte is ongeveer 25 cm en het gewicht ligt tussen de 4 en 6,5 kilo.

VACHT
De Tibetaanse Spaniel heeft een zijdeachtige, dubbele, langharige vacht. Alle kleuren en kleurcombinaties zijn toegestaan, maar een goudkleurige vacht komt het meest voor.

VERZORGING
De vacht van deze hond is vrij eenvoudig te verzorgen. Borstel de hond regelmatig en houd de gehoorgang schoon.

AARD
Zelfverzekerd, moedig, waaks, maar niet keffe-rig, vrolijk, intelligent, soms wat gereserveerd ten opzichte van vreemden, sterk gestel.

Tibetaanse Spaniel

Opvoeding
Tibetaanse Spaniels zijn vrij gemakkelijk op te voeden omdat ze snel begrijpen wat u bedoelt. Blijf wel te allen tijde consequent, want deze hond kan soms wat eigenwijs zijn.

Sociale aanleg
Tibetanen zijn lief voor kinderen en kunnen het goed vinden met andere honden en katten, mits ze al op jonge leeftijd aan deze dieren gewend zijn geraakt. Bij onraad laten ze altijd hun stem goed horen.

Beweging
Dit ras heeft niet zo veel beweging nodig. Om de hond in een goede conditie te houden, is het voldoende als u driemaal daags een wandelingetje maakt met de hond en hem daarnaast wat los laat rennen en spelen in de tuin.

Tibetaanse Terriërs

Tibetaanse Terriër

Land van herkomst
Tibet.

Aanleg
Gezinshond.

Grootte
Reuen hebben een schouderhoogte die varieert van 35,5 tot 43 cm. Teven zijn wat kleiner.

Vacht
Deze Tibetaan heeft een dubbele vacht: de bovenvacht is lang, weelderig, fijn en recht of gegolfd, terwijl de ondervacht dicht en wollig is. Tibetaanse Terriërs komen voor in zwart, bont, wit en in verschillende nuances beige en grijs.

Verzorging
Om klitvorming tegen te gaan en het losse haar te verwijderen, moet u de vacht van deze hond elke dag borstelen. Vergeet dan vooral niet de plaatsen waar zich het gemakkelijkst klitten vormen, zoals de oksels, de baard en de broek. Stop de honden regelmatig in bad en verwijder uit de gehoorgang het teveel aan haar. Knip ook eventuele 'flossen' onderaan de voetzolen weg.

Aard
Vrolijk, levendig, waaks, evenwichtig, intelligent, waardig, moedig, toegewijd aan zijn baas, wat terughoudend ten opzichte van vreemden, soms wat dominant ten opzichte van andere honden. Onder zijn zachte troeteluiterlijk bevindt zich een harde en moedige hond. Deze Tibetanen kunnen over het algemeen niet erg goed tegen alleen zijn.

Opvoeding
Voed de hond op een rustige, evenwichtige manier op. Dit ras heeft een gevoelige aard en reageert erg goed op de intonatie van uw stem.

Sociale aanleg
In de omgang met andere honden is deze Tibetaan soms wat dominant. Met katten en andere huisdieren zal hij al jong gesocialiseerd moeten worden, wil hij in een later stadium harmonieus met deze dieren kunnen samenleven. Op voorwaarde dat kinderen hem niet plagen, zal hij in hun buurt geen problemen veroorzaken.

Beweging
Dit ras heeft veel energie en u moet de hond dan ook regelmatig de kans geven zich eens lekker uit te leven. Behendigheid en fly-ball zijn geschikte sporten voor dit hondenras.

Tibetaanse Terriër

Chihuahua

Chihuahua

LAND VAN HERKOMST
Mexico.

AANLEG
Gezinshond.

GROOTTE
De Chihuahua is het kleinste hondje ter wereld en zijn gewicht ligt tussen de 500 en 2500 gram.

VACHT
Er zijn langharige en kortharige Chihuahua's. Ze kunnen onder andere zwart, wit, blauw, rood of graankleurig zijn, met of zonder donkere en witte aftekeningen.

VERZORGING
De langharige hondjes moeten gewoon geborsteld en gekamd worden, terwijl de kortharige hondjes zo nu en dan met een rubberen borsteltje geborsteld moeten worden. Druppel de ogen regelmatig om traanstrepen tegen te gaan en kijk de tanden regelmatig na op tandsteen, waarbij u bij jonge diertjes in de gaten houdt of tijdens het wisselen alles volgens plan verloopt. Houd de nageltjes kort.

Kortharige Chihuahua

Langharige Chihuahua's

AARD
Eigenzinnig, intelligent, moedig (soms overmoedig), gevoelig en speels. Chihuahua's hechten zich in het algemeen erg aan bepaalde personen.

Langharige Chihuahua

OPVOEDING
Omdat dit kleine hondje vrij weinig schade kan aanrichten, wordt hij over het algemeen niet of bijna niet opgevoed. Dit is jammer, want een Chihuahua is een leergierige leerling.

SOCIALE AANLEG
Chihuahua's zijn sociale dieren en samenleven met honden en katten verloopt in de regel dan ook probleemloos. Vergeet niet dat een Chihuahua zo klein is dat hij gemakkelijk door grotere honden onder de voet kan worden gelopen. Dit ras is niet geschikt voor een gezin met jonge kinderen die het hondje als speelgoed zullen zien.

BEWEGING
Omdat Chihuahua's zo klein zijn, krijgen ze in principe binnenshuis voldoende beweging. Als u ze dat aanleert, kunnen ze hun behoefte op de kattenbak doen. Het ras is bevattelijk voor kou, nattigheid en tocht, en bij regenachtig weer is een jasje geen overbodige luxe.

BIJZONDERHEDEN
De Chihuahua is een prima keus voor mensen die niet zo veel ruimte in huis hebben. U kunt het hondje overal mee naartoe nemen en de voeding zal beslist geen grote aanslag plegen op uw budget. Het is jammer dat het beestje nog maar al te vaak als een speelgoedje wordt gezien. Probeer niet te vergeten dat het diertje ondanks zijn formaat toch een echte hond is – met hondse behoeften.

Kortharige Chihuahua-pups

Engelse dwergspaniels

Cavalier King Charles Spaniel

LAND VAN HERKOMST
Engeland.

AANLEG
Gezinshond.

GEWICHT
De Cavalier King Charles Spaniel weegt tussen de 5,4 en 8,1 kilo.

VACHT
De vacht bestaat uit lang, steil tot licht golvend, zacht haar. Dit ras komt voor in black and tan, ruby (eenkleurig dieprood) en blenheim (kastanjebruine aftekeningen op een parelwitte ondergrond). Maar er worden ook driekleurige honden (zwart en wit, onderbroken door roodbruine aftekeningen) gesignaleerd.

VERZORGING
De vacht zal met name op de borst, op de oren en tussen de poten regelmatig uitgekamd moeten worden. Daarnaast moet u ervoor zorgen dat de oren geen vuil en losse haren bevatten.

Cavalier King Charles Spaniels

Cavalier King Charles Spaniel

AARD
Opgewekt, innemend, intelligent, gezellig, gehoorzaam, zachtaardig, lief en actief, groot aanpassingsvermogen.

OPVOEDING
Omdat het hondje graag iets wil leren en intelligent genoeg is om snel door te hebben wat er van hem verlangd wordt, hoeft u tijdens de opvoeding geen grote problemen te verwachten.

SOCIALE AANLEG
De Cavalier is een ongecompliceerde huisgenoot die probleemloos samenleeft met kinderen, soortgenoten en andere huisdieren.

BEWEGING
De Cavalier King Charles Spaniel past zich qua beweging aan aan uw situatie.

Cavalier King Charles Spaniel

King Charles Spaniel

King Charles Spaniel, kopstudie

King Charles Spaniel

LAND VAN HERKOMST
Engeland.

AANLEG
Gezinshond.

GROOTTE
De schouderhoogte ligt tussen de 25 en 30 cm en het gewicht bedraagt ongeveer 5 kilo.

VACHT
De vacht bestaat uit licht gegolfd, lang, zacht haar. Dit ras komt voor in black and tan, ruby (eenkleurig dieprood) en blenheim (kastanjebruine aftekeningen op een parelwitte ondergrond). Maar ook een driekleurige hond (zwart en wit, onderbroken door roodbruine aftekeningen) behoort tot de mogelijkheden.

VERZORGING
Verzorg de gezichtsplooien zo nu en dan met een daarvoor bestemde lotion en natuurlijk moet u twee keer per week de vacht goed borstelen, vooral het haar op de borst, achter de oren en tussen de poten verdient wat extra aandacht. Verwijder uit de gehoorgang alle losse haren en eventueel vuil.

AARD
King Charles Spaniels zijn graag bij het gezin en hebben veel aandacht nodig. Ze zijn speels, intelligent, vrolijk en passen zich aan de situatie aan. Dit ras blaft zelden.

OPVOEDING
De opvoeding van deze honden verloopt vrijwel probleemloos omdat de King Charles intelligent genoeg is om snel door te hebben wat er van hem verlangd wordt.

King Charles Spaniels

SOCIALE AANLEG
Tot dit ras behoren bijna uitsluitend zeer sociale hondjes die over het algemeen zeer goed kunnen opschieten met soortgenoten en andere huisdieren. Kinderen die de hond rustig benaderen, zullen ook geen probelemen ondervinden.

BEWEGING
King Charles Spaniels passen zich qua beweging aan aan het gezin waar ze deel van uitmaken.

Japanse Spaniel en Pekingees

Japanse Spaniel

LAND VAN HERKOMST
China.

AANLEG
Gezinshond.

GROOTTE
De schouderhoogte varieert van 20 tot 25 cm (reuen mogen iets hoger zijn). Het gewicht van de hond is 2,5 tot 3 kilo.

VACHT
De zijdeachtige vacht bestaat uit zacht, lang haar dat niet mag krullen. Toegestane kleuren zijn zwart met wit of rood met wit. De rood met witte combinatie mag variëren van lemon tot donkerrood. De meest voorkomende kleur is overigens zwart met wit. Daarnaast komen ook driekleurige combinaties voor en sable met wit, alhoewel deze in sommige landen niet erkend worden.

VERZORGING
De prachtige vacht klit gelukkig niet erg snel en daardoor is twee keer per week borstelen en kammen voldoende. Om de vacht mooi wit te houden, moet u dit hondje zo nu en dan wassen. Houd de gehoorgang schoon en maak de gezichtsplooien zo nu en dan schoon met zuurvrije vaseline, om donkere verkleuring tegen te gaan.

AARD
Aanhankelijk, innemend, eigenwijs, speels, maar ook rustig, blaft weinig, ongecompliceerd en vrolijk, staat graag in het middelpunt van de belangstelling. De Japanse Spaniel wil erg graag bij zijn baas in de buurt zijn.

OPVOEDING
Als u rekening houdt met zijn eigenwijze karak-

Japanse Spaniel

ter, zal de opvoeding van deze hond vrijwel probleemloos verlopen. Japanse Spaniels zijn in de regel snel zindelijk.

SOCIALE AANLEG
Japanse Spaniels zijn geen moeilijke honden en kunnen het dan ook prima vinden met kinderen, katten en andere honden. Het spreekt voor zich dat een hondje van deze afmeting niet goed tegen een al te ruwe behandeling van grotere honden of kinderen is bestand. Een Japanse Spaniel zal niet snel bijten.

BEWEGING
Rennen, ravotten en spelen, daar houdt dit ras van. Sommigen beweren ook dat ze goed kunnen klimmen. Op een flat zullen ze zich prima op hun gemak voelen en u kunt ze zelfs aanleren hun behoefte op een kattenbak te doen. Zorg er in dat laatste geval wel voor dat ze voldoende beweging in de frisse buitenlucht krijgen.

Japanse Spaniel

Japanse Spaniels

Pekingees

Pekingees

LAND VAN HERKOMST
China.

AANLEG
Gezelschapshond.

GROOTTE
De schouderhoogte is ongeveer 20 cm en de Pekingees weegt ongeveer 4 tot 5 kilo.

VACHT
De overvloedige langharige vacht heeft veel ondervacht. Pekingezen komen voor in tal van kleuren, onder andere zwart en beige, al dan niet met wit gecombineerd. Een albino- of leverkleurige vacht komt echter nooit voor.

VERZORGING
Dit ras vraagt om een intensieve vachtverzorging. Leer het jong de vachtverzorging als iets leuks te zien, want zo voorkomt u dat de borstel- en kambeurten later ontaarden in worstelpartijen. Vergeet vooral niet het haar in de oksels, op de buik en tussen de poten te verzorgen, omdat zich hier het snelst klitten vormen. Voor, tijdens en na de borstelbeurt kunt u wat talkpoeder of droogshampoo in de vacht strooien. Verzorg ook de gezichtsplooien goed, want hier kunnen snel ontstekingen ontstaan. Tussen de voetzooltjes knipt u het overtollige haar weg.

AARD
Aanhankelijk, maar niet afhankelijk, waardig op een innemende manier, intelligent, soms wat op zichzelf en wat eigenzinnig, moedig, over het algemeen niet overmatig gesteld op vreemden. De Pekingees kiest zelf zijn baas.

OPVOEDING
Ook al laat een Pekingees zich de wet niet voor-

schrijven, u zult hem toch enkele basisprincipes bij moeten brengen als u later niet opgescheept wilt zitten met een humeurig diertje dat zijn eigen gang gaat. Spreek hem positief toe als hij iets goed doet en straf hem niet al te zwaar wanneer hij de fout in gaat, dan bereikt u de beste resultaten. Een Pekingees die gestraft wordt, zal zich zwaar ontdaan en beledigd terugtrekken.

SOCIALE AANLEG
Over het algemeen heeft dit ras weinig problemen met het gezelschap van andere dieren, al hoewel een en ander wel afhangt van de mate waarin de hond is gesocialiseerd. Omdat de Pekingees niet graag in zijn rust gestoord wordt, is hij wat minder op zijn plaats in een gezin met jonge kinderen.

BEWEGING
Vanwege hun bouw stellen de meeste honden van dit ras lange wandelingen niet zo op prijs. Omdat hij niet zo veel behoefte aan beweging heeft, is de Pekingees een ideale stadshond en zeer geschikt voor mensen die niet zo sportief zijn ingesteld.

BIJZONDERHEDEN
Wanneer u de vachtverzorging als een noodzakelijk kwaad ziet, kunt u maar beter niet beginnen aan een bewerkelijk ras als dit.

Continentale dwergspaniels

Epagneul Papillon en Epagneul Phalene

LAND VAN HERKOMST
België/Frankrijk.

AANLEG
Gezinshond.

GROOTTE
De schouderhoogte van beide rassen is ongeveer 28 cm.

VACHT
De langharige vacht is gewoonlijk wit met gekleurde platen. Een witte bles op de kop is gewenst.

VERZORGING
Borstel de vacht regelmatig goed door en verwijder losse haren uit de gehoorgang.

Epagneul Papillon

AARD
Een aanhankelijk, levendig, lief, speels, intelligent en leergierig hondje. Het beestje kan soms wat jaloers zijn en zich terughoudend opstellen ten opzichte van mensen die hij niet kent.

OPVOEDING
Voed dit ras, dat graag nieuwe dingen wil leren, met zachte hand op. Wissel commando's zo nu en dan af met balspelletjes of iets dergelijks als beloning. Epagneuls zijn zeer intelligente en gehoorzame honden die met de juiste begeleiding hoge ogen kunnen gooien op het gebied van gehoorzaamheid, behendigheid of fly-ball.

SOCIALE AANLEG
Sommige Epagneuls kunnen wat jaloers zijn als de aandacht van de eigenaar naar iets anders uit gaat, maar dit is absoluut niet bij elke hond het geval omdat dit sterk afhankelijk is van de manier waarop de hond wordt gesocialiseerd. Over het algemeen kunnen deze hondjes het prima vinden met andere huisdieren en kinderen.

Epagneul Phalene

Dwergdoggen

Boston Terriër

LAND VAN HERKOMST
Engeland/Amerika.

AANLEG
Gezinshond.

GROOTTE
Boston Terriërs zijn er in verschillende grootten. Bij de grootste uitvoering mag het gewicht nooit meer bedragen dan 11 kilo.

VACHT
De kortharige vacht mag gestroomd of zwart met witte aftekeningen zijn. Een gestroomd exemplaar verdient de voorkeur.

VERZORGING
Deze hond heeft niet veel vachtverzorging nodig. Zo nu en dan haalt u een glanshandschoen of borstel over de vacht. Houd de oren goed schoon en de nagels kort. Verzorg zo nu en dan de gezichtsrimpels met een daarvoor bestemde lotion.

Boston Terriër

AARD
Intelligent, enthousiast, soms onstuimig, gevoel voor humor, speels, zelfverzekerd, aanhankelijk, goede waakhond, maar geen blaffer.

OPVOEDING
Een Boston Terriër is niet moeilijk op te voeden omdat hij graag leert en door zijn intelligentie vrij snel dingen oppikt. De hond is erg gevoelig voor de intonatie van uw stem.

SOCIALE AANLEG
In de regel kan het ras prima opschieten met soortgenoten, andere huisdieren en kinderen.

Boston Terriërs

BEWEGING
Deze Terriër heeft geen behoefte aan lange wandelingen, maar hij wil wel graag overal mee naartoe genomen worden. De honden zijn niet zwaar en kunnen wanneer het te warm of te inspannend voor ze wordt gemakkelijk gedragen worden. Spelen doen ze graag en veel.

Franse Buldog

LAND VAN HERKOMST
Frankrijk.

AANLEG
Gezinshond.

GROOTTE
De schouderhoogte is ongeveer 30 cm en het gewicht ligt tussen de 8 en 13 kilo.

VACHT
De vacht bestaat uit dicht aaneenliggend, glanzend kort haar. De Franse Buldog komt voor in gestroomd, wit met gestroomde vlekken, en fawn.

VERZORGING
De vachtverzorging van de Franse Buldog heeft weinig om handen. Borstel zo nu en dan de vacht met een rubberen borstel en houd de gehoorgang goed schoon (gebruik hier geen wattenstaafjes voor!). Knip de nagels kort en maak zo nu en dan de gezichtsplooien schoon met een daarvoor bestemde lotion (ook vaseline blijkt goed te werken).

AARD
Intelligent, lief en verdraagzaam voor kinderen, speels en vrolijk, gevoelig en zeer aanhankelijk, soms onstuimig, sterk ontwikkeld gevoel voor humor, hard voor zichzelf, volhardend, soms eigenwijs. Franse Buldoggen kunnen jaloers zijn als de aandacht van de baas naar iets of iemand anders uit gaat. Hij vindt het prettig om deel uit te maken van een gezin en mag daarom niet te veel alleen gelaten worden.

OPVOEDING
Een Franse Buldog is niet moeilijk op te voeden omdat ze slim zijn en snel leren. Met hun sprekende gezichtsmimiek kunnen ze u echter al snel op het verkeerde been zetten en daarom is

het zo belangrijk heel consequent te handelen. Dit ras is niet alleen erg gevoelig voor de intonatie van uw stem, maar ook voor bepaalde stemmingen in huis.

SOCIALE AANLEG
Er wordt wel eens gezegd dat de hond gek wordt van kinderen, hier is eerder het tegendeel waar: de hond weet van geen ophouden. Sommige exemplaren kunnen wat dominant zijn ten op zichte van soortgenoten, maar met andere huisdieren zijn er nooit problemen, mits ze hier al op jonge leeftijd mee zijn opgegroeid. Franse Buldoggen zijn in de regel gek op mensen en bezoek wordt dan ook meestal enthousiast begroet, al kunnen sommige exemplaren ook redelijk waaks zijn.

BEWEGING
Als de honden van dit ras voldoende aandacht krijgen, is het niet nodig lange wandelingen met ze te maken. Bij warm weer is dit, gezien de korte neus, zelfs ten zeerste af te raden. De meeste Franse Buldoggen hebben genoeg aan driemaal daags een blokje om als u ze daarnaast ook nog wat los laat lopen en spelen in de tuin. Deze honden zijn prima gezelschap voor mensen die op een flat wonen.

BIJZONDERHEDEN
De Franse Buldog maakt graag deel uit van een gezin en kan in principe overal mee naartoe genomen worden. Ze horen echt niet in een kennel thuis.

Mopshond

LAND VAN HERKOMST
Engeland.

AANLEG
Gezinshond.

GROOTTE
De schouderhoogte is ongeveer 35 cm en het gewicht bedraagt circa 7 kilo.

Mopshondjes

VACHT
De kortharige vacht kan zwart, zilvergrijs of beige met een zwart masker zijn.

VERZORGING
Verzorg zo nu en dan de gezichtsplooien met een daarvoor bestemde lotion. De losse haren haalt u eenvoudig met een rubberen borstel uit de vacht en wanneer dat nodig is, druppelt u de ogen.

AARD
Rustig in huis, gezellig en gevoelig, ongecompliceerd, speels, volgzaam, lichamelijk hard voor zichzelf, sterk ontwikkeld gevoel voor humor, zeer aanhankelijk en intelligent. De meeste Mopsen snurken.

OPVOEDING
De Mopshond moet u met zachte hand opvoeden. Hij is gevoelig voor de intonatie van uw stem, waardoor harde strafmaatregelen in principe overbodig zijn.

SOCIALE AANLEG
Mopsen gaan erg goed om met andere honden en andere huisdieren, en ook in de buurt van kinderen en visite gedragen ze zich voorbeeldig. Bedenk echter wel dat dit ras veel aandacht vraagt en jaloers kan worden als de aandacht van zijn eigenaar naar iets anders uit gaat.

BEWEGING
Bij helder weer vindt de Mops het heerlijk om buiten te rennen en te ravotten. Is het erg warm, dan doet u er goed aan de hond niet al te lang uit te laten en hem een schaduwrijk, koel plekje te geven waar hij de rest van de dag kan doorbrengen.

Mopshond

Het expressieve gezicht van de Mopshond

Franse Buldoggen zijn lief voor kinderen

10. Windhonden

Rassen met bevedering of lange vacht

Afghaanse Windhond

LAND VAN HERKOMST
Afghanistan, Engeland.

AANLEG
Zichtjager op groot en klein wild; daarnaast waak-, ren- en gezelschapshond.

GROOTTE
De reuen mogen een schouderhoogte van 68 tot 74 cm hebben, bij teven varieert deze hoogte van 63 tot 69 cm.

VACHT
De Afghaanse Windhond heeft een erg lange vacht, die fijn van structuur is. Op het gezicht is het haar kort. Alle kleuren zijn toegestaan, maar de meest voorkomende kleuren zijn rood tot alle tinten beige, vaak met een donker masker.

VERZORGING
Voor het verzorgen van de vacht moet u twee dagen per week een vol uur of meer uittrekken. De beste manier is om de vacht plukje voor plukje tot op de huid uit te kammen, zodat er geen klitten blijven zitten, maar wees voorzichtig dat u de haren niet afbreekt. Houd de gehoorgang goed schoon. Deze Afghaan moet eens in de twee maanden in bad. Gebruik hierbij een goede hondenshampoo die de huid niet uitdroogt. Begin niet aan een Afghaan als u geen tijd of zin hebt de vacht nauwgezet te verzorgen.

AARD
Onafhankelijk, trots en waardig, binnen rustig, buiten zeer beweeglijk en vliegensvlug, terughoudend ten opzichte van vreemden, intelligent, maar zeker niet volgzaam of slaafs. De Afghaan is moedig, waaks, niet luidruchtig. Het zit in zijn aard achter snel bewegende objecten aan te rennen. Reuen kunnen soms wat dominant zijn.

Afghaanse Windhond

OPVOEDING
Afghaanse Windhonden zijn geen honden voor onervaren mensen. Door hun onafhankelijk karakter zijn Afghanen moeilijk op te voeden en zullen ze nooit perfect luisteren. Afghanen reageren averechts wanneer u probeert met slaan en schreeuwen hun respect af te dwingen. Als u de hond met een strakke, maar zachte hand leidt, kunt u de Afghaan best het een en ander bijbrengen.

SOCIALE AANLEG
Reuen kunnen soms wat dominant zijn ten opzichte van andere reuen. Met kinderen zullen ze prima kunnen samenleven, maar wel op voorwaarde dat de kinderen de hond niet pesten en hem in zijn waarde laten. In dit opzicht is de Afghaanse Windhond waarschijnlijk het beste op zijn plaats in een gezin met oudere kinderen. Een reeds aanwezige kat in huis zal de hond wel accepteren, maar houd er altijd rekening mee dat de meeste Afghanen alles zullen achtervolgen wat snel wegrent – dat zit ze nu eenmaal in het bloed.

BEWEGING
Dit ras heeft erg veel beweging nodig. Ga daarom elke dag met de hond fietsen, zodat hij zijn enorme energie kwijt kan, maar houd ook nu weer rekening met zijn jachtinstinct. Laat een Afghaan alleen onaangelijnd rennen op een terrein waar hij niet weg kan, anders wil hij nog wel eens de benen nemen. In verband met zijn bewerkelijke vacht is het bijna onmogelijk een show- en rencarrière te combineren.

Afghaanse Windhond

BIJZONDERHEDEN
Een goed verzorgde Afghaan is een lust voor het oog, en daar is ook de hond zich wel degelijk van bewust. Het is een hond voor de echte liefhebber; u moet zijn onafhankelijke en soms moeilijk te doorgronden oosterse karakter kunnen waarderen.

Barsoi

Barsoi

LAND VAN HERKOMST
Rusland.

AANLEG
Zichtjager op groot en klein wild, gezelschapshond.

GROOTTE
Reuen hebben een schouderhoogte van tussen de 70 en 82 cm, teven zijn ongeveer 5 cm kleiner.

VACHT
De vacht is zacht, halflang en golvend. Toegestane kleuren zijn wit, goud, rood, grijs, zwart en gestroomd met wit, en gevlekt.

VERZORGING
U moet de Barsoi-vacht regelmatig borstelen. Knip het teveel aan beharing tussen de voetzolen weg. Deze honden hebben met name in de groeifase een hoogwaardige en goede voeding nodig. Bezuinig hier nooit op!

AARD
Trots en zelfbewust, trouw aan zijn eigen gezin, in huis rustig, niet opdringerig, maar eerder afstandelijk, soms moeilijk te doorgronden, goedaardig en evenwichtig. Mocht het nodig zijn, dan zal de Barsoi uw huis goed bewaken.

OPVOEDING
De opvoeding moet op basis van wederzijds respect plaatsvinden. De honden die tot dit ras behoren, zijn niet erg gehoorzaam, dus verwacht geen wonderen, maar breng ze wel het meest elementaire bij.

SOCIALE AANLEG
De hond houdt niet van opdringerige (vreemde) mensen. Deze waardige honden kunnen redelijk met oudere kinderen opschieten, maar zijn beslist ongeschikt als speelkameraadjes. Ze houden van hun rust en absoluut niet van ruwe spelletjes en dergelijke. Over het algemeen zijn ze prima met andere, gelijkgestemde honden te houden. Het is verstandig ze zo vroeg mogelijk te socialiseren met katten en andere huisdieren, maar het blijven altijd (zicht)jagers, wat inhoudt dat een wegvluchtend dier het jachtinstinct bij een Barsoi naar boven haalt.

Barsoi

BEWEGING
De Barsoi mag binnenshuis dan rustig en bijna onopvallend zijn, buitenshuis heeft hij veel ruimte nodig om veel, heel veel te kunnen lopen en rennen. In sommige landen is het verboden windhonden los te laten lopen. Over het algemeen vindt de Barsoi het heerlijk als hij naaast de fiets mee mag lopen, maar wees alert: een Barsoi kan het op zijn heupen krijgen als hij een prooi in het vizier krijgt, en dan moet u snel kunnen reageren.

BIJZONDERHEDEN
Deze majestueuze hond komt het beste tot zijn recht bij een eigenaar die een goed omheind stuk grond heeft waar de hond overdag zo nu en dan naar hartelust kan lopen en rennen. Binnenshuis is de hond graag dicht in de buurt van zijn eigen gezin. De Barsoi is erg op rust en comfort gesteld, en daarom hoort deze hond niet in een kennel thuis.

Saluki

Saluki

LAND VAN HERKOMST
Iran.

AANLEG
Zichtjager op onder andere groot wild; daarnaast gezelschapshond.

GROOTTE
De schouderhoogte van reuen ligt tussen de 58 en 71 cm, terwijl de teven wat kleiner zijn.

VACHT
De vacht is glad en zijdeachtig. Aan de staart, de oren en aan de achterkant van de poten behoort de beharing langer te zijn (bevedering). Saluki's komen voor in wit, crème, rossig, goud, rood, grizzle, driekleurig (zwart, bruin en wit) en zwart met bruin, en in variaties op deze kleuren.

VERZORGING
De vacht houdt u in conditie door deze zo nu en dan goed uit te borstelen, met name de langer behaarde gedeelten. Kijk zo nu en dan de gehoorgang na op vuil.

AARD
Onafhankelijk, rustig, waardig, eigenzinnig, gesteld op het gezelschap van zijn baas, terughoudend ten opzichte van vreemden. De Saluki heeft een groot jachtinstinct.

OPVOEDING
Deze hond moet met enig beleid grootgebracht worden. Houd er rekening mee dat u er nooit een perfect luisterende hond van kunt maken, dus stel uw verwachtingspatroon niet te hoog. Met veel geduld en inzicht kunt u bereiken dat de hond op u gesteld raakt en u niet teleur zal willen stellen.

SOCIALE AANLEG
Met andere gelijkgestemde honden zullen Saluki's prima samen kunnen leven, en ook een combinatie van kinderen met een Saluki behoort tot de mogelijkheden. Andere huisdieren, of dit nu geiten of konijnen zijn, kunt u maar beter ver buiten het bereik van deze hond houden, want zijn jachtinstinct is erg sterk. Op een paar uitzonderingen na is gebleken dat het onmogelijk is een windhond het jagen af te leren.

BEWEGING
Saluki's zijn zichtjagers, wat betekent dat ze in sommige landen niet los mogen lopen. Gegrepen door hun passie voor de jacht zijn ze Oost-Indisch doof voor uw geroep. Lopen naast de fiets of een sport als coursing is een prima alternatief om de enorme energie van deze honden in banen te leiden.

Saluki

Ruwharige rassen

Deerhound

LAND VAN HERKOMST
Groot-Brittannië.

AANLEG
Zichtjager op groot wild, gezinshond.

GROOTTE
Reuen behoren een schouderhoogte van minimaal 76 cm te hebben. Voor teven geldt een minimum van 71 cm.

VACHT
De ruwe en halflangharige vacht mag nooit wollig aanvoelen. De meest voorkomende en ook meest gewaardeerde kleur is donker blauwgrijs. Gestroomd, geel- en zandkleurig rood of rossig (met donker masker en donkere oren) en lichtgrijs komen ook voor. Een klein beetje wit op staartpunt, borst en tenen is toegestaan.

VERZORGING
De vacht moet regelmatig goed geborsteld worden. Pluk zo nu en dan het teveel aan haar uit de gehoorgang weg en verwijder ook het overtollige haar tussen de voetzolen. Afhankelijk van de kwaliteit van de vacht moet een- of tweemaal per jaar het oude haar uit de vacht geplukt worden.

AARD
Vriendelijk, zachtaardig, verstandig, ongecompliceerd, niet bijzonder waaks, blaft weinig, trouw aan zijn baas, hard voor zichzelf, waardig, intelligent, lief voor kinderen. De meeste Deerhounds bezitten een tamelijk sterk jachtinstinct.

Deerhound

OPVOEDING
De Deerhound is een redelijk snelle leerling, mits de verstandhouding met zijn baas goed is. Vaak is een vriendelijk verzoek al voldoende om de hond te laten doen wat u wilt.

SOCIALE AANLEG
Met andere gelijksoortige honden zullen Deerhounds over het algemeen harmonieus kunnen samenleven. De omgang met kinderen geeft ook weinig problemen. Sommige exemplaren hebben een wat sterker ontwikkelde jachtdrift, waar u rekening mee moet houden als u katten en andere huisdieren hebt.

BEWEGING
Deze hond heeft erg veel beweging nodig. Als u eenmaal hebt gezien hoe intens de hond geniet als hij los mag rennen, zult ook u moeten toegeven dat dit ras nooit veroordeeld mag worden tot driemaal daags een blokje om. Coursing is een prima manier om de energie van de Deerhounds in banen te leiden, maar ook het lopen naast de fiets houdt de hond zowel lichamelijk als geestelijk in conditie.

Ierse Wolfshond

LAND VAN HERKOMST
Ierland.

AANLEG
Zichtjager op groot wild en gezinshond.

GROOTTE
De schouderhoogte van reuen moet minimaal 79 cm zijn, terwijl voor teven een minimum van 71 cm geldt. Het liefst ziet men echter dat deze maten rijkelijk overschreden worden.

VACHT
De vacht bestaat uit ruw, hard en een beetje warrelig haar. De Ierse Wolfshond kan grijs, gestroomd, rood, zwart, reekleurig en effen wit zijn. De meest voorkomende kleur is grijs.

VERZORGING
Regelmatig goed borstelen en kammen houdt de vacht in goede conditie. Eén of tweemaal per jaar is het nodig met de hand het overtollige haar uit de vacht te plukken.

AARD
Vriendelijk, goedaardig, lief voor kinderen, onvoorwaardelijk trouw aan zijn baas en diens gezin, volgzaam, maar niet slaafs, rustig en niet blafferig.

Ierse Wolfshonden

OPVOEDING

De Ierse Wolfshond is relatief gemakkelijk op te voeden. Met een zachte hand en veel begrip komt u een heel eind, want deze Ier heeft heel snel in de gaten wat u bedoelt. Probeer de jonge hond zo veel mogelijk zelfvertrouwen te geven en wees altijd duidelijk en consequent, zodat hij zich kan ontplooien tot een evenwichtige en zekere hond. Vergeet niet de hond te leren dat hij niet aan de lijn mag trekken, het liefst voordat hij groot en sterk geworden is. Hij groeit als kool en tijdens dit groeiproces heeft de hond voeding van goede kwaliteit nodig. Gedurende het groeiproces laat u de hond zelf bepalen hoeveel beweging hij nodig heeft. Geforceerde bewegingen en het lopen van lange afstanden zijn in deze periode veel te belastend voor zijn gestel. Het neemt minimaal twee jaar in beslag voor de Ierse Wolfshond volledig is uitgegroeid.

SOCIALE AANLEG

Ieren gaan in principe erg goed om met kinderen. Ook de omgang met andere honden geeft in de regel geen problemen, en dat geldt ook voor andere dieren, mits ze hier al op jonge leeftijd mee gesocialiseerd zijn. Dit ras behoort te midden van een gezin te leven en het zal dan ook wegkwijnen in een kennel. Meestal zijn de honden van dit ras niet waaks – iedereen wordt vriendelijk begroet.

BEWEGING

Deze hond past zich redelijk goed aan aan uw situatie en wordt niet erg vervelend als hij eens een weekje met minder beweging genoegen moet nemen. Maar dat neemt niet weg dat hij het heerlijk vindt als u met hem de natuur in trekt.

Gladharige rassen

Azawakh

LAND VAN HERKOMST
Mali.

AANLEG
Zichtjager op klein en groot wild.

GROOTTE
Reuen hebben een schouderhoogte tussen de 64 en 72 cm, teven een van tussen de 61 en 71 cm.

VACHT
De Azawakh bezit een kortharige vacht die zandkleurig, roodkleurig of gestroomd mag zijn. Een witte bles en wat wit op de borst zijn toegestaan, terwijl witte teentjes verplicht zijn.

VERZORGING
De vacht van dit ras heeft weinig verzorging nodig. Het is voldoende als u de hond zo nu en dan borstelt. Houd daarnaast de nagels kort en de oren schoon en kijk af en toe of het gebit tekenen van aanslag vertoont.

AARD
Temperamentvol, levendig, trots, onafhankelijk, waaks, groot uithoudingsvermogen. De Azawakh toont alleen mensen die hij graag mag zijn genegenheid en zachte kanten. Omdat dit ras nog erg oorspronkelijk in zijn gedrag is, zal het zijn eigen mensen verdedigen als deze bedreigd worden.

Azawakh, kopstudie

OPVOEDING
Het is niet makkelijk deze hond op te voeden. De beste resultaten bereikt u met veel geduld en inzicht in zijn karakter. Met lijfstraffen dwingt u echt niet het respect van deze hond af, integendeel. Laat desondanks geen loopje met u nemen.

SOCIALE AANLEG
De omgang met andere, gelijkgestemde honden verloopt probleemloos, en eigenlijk geldt dat ook voor kinderen, maar alleen als ze de hond in zijn waarde laten. Vanwege hun erg sterke jachtinstinct zijn de honden met katten en andere huisdieren niet erg te vertrouwen. Azawakhs zijn over het algemeen ten opzichte van vreemden nogal wantrouwend.

BEWEGING
U kunt dit ras niet veroordelen tot een dagelijks blokje om. Deze hond moet kunnen rennen, hij moet zijn tomeloze energie kwijt kunnen. Voor de fervente fietsers onder ons is de Azawakh dan ook uitermate geschikt. De hond kan namelijk kilometers lang naast de fiets draven zonder vermoeid te raken. In sommige landen is het bij de wet verboden zichtjagers zoals de Azawakh los te laten lopen.

Azawakh

Galgo Español

LAND VAN HERKOMST
Spanje.

AANLEG
Zichtjager op klein wild, gezinshond.

GROOTTE
Reuen hebben een schouderhoogte die tussen de 65 en 70 cm ligt, terwijl de hoogte bij teven varieert van 60 tot 68 cm.

Galgo Español

Galgo Español, kopstudie

VACHT
De Galgo Español komt voor in een korthari-ge en in een ruwharige versie. Gestroomde, zwarte, zandkleurige, witte, rode, bruine en gele exemplaren zijn het grootst in aantal.

VERZORGING
De vacht van deze Spaanse hond heeft relatief weinig verzorging nodig. Net als bij andere honden zult u ook bij hem regelmatig de oren moeten controleren en ook nu weer moet u de nagels kort houden.

AARD
Intelligent, lief voor kinderen, nieuwsgierig en aanhankelijk, zeer trouw aan zijn baas en diens gezin. Indien nodig zal hij het gezin beschermen.

OPVOEDING
Als u heel consequent handelt en zeer veel geduld en inzicht hebt, kunt u deze nog zeer oorspronkelijke hond best het een en ander bijbrengen. Leid zijn karakter in banen, maar probeer het dier niet om te turnen tot een perfect luisterende machine, want dan bent u bij de Galgo Español aan het verkeerde adres. Het is erg belangrijk dat de hond op jonge leeftijd kennismaakt met andere mensen en uiteenlopende situaties.

SOCIALE AANLEG
Met kinderen zal deze hond zelden problemen geven, want het ras staat nog erg dicht bij de natuur en instinctmatig weet het dat kleine mensjes ontzien moeten worden. Met andere honden zullen ze graag willen spelen en het liefste demonstreren ze dan even hun snelheid. De Galgo Español is niet de beste keus als u katten of andere kleine dieren hebt, want hun sterke jachtdrift zorgt ervoor dat ze alles achterna jagen wat maar snel beweegt... en het daarbij in de meeste gevallen niet laten.

BEWEGING
Wanneer dit ras een goed omsloten terrein tot zijn beschikking heeft, is het voldoende de hond tweemaal per week naast de fiets mee te nemen om hem de kans te geven wat andere indrukken op te doen. Bedenk dat Galgo's die niet op een omheind terrein kunnen rondrennen, dagelijks nogal wat vervangende lichaamsbeweging nodig hebben. Wanneer u de hond ook dat niet kunt bieden, raakt hij gefrustreerd – en dit zal hij ook duidelijk kenbaar maken.

Greyhound

Greyhound

LAND VAN HERKOMST
Engeland.

AANLEG
Renhond, zichtjager op groot en klein wild, en gezinshond.

GROOTTE
Reuen hebben een schouderhoogte die ligt tussen de 71 en 76 cm, terwijl de schouderhoogte bij de teven varieert van 68 tot 71 cm.

VACHT
Greyhounds hebben een zeer glad aanliggende, kortharige vacht. Zwart, wit, rood, blauw, fawn, roodgeel en gestroomd (al dan niet met wit) of geheel wit.

VERZORGING
Het is voldoende de Greyhound zo nu en dan met een zachte borstel te verzorgen. Kijk wel regelmatig de oren na en houd de nagels kort. Greyhounds kunnen prima in een buitenkennel gehouden worden, want ze zijn redelijk goed bestand tegen kou. Zorg er wel voor dat hun slaapplaats tochtvrij en droog is.

AARD
In huis rustig en gezellig, soms zelfs uitgesproken lui, intelligent, gevoelig, niet blafferig, sterk gehecht aan eigen mensen, groot uithoudingsvermogen. Greyhounds zijn niet bijzonder waaks.

OPVOEDING
De Greyhound kan, zeker in vergelijking met de meeste andere windhondenrassen, redelijk gemakkelijk opgevoed worden. Ze kunnen bijna alle commando's leren en gehoorzamen goed, behalve als ze een prooi in het vizier hebben. Dan zijn ze Oost-Indisch doof voor uw geroep. In sommige landen mogen honden als de Greyhound dan ook niet onaangelijnd lopen, niet alleen omdat ze een gevaar vormen voor het wild, maar ook omdat zichzelf en bijvoorbeeld weggebruikers in gevaar kunnen brengen.

Greyhounds zijn geschikt voor de hondenrennen

SOCIALE AANLEG
Het is deze hond aangeboren achter snel bewegende objecten aan te rennen, daarom is hij niet zo'n geschikte huisgenoot voor mensen die al een of meerdere katten in huis hebben. Greyhounds geven zelden problemen met andere honden en zijn in de regel erg lief voor kinderen. Ten opzichte van vreemden stellen ze zich soms wat terughoudend op.

BEWEGING
Dit ras wil en kan lange afstanden lopen en rennen. Overweeg eens met uw Greyhound naar een windhondenrenvereniging te gaan, waar hij zich op de renbaan uit kan leven. Lopen naast de fiets is een goed alternatief om de energie van de hond in banen te leiden. Het maakt in principe niet zoveel uit hoe de hond zijn beweging krijgt, als hij maar voldoende krijgt, want in dat geval hebt u in huis geen kind aan hem.

BIJZONDERHEDEN
Greyhounds die voor windhondenrennen gebruikt worden, verschillen nogal van dezelfde honden die moeten presteren op tentoonstellingen. Dit erg gezonde ras kan relatief erg oud worden.

Italiaans Windhondje

LAND VAN HERKOMST
Italië/Egypte.

AANLEG
Zichtjager op onder andere konijnen; daarnaast gezinshond.

GROOTTE
Het Italiaanse Windhondje heeft een schouderhoogte variërend van 32 tot 38 cm.

VACHT
De vacht is kort en fijn van structuur. Het Italiaanse Windhondje komt vaak voor in eenkleurig isabel of zwart, maar ook een leisteenkleurige vacht, eventueel met wat wit op borst en voetjes, behoort tot de mogelijkheden. Gevlekt komt ook voor, maar is niet in alle landen toegestaan.

VERZORGING
Deze hond heeft weinig vachtverzorging nodig. Meestal is het voldoende wanneer u de vacht met een doek wrijft, zodat deze begint te glanzen. Waar u wel regelmatig naar moet kijken, zijn de tandjes, omdat tandsteen bij dit ras veel-

Italiaans Windhondje

Italiaanse Windhondjes

vuldig voorkomt. De volwassen Italiaanse Windhonden zijn absoluut geen tere honden, maar tot ongeveer anderhalfjarige leeftijd breken ze relatief gemakkelijk een pootje.

AARD
Aanhankelijk, trouw, vlot en beweeglijk, intelligent en volgzaam, zachtaardig, vrolijk.

OPVOEDING
Over het algemeen is het ras niet erg moeilijk op te voeden, zolang zijn baas maar consequent is. Italiaanse Windhondjes zijn vaak ondeugend en weten dat ook van zichzelf. Het is belangrijk dat u de humor kunt zien van wat er misgaat, maar dat betekent niet dat u een loopje met zich moet laten nemen.

SOCIALE AANLEG
Italiaanse Windhondjes gaan goed om met andere honden en katten. Met kinderen kunnen ze in de regel ook goed opschieten, maar weerhoud de kinderen ervan het Italiaantje als speelgoed te gaan gebruiken. Het spreekt voor zich dat u een Italiaans Windhondje niet als speelkameraadje voor een Rottweiler in huis haalt. Italiaanse Windhondjes kunnen in de regel onderling goed met elkaar opschieten en het wordt dan ook aanbevolen meer dan een exemplaar te nemen.

BEWEGING
Dit beweeglijke ras rent graag. Laat ze als het kan los rondrennen op een omheind terrein.

Sloughi

LAND VAN HERKOMST
Marokko.

AANLEG
Zichtjager op klein en groot wild, gezelschapshond.

GROOTTE
Reuen hebben een schofthoogte variërend van 66 tot 72 cm; de ideale hoogte is 70 cm. Bij teven mag de hoogte variëren van 61 tot 68 cm, terwijl 65 cm ideaal is.

VACHT
De Sloughi heeft een zachte, kortharige vacht die in verschillende zandkleurige tinten en gestroomd kan voorkomen, al dan niet met een zwart masker.

VERZORGING
Veel verzorging vraagt de vacht van de Sloughi niet. Zo nu en dan borstelen voldoet. Houd de nagels kort en de oren schoon en kijk af en toe het gebit na op aanslag.

AARD
Trots, eigenzinnig, wat gereserveerd ten opzich-

Sloughi

te van vreemden, waaks, groot uithoudingsvermogen, temperamentvol. Alleen mensen die hij graag mag, toont hij zijn genegenheid.

OPVOEDING
Deze onafhankelijke hond is niet gemakkelijk op te voeden, maar dat wil niet zeggen dat het onmogelijk is hem het een en ander bij te brengen. Een baas die voldoende inzicht heeft in zijn karakter en daarnaast erg veel geduld kan opbrengen, kan de Sloughi veel leren, waarna een band van wederzijds respect ontstaat.

SOCIALE AANLEG
Sloughi's moeten al op jonge leeftijd met allerlei uiteenlopende situaties en met allerlei verschillende mensen en dieren in contact worden gebracht. Met een goede begeleiding is het niet onmogelijk de Sloughi met een of meerdere huiskatten te laten samenleven.

BEWEGING
Het ras heeft vreselijk veel behoefte aan beweging. In sommige landen mogen zichtjagende honden niet onaangelijnd lopen en is de renbaan de enige plaats waar deze honden hun energie kwijt kunnen. Het uithoudingsvermogen van de Sloughi is voortreffelijk.

Whippet

LAND VAN HERKOMST
Engeland.

AANLEG
Ren- en gezinshond.

GROOTTE
Bij reuen varieert de schouderhoogte van 47 tot 51 cm en bij teven van 44 tot 47 cm.

VACHT
De vacht, die in alle kleuren is toegestaan, is fijn, kort en dicht. Wit met gestroomde of gele platen of vlekken, zwart, zwart met wit, blauw, geheel gestroomd en beige met een donker masker zijn de meest voorkomende kleuren.

VERZORGING
De Whippet heeft weinig vachtverzorging nodig. Het is voldoende als u zo nu en dan de losse en dode haren uit de vacht borstelt. Sommige exemplaren hebben aanleg voor tandsteen, maar door ze regelmatig wat te kauwen te geven, kunt u dit probleem voor een groot deel voorkomen. Houd de nagels kort.

Sloughi's

Whippet

Aard

Aanhankelijk en aanhalig, lief voor kinderen, intelligent, maar niet supergehoorzaam, vrolijk, vreedzaam, speels, tikje onafhankelijk, soms waaks.

Opvoeding

Houd de opvoeding van de Whippet afwisselend. De beste resultaten boekt u wanneer u de training afwisselt met spelen en rennen, maar onthoud dat dit hondje nooit een onvoorwaardelijk gehoorzame hond zal worden.

Sociale aanleg

Whippets zijn over het algemeen erg lief voor kinderen, maar de meeste zijn niet overmatig gesteld op vreemden. Bezoek zal in de regel bijna altijd worden aangekondigd. Het ras gedraagt zich erg verdraagzaam in het gezelschap van andere honden en zoekt zelden ruzie. De neiging om achter alles aan te jagen wat snel wegvlucht, is hem aangeboren. Een huiskat waaraan de Whippet gewend is, zal echter met rust gelaten worden.

Beweging

De Whippet is een Windhond en dat betekent dat zijn hele bouw op rennen en jagen is ingesteld. Het is dan ook niet zo vreemd dat dit ras ontzettend veel beweging nodig heeft. In sommige landen is het verboden Whippets of andere zichtjagende Windhonden onaangelijnd te laten rondlopen. Ga in dat geval met de hond fietsen of zoek een vereniging op waar de Whippet zich op de renbaan kan uitleven.

Whippets

11. Niet-erkende rassen

Amerikaans-Canadese Witte Herdershond

LAND VAN HERKOMST
Amerika/Canada-Europa.

AANLEG
Gezinshond.

GROOTTE
Bij reuen varieert de schouderhoogte van 60 tot 65 cm en bij teven van 55 tot 60 cm. Afwijkingen van 2 cm naar boven of naar beneden zijn toegestaan, mits dit het totaalbeeld van de hond niet negatief beïnvloedt.

VACHT
De Amerikaans-Canadese Witte Herdershond kan een stokharige, langstokharig of langharige vacht hebben. De langharige variteit heeft geen ondervacht. De kleur is in alle gevallen wit.

VERZORGING
In de ruiperioden moet deze hond dagelijks goed geborsteld en gekamd worden. Kijk de oren regelmatig na op vuil en houd de nagels kort.

AARD
Vriendelijk, intelligent, werkwillig, attent, waaks, trouw. Deze hond wil graag bij zijn baas in de buurt zijn.

OPVOEDING
Honden van dit ras zijn niet moeilijk op te voeden omdat ze graag voor hun baas werken en relatief snel leren. Het is van groot belang dat de jonge hond op een positieve manier kennismaakt met allerlei dieren, mensen, dingen en situaties, zodat hij evenwichtig kan opgroeien.

SOCIALE AANLEG
De Amerikaans-Canadese Witte Herdershond gaat doorgaans goed om met soortgenoten en kinderen. En ook katten en andere huisdieren hoeven geen enkel probleem te zijn, als u de hond maar op jonge leeftijd laat wennen aan deze dieren.

Amerikaans-Canadese Witte Herdershonden

BEWEGING
Het ras heeft een gemiddelde behoefte aan lichaamsbeweging, maar driemaal daags een blokje om is echt niet voldoende, want dan begint hij zich al snel te vervelen. Deze Herder is zeer geschikt voor verschillende takken van de hondensport, zoals gehoorzaamheid, fly-ball of behendigheid.

Amerikaans-Canadese Witte Herdershond

Kortbenige Jack Russel Terriër

Jack Russel Terriër (kortbenig)

LAND VAN HERKOMST
Engeland.

AANLEG
Jacht- en gezinshond.

GROOTTE
De schouderhoogte ligt tussen de 25 en 30 cm.

VACHT
Er komen twee vachtvariëteiten voor: de ruw- en de gladharige. Bij beide hoort de vacht stug, gesloten en dicht te zijn. De kleur is geheel wit of voorzien van tankleurige, lemon, zwarte of driekleurige aftekeningen, die bij voorkeur beperkt zijn tot de kop en de staartaanzet.

VERZORGING
De Jack Russel Terriër heeft weinig vachtverzorging nodig. Zo nu en dan borstelen is voldoende om de vacht in goede conditie te houden.

AARD
Levendig, zeer moedig en temperamentvol, waaks, actief en ondernemend, intelligent, speels, eigenwijs, hard voor zichzelf, soms dominant en zelfstandig.

OPVOEDING
Dit gezonde ras is niet moeilijk op te voeden voor een baas die liefdevol en zeer consequent is en sterk in zijn schoenen staat. De Jack Russel Terriër loopt over van zelfvertrouwen en als u en uw gezin alles goed vinden, zal hij zijn eigen gang gaan.

SOCIALE AANLEG
Als u de hond al op jonge leeftijd socialiseert, zal de omgang met soortgenoten en andere huisdieren op geen enkel probleem stuiten. De Jack Russel Terriër is van nature een zeer moedige en zelfstandige jachthond, die de huiskat zal accepteren, maar andere katten achterna zal jagen. Met kinderen gaan ze in de regel zeer goed om; ze kunnen wel tegen een stootje.

BEWEGING
Honden van dit ras hebben enorm veel energie en werken graag. Het is dan ook niet vreemd dat dit ras geen genoegen neemt met driemaal daags een blokje om. Deze honden willen rennen en spelen, en ze graven graag. Het zijn tevens uitstekende bestrijders van ongedierte, waardoor ze zeer geschikt zijn voor een leven op een boerderij. In sporten als fly-ball en behendigheid slaan ze beslist geen gek figuur.

Kortbenige Jack Russel Terriërs

Belangrijke adressen

Voor alle vragen op kynologisch gebied kunt u in Nederland terecht bij:

Raad van beheer op kynologisch gebied in Nederland
Postbus 75901
1070 AX Amsterdam

In België kunt u terecht bij:

Koninklijke Maatschappij Sint-Hubertus
Giraudlaan 98
1030 Brussel

Fotoverantwoording en dankbetuiging

Alle foto's zijn gemaakt door Esther J.J. Verhoef-Verhallen. Aanvullend materiaal werd verschaft door: H. Settelaar (pag. 49), R. van Riet (pag. 132 linksboven en linksonder), C.C. Asselbergs (pag. 137, 138, 139, 140, 141 linksboven en linksonder, 142 links, 143), J.W.A. Snel (pag. 159), Sandra Arts (pag. 178 linksboven), Mevr. Lochs-Romans (pag. 209), Willemien Dubislav-Tol (pag. 240 linksmidden, linksonder, rechts), Reina Jansen (pag. 224 rechtsonder).

Uitgever en auteur willen graag de volgende eigenaren bedanken voor het ter beschikking stellen van hun tijd en hond(en):

1. Schapenhoeders en veedrijvers
fam. Avontuur, F.H.M. Backx, fam. Beenen-Sluijters, Mascha Bollen, fam. Van Boven, Bea en Gerrit Enthoven, P.B.T. Gerritsen, J. de Gids, D. Griffijn, H. ten Haaf, fam. De Haas, T. van der Heijden, W.L. van der Hoek, C.A. Keizer, fam. Klein, D. van Klingeren, H.M. Luijken, Yvonne Maas, Jacky Marks, M. en J. van Mook, dhr. Van de Meijden sr., M.A. van Mierlo, Laura van den Nieuwenhuijzen, A. van de Noorda, M.E. Spiering, M. Olsthoorn, fam. Van Ooijen, R. Peschier, fam. Prins, Bert Reintjes, T.A. Scherbeyn, Yvonne Schultz, H. Settelaar, H. Smits, R. en A. Tetteroo, H.P.P. Verbakel, Jet Vermeulen, fam. Welvering, Nancy Wijnhoven.

2. Rassen van het Pinscher-, Schnauzer- en Mollosser Dogtype en Zwitserse Sennenhonden,
J.M.W. van de Berg, J. Bouland-Planken, Arie en José den Dekker-Bragt, M. van Deursen, fam. Gest, M.I.J. van Goethem-Jagt, H. en I. Hartgers-Wagener, P. Hendriks, Louis Hillebrand, fam. Hoendervanger, J.C.G. van der Kant, Frans Kappe, G. Kemps, J. en E. Kloosterhof, E. Kluijs, H.T.J van Laar, M.C. Langendoen, L.J. Lodders, J. Luyks, B. Martens, fam. van de Mierden, fam. Nettenbreijer, fam. Oudendijk, fam. Plattje, Pranger, fam. Reijnen-Labee, J. Rutten, Schellekens, J.M. Stramer, Joke en Jan Verberkt, E. Verhoef, fam. J. Westerhoven, A. van Wijk, F. en L. van Wijk, G. van Wijk, Annette Wijnsouw, C. Zuydeweg-Roxs.

3. Terriërs
J.H. Albers, Atilla en Nancy, Marianne Baas Becking, R. Bomers, Laurens en Sandra van de Burgt, J. Dekker en J. Roskam, Charlotte Froon, A. Hartmann-Tibbe, A. van Hoorn, Peter Jaspers, Colette de Jong, R. en I. Kelleter, E. Lahaye, B. en P. Langemaat-Oudkerk, J. van Lieshout, G.H.J. Lugtigheid, C. Meijer, W. Pul, W. de Reus en R. Bomers, Irma de Roo-Strous, R.P. Snip en J. Bourret, Marga Steenvoorden, C.C.E. Thomas, P. Koolen, W. Tijsse-Claase, T. Hoffman-Winkels, Jet Vermeulen, Th. en W. van Vessem, Lily Weber, fam. De Wolf.

4. Teckels (Dashonden)
Mevr. Blom, Jeanine van de Heuvel, P. van Leeuwen, fam. van Oers.

5. Keeshonden en keesachtigen van het oerhondtype
J.A. van de Berkmortel, A.W. Bruynzeel, Michel Cayol, M. van Deursen, Chris Eisenga, R. en M. Fisher, Jennifer Gielisse, Sandra van de Graaf, Cornelis Koot, Marjo van Oers-van Mimpen, Ronny van Riet, H. Vrieze, J.W.A. Snel, A.M.M. Konijnenburg, Jet Vermeulen, fam. De Wolf.

6. Drijvende honden
Thea Bouman, M. van de Broek, N. Horsten, H. en F. Huikeshoven, mevr. De Jong-Van Wijngaarden, G.M. Koenraadt, B. en P. Langemaat-Oudkerk, R. Morgans, fam. Rust, R. Smits.

7. Staande honden
J.F.H. Brocken, Anneke Cornelissen, A. Dekker, Lianne Eekman-Lampio, Margriet Gijsen-van de Bosch, Jan van Haren, A. Harduin, N. Hoogervorst-Hazenoot, J. Kamsteeg, G. Kemps, R. Key, Marianne Krans, B.G.A.W. Maton, M.B. Melchior, I.Nannings-Balvert, fam. Roks, fam. Van Son, A. Vorstenbosch, M.J.A.H.M. van Wanrooij, J. van Dommelen, Annette Wijnsouw.

8. Opjagenden en apporterende vogel- en waterhonden
M. Cat, Jolanda van Gils, A. de Goede-van den Burg, Ellen Hagendijk, M. Hoogendorp, Hazel Huybregts-Kingham, A.T. Kamer, fam. Knol, Ge en Ria Kleynen, H. Konings, R. Lochs-Romans, J. Luyks, R. Notenboom, J-P en V. Perennec, fam. Smits-Steenbakkers, Van der Linden-Steenbakkers, J. Tresoor-Homan, Marc Wynn, Ton en Louise van Zoom, C. Zuydeweg-Roxs.

9. Gezelschaps- en dwerghonden
Hans Bleeker, Jan den Otter, M.W.A.H. Cooymans, A.M. en T. van Dongen-Ribberink, Willemien Dubislav-Tol, A.P.M. van de Horst, H.R. Jacobs, Reina Jansen, Wim en Ria Jansen, Reina Janssen-Spits, M. Kavelaars, J. en E. Kloosterhof, T.J. Koster, T.J. Koster en A. Leliveld, J. van Lieshout, H.M. Luijken, Erwin Manders, Jo en Majorie Nelissen, B. en Chr. Schiltman, J. Tekelenburg, J. Timmers, H. Verhees, fam. De Wit-Peemen, F. Voogt, R. Rullens.

10. Windhonden
Fam. Ferber-Llinares, Anita M.T.H. Gielisse, Jennifer Gielisse, Sandra van de Graaf, E. van de Have-van Dipten, Annemie en Jo Hoffman, Phil Morgan, fam. Oudendijk, Sonja van Rij-van Baarle.

11. Niet-erkende rassen
A. Klerken, H.L. Noordhoek.

De auteur wil vooral C.C. en T.J. Asselbergs bedanken voor al hun informatie en inzet met betrekking tot de Scandinavische rassen.

Daarnaast dank aan alle rasverenigingen, rasspecialisten, fokkers, eigenaars en liefhebbers die niet bij naam genoemd zijn, maar eveneens een waardevolle bijdrage hebben geleverd om tot een waarheidsgetrouwe omschrijving van de betreffende rassen te komen.

Register

Labrador Retriever

Grand Basset Griffon Vendéen

Glen of Imaalterriër

Tervuerense herder